门大学广告系列教材

战略传播：

社交媒介时代的共创、共享与共赢

宫贺 著

XIAMEN UNIVERSITY PRESS

国家一级出版社
全国百佳图书出版单位

图书在版编目（CIP）数据

战略传播：社交媒介时代的共创、共享与共赢 / 宫贺著. -- 厦门：厦门大学出版社，2023.1
厦门大学广告系列教材
ISBN 978-7-5615-8866-6

Ⅰ．①战… Ⅱ．①宫… Ⅲ．①传播学－高等学校－教材 Ⅳ．①G206

中国版本图书馆CIP数据核字(2022)第224647号

出 版 人	郑文礼
责任编辑	刘 璐

出版发行 厦门大学出版社

社 址	厦门市软件园二期望海路 39 号
邮政编码	361008
总 机	0592-2181111　0592-2181406(传真)
营销中心	0592-2184458　0592-2181365
网 址	http://www.xmupress.com
邮 箱	xmup@xmupress.com
印 刷	厦门集大印刷有限公司

开本	720 mm×1 000 mm　1/16
印张	18
字数	328 千字
版次	2023 年 1 月第 1 版
印次	2023 年 1 月第 1 次印刷
定价	59.00 元

本书如有印装质量问题请直接寄承印厂调换

厦门大学出版社
微信二维码

厦门大学出版社
微博二维码

"厦门大学广告系列教材"序

　　1993年,我国高校第一套广告学系列教材——"21世纪广告"丛书由厦门大学出版社开始出版,这是厦大自1983年首创广告学专业以来,历经10年探索奉献出的不够成熟却具有开创性意义的教材,极大地满足了1993年以后中国高校广告教育大发展的需要,由此奠定了厦大广告教育的学科地位。

　　近30年后,我们要出版转型期的第二套教材——"厦门大学广告系列教材",这对我们来说压力不小。面对新旧媒体的博弈、技术的进步与消费心理的变化,广告理论一定是在变与不变的融合中进行的。基本的广告原理虽然不变,但内涵与手段还是在不断的变化中。因此我们的新教材要在转型与提升中找到自己的位置。

　　在中国的广告学界和营销学界中,几乎所有的理论都是外来的,我们几乎没有自己的原创性理论。因为中国历来不是一个以理论思维见长的国家,我们的民族传统决定了我们的特点在于强调实用性,务实不务虚,这就使我们在理论方面往往缺乏原创性。1987年,我的第一本广告学著作《广告原理与方法》出版,这也是国内第一本借鉴国外传播学理论论述广告的著作。但即使是外来理论在中国的传播,事实证明也不能照搬、照用,而要经过一个"普遍原理"和"具体实践"相结合的"本土化"过程,才能发挥广告理论的应有功效。

　　要出版转型期的第二套教材,我们首先来看看市场发生了什么变化?

　　30年来,中国经济快速发展进入提质增效、转型升级阶段,消费市场升级加快,移动互联及新兴技术带来的创新累积效应正在广告业中显现。以数字技术为基础的互联网推动行业变革加剧,催生出广告新生态下的场景媒体和营销策略。在供给侧改革背景下,国务院发布国家品牌计划,宣传展示知名自主品牌,讲好中国品牌故事。广告业呈积极应对态势,努力在日新月异的媒体环境中寻找最优组合,以移动互联为主导打造精众营销,发力社交媒体粉丝营销,在直播短视频等内容营销蓝海中掘金,跟上虚拟现实等技术新风口。当前进入品牌整合营销新时代,"大而全"或"小而美"的广告机构或公司更受市场追捧,传统媒体在愈加沉重的压力下需寻找破局之道。在大浪淘沙的行业变局中,行业服务的主体、流程、边界都在发生深刻变化,整个行业也透过迷雾构建新的竞争盈利能力,再谱高歌。

其次,中国广告理论研究的路径也发生了巨大的变化。

在我们的第一套广告学系列教材中,中国的广告学研究处于初期探索阶段,而今的情况已大不相同,广告学遭遇了数字传播的解构性冲击。以数字技术为基础的互联网发展不仅改变着社会传播的方式,也影响并推进了人类对传播行为的认知。原创中国广告学应该遵循其内在的学科逻辑,在推动中国广告产业从粗放型增长到集约化发展、从传统广告向数字广告的双重转型过程中,建构起具有中国特色的完形的广告学知识体系。为此,明确广告学研究的文本研究、运动研究、产业研究、广告与关联方的关系研究这四大研究范畴,聚合产学两界、广告与关联专业学者在内的学术共同体,从单一研究范式往多向度研究范式转变进而形成广告学特有的研究范式,并且从案例与比较研究切入等,这些都是未来可行的研究路径。

在中国广告进入第二个40年之际,技术与品牌对广告的影响力显得越来越重要。当前我们极为关注全媒体时代广告行业的创新与发展趋势,互联网的移动化变革,传统媒介的转型与改革,媒介间的竞争和融合等;关注5G物联时代的数字营销新态势,5G技术的发展推动经济社会数字化、网络化、智能化发展再上新台阶,探讨行业如何顺应新的用户需求,促进技术落地和商业部署,建立全新的合作模式和行业形态;关注AI科技赋能智慧商业,AI科技与创意正在实现真正融合,全面提升营销的效率;还关注品牌的开放发展、竞争与社会责任,品牌、娱乐、科技——新时代创意行业的跨界融合等。

在这样的背景下出版我们的第二套教材,我希望我们的研究团队多深入教学与实践第一线,探讨广告行业的趋势动向、规则变化、方法创新,深刻揭示变化背后的核心逻辑。我希望看到的是:

1.30年后,广告专业课程的提升与内容变化,续写广告理论的指导作用;

2.真正把教学中积累的经验与问题作为研究对象,在教与学的互动过程中检验实际应用的效果;

3.以跨学科研究的视野与超常的厚重成果积累,为广告学术进行范式转型、走向"创新主导"提供宝贵的经验。

2018年是中国改革开放40年,2019年是中国广告业恢复40年。在中国广告进入第二个40年之际,我非常乐于看到我们厦门大学广告教学团队继续传承厦大的开创性精神,以"厦门大学广告系列教材"为标志,起航于新时代,代表30年来厦大系列教材新一轮的转型提升与水平,彰显厦大的底蕴与初心。

我以为,这是我们共同的目标。

陈培爱

厦门大学新闻传播学院教授,博导

"21世纪广告"丛书原主编

2019年5月

写在前面

　　高校的首要职责就是培养人才，即通常所说的教书育人。想教好书，一方面，要求教师要有充足的专业知识、专业技能和课外知识储备，以及不断提高教学技能，这样才能在风趣幽默、旁征博引的讲授中，有效地传授专业知识和技能，给学生释疑解惑。另一方面，要有优秀的教材，以便学生课前预读、课后复读，在大脑中建构起一门课程的整体知识框架，并掌握其中的基本原理和方法。

　　要求每一位老师都有很高的教学水平，这不容易做到。然而，要给学生提供优秀或者说比较满意的教材，还是有可能的。因此，高等教育中的教材建设极其重要。

　　三十几年前，我到厦门大学广告专业任教，那时虽然对教材建设的重要性还没有太多思考，但对于本专业学生没有教材可用，只能靠课堂笔记这种现象，总觉得不是办法。因此，就向广告教研室的老师们提议出版一套广告学教材，有幸得到了大家的赞同，特别是得到了时任教研室主任陈培爱老师的支持。在陈培爱老师的推动下，由他担任主编的全国第一套广告学教材"21世纪广告丛书"就此诞生，那是20世纪90年代初。这套教材包括《广告学原理和方法》《如何成为杰出的广告文案撰稿人》《广告策划与策划书撰写》《印刷广告艺术》《广告调研技巧》《广告攻心术》《广告视觉语言》《企业CI战略》《商标广告策略》《广告经营管理术》，此外还有之前个别出版的《广播广告》《公共关系原理与实务》。这些教材的出版发行，不仅解决了本校广告专业的教材问题，而且为我国高等院校大量广告专业的创办创造了条件，给大量由外专业转入广告专业的教师备课、上课提供了便利，在很大程度上促进了中国广告教育的迅猛发展。

厦门大学是中国广告专业教育的开拓者,出版第一套全国广告专业教材是义不容辞的责任,然而这些教材仅仅解决了部分课程的教材从无到有问题,距离成为成熟甚至是优秀的教材的目标仍有很大的努力空间。此外,还有一些专业课程因为条件不成熟、准备不充分,依然没有教材。所以,在随后的二三十年的岁月里,我们一直在不断地做教材的补充、改进、完善工作,希望使得教材尽量覆盖广告专业的各个具体学科领域、使得每本教材尽量覆盖该学科的所有知识领域。

　　20 世纪 90 年代末,我们出版了"现代广告学教程系列",包括《市场调查概论》《广告心理学》《广告视觉设计基础》《广告管理实务》。2003 年,又对"21 世纪广告丛书"做了大幅度的修订,并将丛书名称改为"厦门大学广告学丛书",对其中一些书的书名也做了规范性的修改。此后,还陆续出版了一些新书,如《实验广告学》《品牌学概论》等,并对一些销量较大的教材及时进行修订。就本人编著的两本教材《广告调研技巧》和《广告心理学》而言,目前都已经过不下五次的修订,教材内容也由最初的十几万字、二十几万字,增加到四五十万字。虽然我们依然不敢说我们的教材是优秀的教材,但这些多次修订后的教材,其内容的系统性、全面性、科学性都有了明显的提高。

　　时代在发展,专业在进步。伴随着互联网特别是移动互联的崛起,广告专业的社会实践发展突飞猛进,专业中的老学科需要淘汰或补充更新,专业中的新学科也需要成长和发展。为了适应新形势,厦门大学广告专业秉承业已形成的重视教材建设的理念,结合广告专业的教育实践和社会实践的发展要求,一方面继续完善已有的教材,另一方面推出新的教材。2019 年推出的"厦门大学广告系列教材"就是这一努力的结果,该系列教材的编写主要由年轻一代教师担任。他们具有很高的素质,受过良好的教育,既具有坐冷板凳的精神,又置身于可以放下安静书桌的美丽校园,所以我相信青出于蓝而胜于蓝,这套教材一定会超越他们的前辈,赢得国内高校广告专业师生的信任,并最终成为优秀的广告专业教材。

黄合水

2021 年 10 月

目　录

第一章　战略传播的理论基础 …………………………………………………… 1

第一节　战略传播的界定:多元路径的不同解释 …………………………… 2

第二节　重返对话:战略传播的理论基础 …………………………………… 8

第三节　社交媒介时代"卷入"的实践维度 ………………………………… 16

第二章　战略传播的SMART模型 ……………………………………………… 23

第一节　战略传播的SMART模型 …………………………………………… 24

第二节　战略与传播的协同一致 …………………………………………… 29

第三节　战略传播的"象征性"意义共创 …………………………………… 35

第三章　战略传播的实践流程 …………………………………………………… 41

第一节　战略传播流程的经典模型 ………………………………………… 42

第二节　公众分类理论 ……………………………………………………… 47

第三节　从意义共创重新思考战略传播流程 ……………………………… 57

第四章　面对新情境:社交媒介的技术与文化特征 ………………………… 61

第一节　社交媒介的技术特征 ……………………………………………… 62

第二节　社交媒介的文化特征 ……………………………………………… 64

第三节　众包 ………………………………………………………………… 66

第四节　长尾 ………………………………………………………………… 70

第五节　连接与扩散 ………………………………………………………… 72

第六节　数字狂欢 …………………………………………………………… 77

第五章　因应新情境:战略传播的新规则 …………………………………… 82

第一节　社交媒体时代战略传播实践的新变化 …………………………… 83

第二节　社交媒体时代战略传播的策略技巧 ……………………………… 86

第三节　社交网络思维应对战略传播的新变化 …………………………… 89

第六章　打通关注、关系与关切:内容营销 ………………………………… 102

第一节　内容营销的基本特征 …………………………………………… 103

第二节　内容营销变革的新趋势 …………………………………………… 108

第三节　内容营销的含义与策略要点 …………………………………… 112

第七章　让公众卷入：数字事件营销 ………………………………… 121

第一节　理论基础：公关事件 …………………………………………… 123

第二节　数字事件营销 …………………………………………………… 132

第三节　公关运动 ………………………………………………………… 138

第八章　让公众深度卷入：社交（小）游戏 ………………………… 145

第一节　社交（小）游戏的出现 ………………………………………… 146

第二节　社交（小）游戏的两个核心：社交层与游戏层 ……………… 152

第三节　社交（小）游戏的设计原则与要素 …………………………… 157

第四节　社交游戏与战略传播的接合 …………………………………… 162

第九章　关注的背后是关切：视觉创意营销与信息图 ……………… 166

第一节　视觉创意营销 …………………………………………………… 167

第二节　视觉创意营销的策略要点 ……………………………………… 170

第三节　信息图 …………………………………………………………… 174

第十章　以战略思维创意移动视频 …………………………………… 183

第一节　短视频的界定与特征 …………………………………………… 185

第二节　移动视频带来的文化变革 ……………………………………… 190

第三节　若论战略，则不得不提视频号 ………………………………… 195

第四节　从战略传播的思维理解直播 …………………………………… 199

第五节　从战略思维理解移动视频创意 ………………………………… 206

第十一章　以战略传播思维理解微信生态 …………………………… 213

第一节　微信生态及其发展节点 ………………………………………… 214

第二节　微信的战略思维：关注（订阅号）与关系（小程序） ……… 218

第三节　小程序的特征与应用场景 ……………………………………… 225

第十二章　以战略思维理解危机传播管理 …………………………… 233

第一节　危机与危机传播管理的基本概念 ……………………………… 235

第二节　危机传播管理的经典理论 ……………………………………… 238

第三节　危机传播管理理论的发展 ……………………………………… 247

第四节　以战略思维理解危机与危机传播管理的意义与路径 ………… 252

拓展阅读 ………………………………………………………………… 264

第一章
战略传播的
理论基础

【本章提要】

1.了解三种代表性路径对战略传播的不同解释;

2.了解战略传播的理论基础:对话理论与卷入理论;

3.了解卷入的三个维度:关注-呈现、关系-连接与关切-对话;

4.能够运用社交媒介情境下卷入的操作维度分析战略传播案例。

【先导案例】

2012 年 10 月 14 日,奥地利跳伞运动员费利克斯·鲍姆加特纳(Felix Baum-gartner)从天空边缘惊险一跳的时候(见图 1-1),他使用的热气球、降落伞包、座舱印满了醒目的红牛 logo,这一跳,在 YouTube 上的直播吸引了 800 万人次观看,在互联网上创造了 1.7 亿次点击量,该段视频入选《广告时代》年度十大病毒视频,就连《福布斯》都撰文称"这是红牛有史以来做过的最牛的一次营销活动,而且很有可能是有史以来最牛的一次"。

事实上,红牛的创办人、奥地利商人迪特里希·梅特苏(Dietrich Mateschitz)早在 1987 年创办红牛时就开始资助极限运动,并坚持将其所举办的任何活动都拍成影像或照片。当这些内容不断生产、积累下来后,红牛希望通过多种媒介平台,包括自有媒介渠道传播出去,同时为了使不同媒体在内容收集、制作和传播中更为规范,并与品牌所希望的方向保持一致,就有了后来的红牛媒体工作室,梅特苏说:"红牛媒体工作室的成立并不意味着红牛想从饮料业向媒体业转变,我们所做的这一切都只是为了提高红牛这个品牌的价值与形象,传达红牛健康的能量生活方式。"

图 1-1　红牛资助的费利克斯·鲍姆加特纳在进行跳伞运动

扫描二维码观看视频

第一节　战略传播的界定:多元路径的不同解释

　　战略传播（strategic communication,SC）是一个跨学科的研究与实践领域,也是一个学界和业界存在较多争议却非常重要的概念,但能够确认的是战略传播的学理渊源在社会科学①。有的学者将其与公共关系（public relations,PR）或战略管理等同视之②,而有的学者则从社会阐释（sociological-interpretative）③、批

---

　　①　HALLAHAN K,et al. Defining strategic communication [J]. International Journal of Strategic Communication,2007,1(1):3-35.

　　②　GRUNIG J E, REPPER F C. Strategic management,publics,and issues [C]//GRUNIG J E. Excellence in Public Relations and Communication Management. Hillsdale, NJ: Lawrence Erlbaum Associates,1992:117-157. VERČIČ D, GRUNIG J E. The origins of public relations theory in economics and strategic management [C] // MOSS D, et al. Perspectives on Public Relations Research. London: Routledge,2000:9-58.

　　③　IHLEN Ø, VAN RULER B. How public relations works: theoretical roots and public relations perspectives [J]. Public Relations Review,2007,33(2):243-248.

判(critical)①或修辞(rhetorical)②路径分别出发,侧重于意义建构与解码对战略传播的重要意义,还有的学者抱持整体化观点,认为战略传播的视域显然比公关或上述任何一个分支路径更为宽阔,且应该囊括组织内外所有有目的的沟通及与功能相匹配的组织结构,是一种强调组织战略、规范化沟通、话语过程以及公共利益导向的整体性的(holistic)、根本性的"元流程"(metaprocess)③。接下来,我们将梳理上述提到的这些对战略传播的代表性理解,为后文提炼战略传播的核心要素并提出贯穿本书始终的战略传播 SMART 模型,即本书的理论框架进行铺垫。

一、结构功能主义路径:作为有目的沟通以完成特定任务的战略传播

结构功能主义的解释逻辑一度是社会科学的主要范式,认为社会系统犹如生态系统,系统内部的各方面相互关联、相互支撑以维持系统的均衡。如果某一方面发生变动,其空缺之处必将由另一方面予以补充,直至系统的均衡被重新建立。社会如同人的身体一样是一个完整体,只不过社会的组成元素是规范(norms)、风俗(customs)、传统(tradition)以及制度(institutions)④。赫伯特·斯宾

① L'ETANG J. Public relations, persuasion and propaganda: truth, knowledge, spirituality and mystique [C]//ZERFASS A, et al. Public Relations Research,Wiesbaden: VS Verlag für Sozialwissenschaften,2008:251-269. TYMA A W. Public Relations through a new lens-Critical praxis via the "Excellence Theory"[J]. International Journal of Communication,2008(2):193-205.

② HARTELIUS E J, BROWNING L D. The application of rhetorical theory in managerial research. A literature review [J]. Management Communication Quarterly,2008,22(1):13-39. HEATH R L, FRANDSEN F. Rhetorical perspective and public relations: Meaning Matters [C]//ZERFASS A, et al.Public Relations Research,Wiesbaden: VS Verlag für Sozialwissenschaften,2008: 349-364.

③ HEATH R L, et al.Strategic Communication [C]// HEATH R L, JOHANSEN W. The International Encyclopedia of Strategic Communication. John Wiley & Sons, Inc,2018.HEIDE M, et al. Expanding the scope of strategic communication: towards a holistic understanding oforganizational complexity [J].International Journal of Strategic Communication,2018,12(4):452-468.

④ HUACO G A. Ideology and general theory: the case of sociological functionalism [J]. Comparative Studies in Society and History,1986,28(1):34-54.

塞(Herbert Spencer)将这些元素比喻为社会的"器官"(organs)[1]。结构功能主义的解释逻辑可以概括为：(1)任何结构单元的存在都是合理的；(2)任何结构单元之所以合理是因为它们维持着系统的存在和高效率运转；(3)社会系统的存在依赖于它保持均衡的能力。

系统论承认组织整体是由相互关联的各部分组成的，那么任何部分的所作所为都会影响到组织整体。因此，作为管理的一个亚系统，公共关系部门对于一个组织的成功或失败也担负着责任。[2] 系统论支撑下的功能路径看待战略传播，强调的是组织与环境(包括组织内部环境与外部环境)之间的相互依赖关系。组织要依靠它们的环境获得各种资源，如"原材料、员工，以及它们生产的产品或提供服务的客户和顾客"[3]。而战略传播便成为达成上述目标(协调内外沟通)的必要手段。在功能路径下，战略传播正逐渐成为一个整合性的，打破相关学科"孤岛"状态的，创建一个融合公共关系、组织传播、营销传播等领域的统一框架。

哈拉汗等学者(Hallahan, et al.)在 2007 年将战略传播界定为"组织有目的的沟通以达成其任务"(purposeful use of communication by an organization to fulfill its mission)。[4] 这一定义还指出了战略传播涉及的 6 个学科(或功能模块)：管理、营销、公共关系、技术沟通、政治沟通和信息/社会营销活动。本书将其内容概述整理为表 1-1，每个功能模块的具体职能请参见下文更详细的解释。

表 1-1　战略传播的功能模块

功能模块	沟通主体	职能目标
管理沟通	各层级管理人员	内与外的信息沟通
营销沟通	市场营销与广告人员	提高知名度并促进产品和服务的销售

①　URRY J. "Metaphors". Sociology Beyond Societies：Mobilities for the Twenty-first Century [M].London and New York：Routledge,2000：23.

②　拉丽莎·格鲁尼格,詹姆斯·格鲁尼格,威廉姆·赫尔林.什么是高效的组织？[C]// 詹姆斯·格鲁尼格,等.卓越公共关系与传播管理.卫五名,等译.北京：北京大学出版社,2008：61.

③　GRUNIG L A, et al.Excellence in Public Relations and Effective Organizations：a Study of Communication Management in Three Countries[M]. Mahwah,NJ：Erlbaum,2002：5.

④　HALLAHAN K, et al. Defining strategic communication [J]. International Journal of Strategic Communication,2007,1(1)：3.

续表

功能模块	沟通主体	职能目标
公共关系	公关、宣传、人力资源、财务、政府关系专员	与关键公众建立并维系互利关系
技术沟通	技术、工程支持和培训人员	促进技术的有效性和优化技术的使用
政治沟通	政府事务人员、宣传人员	建立政治共识或获得政府批准
信息/社会营销活动	与社会议题相关的人员	为社区福祉、社会层面谋取福利的运动策划与执行

（一）管理沟通（Management Communication）功能

传播管理的目的是促进组织的有序运作。具体而言，组织需要采用沟通的手段以促进内部公众（如管理层和员工）与外部公众（如股东、上下游合作伙伴、媒体、政府、非政府组织等）对组织使命、愿景和目标的理解；通过沟通向组织提供日常运营所需的信息，包括客户和供应商交易以及客户和员工培训等。

（二）营销沟通（Marketing Communication）功能

通过营销沟通以提高知名度并促进产品和服务的销售，以及吸引和留住用户和客户，包括吸引和留住分销渠道中的中介方。对于非政府组织和其他非营利组织，营销沟通还筹款和为提升发展而进行的传播活动。

（三）公共关系（Public Relations）功能

通过公共关系使组织与关键公众（或核心利益相关者）建立和维持互利关系。关键公众不仅包括消费者和客户，还包括投资者、捐助者、员工、志愿者、社区领袖，以及政府官员等。

（四）技术沟通（Technical Communication）功能

技术沟通旨在通过教育员工、客户和其他人以提高效率。它涉及在执行对组织很重要的任务时减少错误并促进技术的有效性和优化技术的使用。

（五）政治沟通（Political Communication）功能

通过政治沟通，在涉及政治权力行使和社会资源分配的重要问题上建立政治共识或获得政府批准。政治沟通的目标包括努力影响选举投票的结果，以及立法者或行政人员的公共政策决定。在国际层面，政治沟通包括支持公共外交和军事稳定的传播行为。

（六）信息/社会营销活动（Information/Social Marketing Campaigns）功能

旨在为社区福祉、社会层面谋取福利的运动策划与执行，如减少一些风险性的、不健康的行为，或者推广某种正向的、积极的社会行为。

简言之，在功能主义框架下，战略传播是旨在提高组织对内与对外沟通效率的管理工具。从业者被认为应该能够使组织的沟通活动得以有序、专业地进行。拉莉莎·格鲁尼格等（Grunig, et al.）对此进行了批判：追逐沟通的效率使 20 世纪 90 年代较之于 60 年代，公关行业从业者的性别结构发生了巨大变化，女性从业者的比例大幅提高（2000 年美国和加拿大对公关职业进行的一次大型研究显示，每 10 个公关从业者当中有 7 个以上是女性），因为管理者认为，女性公关从业者擅长交流，她们的加盟有助于提高沟通的效率[①]。

二、批判路径：作为权力与控制的战略传播

与结构功能路径不同，批判路径以权力-控制为理论框架，认为战略传播可能成为组织对内维系其等级权力结构、对外操纵公众的工具。系统论所支持的组织与环境的依存关系在批判路径看来，只不过是组织对环境的利用。组织被视为利用其资源操纵环境以谋取自身利益，而不考虑利益相关者、其他公众和整个社会的福祉[②]。

与功能主义试图适应差异、融合差异的思维方式不同，批判理论范式指导下的学者从安东尼奥·葛兰西（Antonio Gramsci）的"霸权"理论，西奥多·阿多诺（Theodor Wiesengrund Adorno）与马克斯·霍克海默（Max Horkheimer）对资本主义文化工业的批判以及后现代主义对"他者性"与"身份"的强调中获得了启发，他们认为战略传播就是为了更好地维持统治地位，保护统治联盟的利益，而

① GRUNIG L A, et al. Feminist values in Public Relations [J]. Journal of Public Relations Research,2000(12):49-68.

② HALLAHAN K, et al. Defining strategic communication [J]. International Journal of Strategic Communication,2007,1(1):3-35.

使另一些群体的声音与利益边缘化。如西蒙·科特主编了一本批判学著作《新闻、公共关系与权力》。在这本书中,公共关系多次被不同的批判学者界定为整个 20 世纪为追求组织化的利益而周密管理公众形象和信息的重要产业,并批判公共关系业已占据了当今"促销文化"的一个中心位置①。加之"战略"一词本就源自战场,也一度被用于隐喻"战争的艺术",由此,战略传播术语便总是难以从负面性中抽身出来。

无论是公共关系、营销还是广告,都离不开中间人或者代理公司,而在布尔迪厄(Bourdieu)看来,代理人的存在就是为了使已经掌权的人的权力和地位合法化。强有力的组织会利用传播从业者或代理人积极参与制订规范,使内部和外部公众服从。而与此同时,传播实践者或中间人也会为了满足组织的需求,而进行自我管控(self-control and self-discipline,福柯)②。

战略一词的负面意涵除了来自"战争隐喻",还在于它被认为与西方工业时代以来的现代化管理方式相契合。西方现代化的管理方式意味着狂飙突进、以效率为导向,视分歧和冲突为阻碍,力求采用各种手段,包括沟通的手段、管理的手段以消除和控制分歧、冲突,乃至一切与组织目标相矛盾的"异类"。在这种世界观之下,战略传播就成了确保信息从主管传递给下属,以获得服从,并通过沟通建立组织得以对内部和外部公众施以控制的权力关系网络。由此,战略传播的具体功能就可以被分解为:战略信息设计,文化管理以及总体质量管理③。简言之,在批判路径下,战略传播是意识形态的一种代理实践,也是组织自上而下以实现控制的管理实践。

三、文化研究路径:作为象征性意义生产的战略传播

与功能路径或批判路径皆不同,在文化研究视角下,战略传播可以被界定为一种需要从行为的象征性层面解释的发生在特定情境中的文化现象;战略传播从业者是意义的生产者,有时甚至需要维持边界以保持意义的多元共存,而不是

---

① 西蒙·科特.新闻、公共关系与权力:领域图绘[C]//西蒙·科特.新闻、公共关系与权力.上海:复旦大学出版社,2007:3.

② HALLAHAN K, et al. Defining strategic communication [J]. International Journal of Strategic Communication,2007,1(1):3-35.

③ HOLTZHAUSEN D R. Towards a postmodern research agenda for public relations [J]. Public Relations Review,2002(28):251-264.

解决不同①。例如海奇（Hatch）强调的"象征性"在文化变革中扮演的重要角色②。而战略传播实践（无论是通过公共关系、广告还是营销）通常借助于对符号的或象征系统的管理。文化研究路径下的战略传播包括如下观点③：

（1）战略传播是意义生产的一种社会实践过程，意义在传播行为、传播主体的交往互动中得到建构；

（2）战略传播实践是一个借助多种象征表达载体进行符号-意义生产的领域；

（3）战略传播实践发生在具体的、特定的物理时空场域，必然受到其所处的政治-经济、社会文化等体制、机制和规范的制约，它们构成了战略传播实践发生的情境；

（4）战略传播的行为主体通过建构框架-解读框架的话语-权力竞争赋予彼此身份意识，而这种身份边界的确立是动态而非静止的运动过程，没有不变的主导者，也没有不变的被动者；

（5）战略传播行为主体间的互动不是纯粹的理性活动，而是充满了人类特有的情感能量，并通过一系列具有象征意义的仪式活动激发、存储。

文化研究的理论核心——"行为的象征性"是理解文化研究路径下战略传播的理论源泉。简言之，文化研究路径下的战略传播，被视为组织运用象征性符号系统对内或（和）对外生产意义的过程。

第二节　重返对话：战略传播的理论基础

第一节我们整理了三个代表性学术路径对战略传播的不同解释，这一节我们将提出本书的理论框架，即基于对话理论的"卷入"及其三个维度，并以此为基础，为第三节将这一理论框架延展于战略传播领域，最终提出包含五个要素的战略传播 SMART 模型做好准备。

---

① 宫贺.公共关系的文化想象：身份、仪式与修辞[M].北京：社会科学文献出版社,2017.

② HATCH M J. Organization Theory: Modern, Symbolic, and Postmodern Perspectives[M]. Oxford, England: Oxford University Press, 1997.

③ 宫贺.公共关系的文化想象：身份、仪式与修辞[M].北京：社会科学文献出版社,2017.

一、重返对话即重返战略传播的核心：意义

什么才是真正的对话？公关对话理论的代表学者泰勒（Taylor）和肯特（Kent）追溯对话理论在哲学、心理学乃至教育学领域的渊源，强调了"真正对话"的若干特征[①]：

（1）对话的动机：对话不是无意识的、偶然的，而是有意识的，为了讨论某一议题、达成更好的理解，解决问题，或构建关系的互动行为；

（2）对话的立场：对话不是基于不平等的、不公正的立场而进行的活动，而是参与者都必须熟悉对话的规则，减少权力的不平衡，保持公正和换位思考，以构建信任，使风险最小化，同时愿意承担因交谈带来的风险的活动；

（3）对话的媒介属性：对话不是关于大众传播或中介传播的理论；对话是一个人际和小群体传播的过程；对话是面对面的过程。

由此，泰勒和肯特构建了一个关于对话的连续体，一端是基于人际传播、一对一、面对面的，且要求每一位参与主体皆能秉持公心的"真正的对话"；另一端则是单向的、利己的，建立在权力不平等基础之上，乃至以操纵、剥削为动机的"独白"[②]。

重返对话理论来看战略传播，其实就是将战略传播逐渐被遗忘的话语与意义这一内核重新找寻回来，"意义是公共关系最重要的东西"、"公关不只是沟通，而是传播了某种观念"[③]。从学科的自主性来看，如果离开话语与意义的内核，无论是管理学、广告学还是公共关系都将失去其概念和方法的"仪器"[④]。

尽管对话理论为我们提供了返回对话和意义的机会，但是因为过于抽象且停留在哲学层面而难以对实践产生切实的指导，如回答究竟该如何"对话"显得力不从心，这些批评包括如下几点：

[①]　KENT M L，TAYLOR M.Toward a dialogic theory of public relations[J].Public Relations Review，2002，1(28)：21-37.

[②]　宫贺.独白与对话之间：重新理解"卷入"的概念边界与操作维度[J].新闻与传播研究，2021(10)：76-91.

[③]　HEATH R L. A rhetorical approach to zones of meaning and organizational prerogatives [J].Public Relations Review，1993，19(2)：141-155.

[④]　HALLAHAN K，et al. Defining strategic communication [J]. International Journal of Strategic Communication，2007，1(1)：3-35.

（1）对话的前提并不需要确保"平等"，承认权力的不平等并不意味着否认对话或相互性，平等与相互是两个概念，而绝对的地位平等、权力平等是不存在的，反而要正视以上不平等带来的对话需求和张力；

（2）对话与独白的边界并不清楚，在进入对话之前，人们常常不得不进行独白，而我们并不能确认独白在哪一点结束，对话又从何时开始；

（3）对话的结果并不必然意味着达成同意，有时恰相反，因为对话主体间以坦诚开放的姿态进入沟通场域，"冲突"反而会成为对话的"结果"，相互了解的对话过程本身即为意义所在[①]；

（4）不应把"对话"窄化在"人际传播"范畴内。如果我们接受对话与独白的根本区别在于对话是人文的、人性的[②]，基于人与人之间互相尊重、相互关切、相互信任的互动[③]，则媒介化并不必然携带破坏上述互动关系的"原罪"。当我们接受"媒介化"只是工具或（对话性的）过程而不是对话本身，当我们接受"媒介化"不会必然导致对话的成功，那么也应该接受"媒介化"不会必然导致对话的失败。

对于第四点，我们在这里稍展开讨论一下。如果我们接受只有去媒介化的"心灵相遇"才是真正的对话，那么便等于接受一个悖论，"媒介化"否定了人与人之间出于相互尊重、相互关切的互动的一切可能。这也意味着一个悖论，当我们使用媒介去沟通的那一瞬间，无论出于何种善意与真心，对话的性质已然发生改变。如果我们接受"真正的对话"是不可测、不可道的心灵体验，就要接受对话只能在形而上的、抽象的哲学层面去探讨[④]，那么就应当同意图尼森（Theunissen）与诺丁（Noordin）的看法，仅在伦理层面讨论"对话"，而将过程性和实现路径与"对话"这一哲学概念区隔开来讨论，而不是将伦理与路径混杂在一起，一方面认为路径不等于对话，另一方面又试图为对话找到"操作性"。

---

① THEUNISSEN P，NOORDIN W N W. Revisiting the concept "dialogue" in public relations[J].Public Relations Review，2012，38（1）：5-13.

② JOHANNESEN R L. The emerging concept of communication as dialogue[J]. Quarterly Journal of Speech，1971，VLII（4）：373-382.

③ KENT M L，TAYLOR M. Toward a dialogic theory of public relations[J]. Public Relations Review，2002，1（28）：21-37.

④ THEUNISSEN P，NOORDIN W N W. Revisiting the concept "dialogue" in public relations［J］. Public Relations Review，2012，38（1）：5-13.

二、卷入的位置:独白与对话之间

在此我们必须引入一个概念:卷入。通过这一概念解决"对话理论"难以下沉至应用层面的问题,简言之,"卷入"是一个可以让我们弥补上述对话理论缺憾的关键概念。

如前所述,"独白-对话连续体"的构建建立在对话理论基础上,一端基于对话哲学强调达成真正的、主体间的、以开放和尊重的态度建立的关系[①];而另一端是将他者视为工具和手段,构建的是操纵性的或利己的关系[②]。本书在此连续体的基础上进行了如下拓展(见图1-2):

第一,将"独白-对话"与"说服-卷入"分别对应伦理指向与实践指向,从而建构了对话理论体系内部的概念边界。这一区分并非旨在说明卷入是实现对话的必然手段,恰相反,这一区隔是为了说明卷入的过程未必一定会导向"真正的对话"。卷入是以对话伦理为"灯塔"的航行,不是必然能够驶向对话的终点,而更类似无限逼近终点的努力。将过程与结果进行区分,即将卷入与对话的关系类比为过程和产品的关系——前者提供了一种程序化的手段;而对话是一种相互依存、相互信任、真心为彼此着想的境界,在伦理指向上,对话是终极目标而不能简单等同于"过程"或手段。这一区分的意义还在于让抽象的、哲学的、无法测量的对话概念与可测量的卷入概念区分开来,以解决长期困扰对话理论研究者的无法操作"对话"的难题[③]。

第二,将"说服"与"卷入"分别对应非均衡沟通模式与均衡沟通模式,从而建构了实践指向内部的概念边界。对话理论或双向均衡模式的伦理意义在这一区隔中予以保留并具象为"宣传/说服"与"卷入"的区别,边界的设定意在强调卷入尽管是过程性的、手段性的、工具性的,但与说服有本质区别,卷入首先必须是对话性的过程,如果没有对话作为伦理前提,则一定不是卷入。卷入是秉持对卷入

---

① 马丁·布伯.我和你[M].武志红,任兵,译.北京:北京联合出版有限公司,2018.

② 独白-对话连续体的描述可参见 TAYLOR M,KENT M L. Dialogic engagement: clarifying foundational concepts[J].Journal of Public Relations Research,2014,26(5):384-398.亦可参见麦克·肯特.对话理论[C]//陈先红.中国公共关系学:上.北京:中国传媒大学出版社,2018:133-165.

③ SAUDERS H H.A Public Peace Process.Sustained Dialogue to Transform Racial and Ethnic Conflicts[M].New York:St. Martin's Press,1999:88.

各方的开放性，以建立长久的相互关系为导向的互动过程。但与肯特和泰勒的对话理论和格鲁尼格等提出的双向均衡模式不同，卷入不是必然建立在对权力平等、身份平等的期待基础上，这一点我们吸收了图尼森与诺丁（2012）、塞斯纳（Cissna）与安德森（Anderson）（1998）的观点，即在任何关系上都没有绝对的平等，在任何特定的时间点上，卷入对话的个体总有人相比于其他互动方更加博学，或更加弱势，或拥有更多的权力[1]。

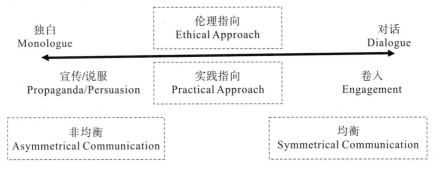

图 1-2　独白-对话连续体的拓展模型

综合以上，我们认为，当引入对话理论实现了"卷入"与"独白"相区隔的伦理性建构之后，更务实的态度是从实践指向，找到卷入在操作层面的概念边界。

三、卷入的三个维度：关注、关系与关切

肯特和泰勒概括了对话伦理的五个特征：①相互性（mutuality），②接近性（propinquity），③共情（empathy），④风险（risk），以及⑤承诺（commitment）。上述五个特征其实更接近原则，尽管对话理论强调了组织-公众的主体间性，却在字里行间倾向于仅对组织一方提出要求。约翰斯顿（Kim Johnston）和泰勒在新近出版的著作中再次尝试以跨学科的文献为基础对"卷入"进行整理[2]，较此前的伦理原则向卷入的应用维度迈出了一大步，但边界仍稍显模糊，关系路径的公关理论学者莱丁汉（Ledingham）和布鲁宁（Bruning）指出，对话与知晓对关系

---

① CISSNA K N，ANDERSON R. Theorizing about dialogic moments：the Buber-Rogers position and postmodern themes [J].Communication Theory,1998,8(1):63-104.

② JOHNSTON K A，TAYLOR M. The Handbook of Communication Engagement [M].NJ:Wiley-Blackwell,Hoboken,2018.

的建立都是必要的,无论是组织还是公众都应该首先了解彼此,并且意识到可以施予对方的影响在哪里①。卷入不只是对组织提出的要求,同样也是对公众的要求。以下对上述三个维度分别进行阐述。基于以上,我们建构了卷入的三个维度:呈现、连接以及关切,三者是互为补充的一体,也是对组织-公众双方提出的共同要求。

(一)卷入的第一个维度:关注-呈现

我们将"呈现"界定为组织与公众对彼此的关注,具体表现为双方对信息及时、公开、个性化传递的努力和要求。呈现并非组织一厢情愿的品牌推广或营销信息②,而是立足于均衡传播观对组织和公众两端在信息维度的考察:对组织的要求是及时的信息呈现,公开呈现,个性化与定制化的信息呈现,更深层次表征了组织向"他者"敞开的意愿:能否提供给公众走近组织的机会,能否积极了解、倾听、分析公众提出了要求。"呈现"在公众端不仅意味着是否被告知,还意味着公众是否有意愿关注组织、走近组织,是否有意愿进一步了解组织。公众不是单一的、无差别的,公众总是具体地指向特定的情境或议题。

"呈现"是降低组织-公众间的认知障碍、提供彼此认知问题的机会,以及提升彼此对卷入认知活动的能动性的努力。"呈现"是三个卷入维度的基础维度,如有研究发现,中国公众使用企业社交网站的首要目的是获取信息,其次才是娱乐和社交需求③。亦有实证研究发现并不是所有公众都希望与组织发展更深层次的卷入,例如一对一的互动,而是选择节省社交成本的"一对多"的信息卷入关系④,信息卷入可能对某些组织与公众的互动而言是一种更为高效的选择⑤。由

① LEDINGHAM J A, BRUNING S D. Relationship management in public relations: dimensions of an organization-public relationship [J].Public Relations Review,1998,24(1): 55-65.

② KENT M L, TAYLOR M. From homo economicus,to homo dialogicus: rethinking social media use in csr communication [J]. Public Relations Review,2016,42(1):60-67.

③ MEN L, TSAI W H S.Beyond liking or following: understanding public engagement on social networking sites in China[J].Public Relations Review,2013,39(1): 13-22.

④ WATERS R D, WILLIAMS J M. Squawking,tweeting,cooing,and hooting: analyzing the communication patterns of government agencies on twitter[J]. Journal of Public Affairs,2011,11 (4):353-363.

⑤ BOTAN C. Ethics in strategic communication campaigns: the case for a new approach to public relations[J].Journal of Business Communication,1997(34):188-202.

此有学者建议,应该致力于建设一种更为多元的互动关系,其中不仅应该包括深层次的对话,还应有信息的提供①。

（二）卷入的第二个维度：关系-连接

我们将"连接"界定为组织与公众立足于长期的、社群的、相互信任的关系建设的过程。对组织而言,关系的建立不仅意味着尊重卷入过程的参与者,给予他们参与对话的机会,更在于以"社群卷入"为指引,致力于建设互惠共赢的社群共同体。1984年,玛丽·安·弗格森（Mary Ann Ferguson）在新闻与大众传播教育协会年会的公共关系分会上强调,应将relations改为relationships,并预测"关系"将是公共关系理论发展最具潜力的领域——组织与其公众之间的关系问题应成为公共关系研究的中心单元②。此后,布鲁姆（Broom）、卡塞（Shawna Casey）、里奇（James Ritchey）以及前文提到的莱丁汉与布鲁宁等纷纷开启了对关系的理论化和操作定义的探索。2003年,莱丁汉提出了关系管理的概念:组织-公众的关系管理即围绕互动的组织与公众之间的共同利益与目标的、长期的对关系的有效管理,旨在实现相互的理解与互惠③。"连接"维度的核心在于通过关系建设创造一个相互负责的社交网络,体现为主体间关系的建设、维持以及增强的过程。因此,这一维度的关键变量应该包括关系路径下公关理论的几个核心概念:相互性（包括投入、卷入、控制、约束以及责任的相互性）,以及关系的结果变量,如相互理解、承诺以及信任等④。

（三）卷入的第三个维度：关切-对话

从对话的哲学内涵走向操作化,注定艰难,但这种尝试对于对话理论体系的

① WATKINS B A. Experimenting with dialogue on twitter: an examination of the influence of the dialogic principles on engagement,interaction,and attitude[J].Public Relations Review,2017,43(1):163-171.

② FERGUSON M A. Building theory in public relations: interorganizational relationships as a public relations paradigm[C]//Paper Presented at the Meeting of the Association for Education in Journalism and Mass Communication,FL:Gainesville,1984.

③ LEDINGHAM J A. Explicating relationship management as a general theory of public relations[J].Journal of Public Relations Research,2003,15(2):181-198.

④ HUANG Y C. Gauging an integrated model of public relations value assessment (prva): scale development and cross-cultural studies[J].Journal of Public Relations Research,2012,24(3):243-265.

建设具有意义。肯特和泰勒强调对话的本质就是卷入者相互承诺与彼此关切的感觉,因而对话卷入的关键特征一定是对人的关照,是尽可能对每一个卷入对话者给予平等的关照。因此,我们将第三个维度暂命名为"关切",以呼应对话理论学者对传播的人文关怀和伦理指向的强调,并暂将"关切"界定为组织与公众双方致力于发展一对一的、真诚、开放而包容的伦理性沟通的过程。以下我们将对"关切"的内在要素进行阐述。

第一,"关切"强调的是人际间的沟通,但人际沟通并非"关切"的唯一方式。在前文述及"独白-对话连续体"的构建中,我们反思了肯特和泰勒将对话限定在"人际传播"而造成的概念窄化的困境,但并不意味着在界定"关切"卷入这一维度时要完全摒弃对话的伦理指向,相反,我们认为,对话理论学者对人际沟通的过度强调,要表达的其实是对"个人化"、"一对一"乃至"面对面"这些"对话"原始表征要素,在技术媒介中介场景下一再遭到破坏的遗憾。

第二,"关切"不是用对"平等"的理想替代"不平等"的现实。图尼森和诺丁深入阐述了这一点,对话不是必然建立在"平等"之上,恰相反,正因为不平等、差异乃至矛盾冲突的存在,才有了进行对话的意义。但不可否认的是,"关切"需要建立在"相互尊重"且"愿意沟通"的基础上,这两个指标为"关切"的可测评性提供了锚点。

第三,"关切"不预设以"同意"为"有效性卷入"的结果。相反,关切的结果很可能是"不同意"。"关切"卷入的有效性程度应该以组织与公众彼此是否愿意以公开的、相互尊重的、接受可能的变化为测量指标。

基于以上,我们将卷入界定为发生在组织和公众之间的对话性过程,表现为建立在知情基础上的关系维系与互动行为。卷入的三个操作维度分别是呈现、连接以及关切。"卷入"的有效性应以是否在对话卷入者之间出现了一个新的空间(它外在于所有的卷入者,但又与每一方息息相关,即对话的"居间场域")为衡量指标。前文我们将卷入置于对话理论中,阐述了卷入的两个基本特征,作为过程而非结果的"对话性"和兼顾组织-公众两端的"均衡性",以下我们将勾连卡尔·伯坦(Carl Botan)的"意义共创"理论,探讨卷入的第三个特征:共创性,并以社交媒介为情境,建设社交媒介卷入的理论框架。

第三节　社交媒介时代"卷入"的实践维度

伴随着社交媒介技术的发展，社交网络、关注与被关注、标签、搜索、评论、点赞、分享、私信等社交媒介可供性的迅速延展，从线上到社交，实践领域的社交媒介应用使"卷入"这一概念迸发了新的研究潜力：如社交媒介卷入（social media engagement，SME）对传统媒体忠诚度的影响[1]；SME 对公共健康服务组织社交媒介行为的影响[2]；非政府组织如何通过推特（Twitter）和脸书（Facebook）进行利益相关者卷入[3]等。然而，与卷入概念边界的模糊相似，社交媒介卷入也在零散地界定呈现着不同的样貌，并与卷入一样被割裂为"组织端"抑或是"公众端"，我们整理了在文中明确提出 SME 操作定义的研究，并按照其研究的媒介对象情境（如推特、社交网站、脸书，或广泛意义的、跨平台的社交媒介）和研究视角（公众端或组织端）进行整理（见表 1-2）[4]，从研究困境出发，借助"意义共创"和"人际大众传播"理论对社交媒介卷入的概念与操作化提供新的理解。

---

① LIM J S, et al. How social media engagement leads to sports channel loyalty：mediating roles of social presence and channel commitment[J].Computers in Human Behavior,2015（46）:158-167.

② HELDMAN A B, et al. Social media engagement and public health communication：implications for public health organizations being truly "social" [J].Public Health Reviews，2013,35(1)：13.

③ LOVEJOY K, et al. Engaging stakeholders through twitter：how nonprofit organizations are getting more out of 140 characters or less[J].Public Relations Review,2012,38(2)：313-318.

④ 宫贺.独白与对话之间：重新理解"卷入"的概念边界与操作维度[J].新闻与传播研究,2021(10)：76-91.

表 1-2　基于不同社交媒介情境的卷入建构

媒介平台		社交媒介参与的操作维度	文献来源
脸书	组织端	三个维度：①公开披露；②信息发布；③关涉目标用户（involvement）	Waters，Burnett，Lamm，Lucas（2009）
		四个维度：①印象管理；②信息推送；③信息拉取；④关系网络建设	Waters & Williams（2011）
		无维度：超链接，标签，@，转发，多媒体文档	Lovejoy，Waters，Saxton（2012）
		三个维度：①信息；②推广；③社群关系建设	Saxton & Waters（2014）
		无维度：组织信息，其他信息，提问以及行动动员	Maxwell & Carboni（2016）
	公众端	三个维度：①点赞；②分享；③评论	Cho，Schweickart，& Haase（2014）
社交网站	组织端	无维度：信息的娱乐性和有用性；多媒体元素；互动式民意调查；互动游戏	Men & Tsai（2012）
	公众端	两个维度：①被动内容消费；②主动贡献行为（如提问、评论、建议、分享、表达支持等）	Men & Tsai（2013）Men & Tsai（2015）
推特	组织端	三个维度：①作为组织推广的有用信息；②社交媒介整合（功能整合和跨平台整合）；③互动与协同声音	Sundstrom & Levenshus（2017）
	公众端	三个维度：①情感承诺；②积极情感；③赋权感	Lovejoy，Waters，Saxton（2012）
社交媒介	公众端	三个维度：①低水平参与-被动内容消费；②中等水平参与-内容贡献（如评论与提问）；③高水平参与-内容创造（如上传图片）	Sisson（2017）
		四个维度：①公民参与感；②功能性；③社交需求；④启发性	Paek，Hove，Jung，Cole（2013）

　　组织端与公众端的割裂使社交媒介卷入的相关研究呈现如下问题：

　　第一，均衡视域的缺位：组织端侧重于对内容呈现的界定与测量，而公众端则侧重于情感-行为端。如组织端的 SME 被操作为在推特信息中是否/如何使用超链接、提及@回复功能；而公众端的 SME 被操作为情感承诺，被动或主动的内容卷入行为。组织-公众两端的分隔，背离了卷入概念内核的主体间性、均衡性与对话性。对"实然"的测量也制约了对"应然"问题的反思。目前 SME 的相关研究往往依赖特定的媒介情境生发测量指标体系，如推特和脸书的转、评、赞功能，成为很多量化研究的关注点，然而，这些行为指标是否能够有效地测量卷入本身？行为数据如何与认知-情感层面的测量构成对卷入的描述？这也导致测量维度、类目的混淆重叠，欠缺稳定可靠的测量体系评估卷入。例如印象管理与信息推送往往重叠在一起，难以剥离；而关系网络与信息拉取两个维度之间界限并不明显，一些编码表类目的设计较为随意，缺少理论支撑。

第二，媒介可供性研究的缺位：即便聚焦在特定的媒介情境，对"可供性"的探究也大多停留在使用与否的层面，并未深入到"谁在用""为什么用""如何用"的范畴。如有研究发现，公众对媒介平台的卷入与他们在这一平台所能满足的卷入需求相关，由此同一个体对不同平台的卷入也存在差异①；又如尽管推特和微博的标签均有主题标注的功能，但推特的标签可通过特定话题引发公众卷入，而微博基本以"橱窗展示"的分类标签为主②。

针对上述两个缺憾，我们可以从"意义共创"和"人际大众传播"理论予以回应。

第一，"意义共创模型"尝试在伦理导向与实践导向中找到平衡。战略传播管理的"意义共创模型"由伯坦和泰勒等学者于 2004 前后提出③，他们尝试协调传播、修辞和管理等不同视角，将组织和公众视为意义创造过程中的合作伙伴，双方皆以主体身份进入阐释的共同体。伯坦于 2018 年出版的《战略传播管理》一书对这一模型进行了完整的理论阐述。这一理论强调意义的生成是主体间的，沟通双方皆以主体身份进入对话，而共同创造的意义来自卷入主体的共同经验④。秉持"共创理念"的系统应努力实现开放、拥抱变化；公众在定义问题中起着核心作用；公众既不是一成不变的，也不是被动的，问题由组织和公众共同定

---

① PAEK H J, et al. Engagement across three social media platforms: an exploratory study of a cause-related pr campaign[J].Public Relations Review,2013,39(5):526-533.

② 宫贺,孙赫宁,顾纯璟.中国社交媒介情境下"官民对话"的理论建构与初步检视[J].中国行政管理,2021(7):78-84.

③ TAYLOR M, BOTAN C H. Global public relations: application of a cocreational approach[C]//9th International Public Relations Research Conference "Changing Roles and Functions in Public Relations",South Miami,Florida,9-12 March,2006:485-492.

④ BOTAN C H.Strategic Communication Theory and Practice: The Cocreational Model[M]. Wiley Blackwell,2018.

义,解决问题的方式也由组织与公众共同确认。

第二,"人际大众传播"补充了"类社交卷入"的可供性。本书在原有的"大众传播 vs. 人际传播"的二分法基础上,引入奥沙利文、帕特里克和卡尔(O'Sullivan,Patrick,Carr)基于社交媒体情境提出的大众人际传播(Masspersonal Communication)框架,及两个维度:感知的信息可达性和信息个性化[1],并将上述三种类型的传播功能与"社交媒介卷入"进行理论勾连,将其界定为:以运用社交媒介技术的可供性为手段,旨在促进组织与公众彼此间认知与情感的关注、类社交关系的建立与维系,以及相互关切的对话性过程。其中,组织端的卷入表现为信息卷入(包括可达性、呈现性、透明性等),类社交卷入(包括个性化沟通、社会资本的提供、社群关系的建立等),以及对话性卷入(包括一对一回应与对公众的赋权等);公众端的卷入表现为认知、情感、关系以及行为上的卷入。如前所示,这一模型以意义共创和双向均衡作为理论支撑,基于对以往社交媒介卷入研究的整理和归纳,我们暂将其命名为"社交媒介卷入的共创模型"(见图1-3)。

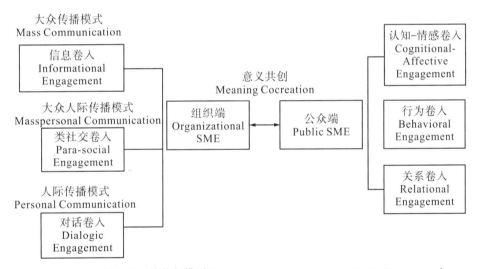

图1-3 社交媒介卷入的共创模型(Co-created Model for Social Media Engagement)

① O'SULLIVAN P B,et al. Mass personal communication:a model bridging the mass-interpersonal divide[J].New Media & Society,2017,20(3):1161-1180.

（一）组织端的社交媒介卷入

1.信息卷入（informational engagement，IE）：大众传播"一对多"的可供性。这一维度聚焦信息的呈现方式，包括针对公众端的信息有用性、丰富性和及时性。这一维度体现了社交媒介仍然承载着"大众传播"的功能，即"一对多"广播的可供性。但卷入不等同于信息的单向发布，需要关照目标公众的信息需求，提供及时、有用、丰富的信息，并在需要时配合多媒体的呈现方式。"信息卷入"面向大众而能有所聚焦，及时地更新"干货"，利用高质量内容的持续输出培育专业性和权威性。面对当下多媒体、融媒体的技术发展，成熟而稳定的内容仍是内核，没有这一内核，所谓的新媒体矩阵可能沦为华丽的技术空壳。如在考察新冠肺炎疫情中公共卫生服务部门的信息卷入时，我们需要评估新冠肺炎有关信息的有用性、丰富性和即时性，需要从"可触及性""公开""透明"等指标去测评组织在信息卷入方面的努力。

2.类社交卷入（para-social engagement，PE）：大众人际传播的可供性。这一维度聚焦于公众通过社交媒介建立连接，考察组织是否尝试与公众建立双向的伙伴关系、发展社群关系、长期关系。类社交卷入可以认为是社交媒介区别于人际传播或大众传播而最具独特性的维度，这一维度建立在类社交互动（parasocial interaction，PSI）的理论基础上，尽管这一概念建立在传统媒介受众与影视人物建立的虚拟关系的研究上，但是拉布雷克（Labrecque）指出，PSI对于解释社交媒介环境下，组织或品牌如何拉近并增强与公众的关系上具有强大的解释力，因为社交媒介给了组织-公众相比于大众媒介更多的双向互动的机会①。值得注意的是，PSI与PE仍存在本质上的区别，前者将互动的控制权掌握在组织手中，披着互动的外衣而实质仍然是单向的，后者则强调卷入的双向均衡和对话性，如对标签的用途应凸显其开辟对话空间的效能，而非仅仅是为了看起来很美的"策展"工具。因此，对类社交维度的操作性测量，不仅要从行为上评估发起者是否@用户，是否设置话题标签，是否采用投票、网络民意调查的方式，还要深入分析组织为何、如何使用这些技术。"类社交互动"兼具"量身定做"的"窄播"与面向大众的"广播"功能，旨在建立看得见的"亲民性"、建立对话的"亲

---

① LABRECQUE L I. Fostering consumer-brand relationships in social media environments：the role of parasocial interaction[J].Journal of Interactive Marketing,2014,28(2):134-148.

密度"。例如,可以考察运营者能否借助话题标签的设置建设开放、宽容的协商空间,提升公众参与公共话题讨论的意识,进而在行为层面实现目标公众的卷入和动员;或者考察运营者是否能够运用诸如"话题主持人"的功能,追踪话题的走向,为公众知情基础上的进一步赋权奠定基础。

3."对话卷入"维度(dialogic engagement,DE):人际传播"一对一"的可供性。这一维度聚焦伦理意义的对话性关切,即是否真正意义上的关心公众的反馈、需求和体验,以及是否提供公众机会来表达这样的反馈。按照对话理论,运营微博账号并不天然意味着真正的"对话","对话"不只是沟通形式上的"你来我往",信息的"双向流动"也未必一定是对话性的,只有当卷入主体能够关心彼此的福祉,真诚地为对方着想,对异见保持开放,并愿意对自己持有的观点做出协商性的互动,才可以称之为具有"对话性"的互动。

"对话卷入"应该是三个维度中最难测量的维度,在传统的对话理论中,测量方式看起来简单,即用是否在测量时间段内(以往研究一般采纳的是两个星期)回复用户私信为主要指标,但其要测量的内容却最为"高级"。在肯特和泰勒的界定中,"对话互动"是一种建立在"一对一"基础上的人际间互动,也必须是出于"真正关心的"互动。对于后者,显然尚难以从技术手段去测量;从回复私信来测量对话,也的确不够完美,但能够及时回复"私信"的账户至少表征了其愿意与用户发生一对一的对话关系,并在一定程度上去除了"类社交互动"中可能为了"做给他人看"的影响。值得注意的是,微博私信有"自动回复"的设置,人工回复和自动回复是否需要分别计算?即便测量了人工回复是否等同于测量了对话卷入?"对话卷入"是三个维度中最为"看不见"的努力,它体现的是运营者是否真正意义上做到了关心每一个个体的需求,能够及时地回复一对一的问题,而不是"自动回复"甚至"不回复"。因此,这一维度体现的不仅是运营者的"关心",还有是否愿意将一定的权力让渡给公众,赋予公众知情和行动的权力。

(二)公众端的社交媒介卷入

基于卷入与社交媒介卷入的前期研究,公众端的卷入大抵分为两类:认知-情感卷入与行为卷入[①],这两个维度不难理解,前者可以通过一系列成熟的心理测量指标进行评估,后者结合社交媒介使用行为,可具象为点击、转发或评论等,

① CHO M, et al. Public engagement with nonprofit organizations on Facebook[J]. Public Relations Review,2014,40(3):565-567.

此处，我们认为需要增加一个与社交媒介卷入更为相关的维度，即关系维度，进行评估。关系不应被简单理解为点赞或加好友，基于社交媒介的参与式文化，公众有更多的机会参与到更生动、灵活乃至深入的社群关系中，特别是在中国这样注重关系建设的文化情境下，以关系为导向的因素诸如类社交互动、感知关系可信性，以及社群身份认同等都可以引入进来成为测量公众卷入的变量。

【思考题】

1.请用第一节讲到的理解战略传播的三条路径，解读这一章的先导案例，你最认同哪一条路径的解释？

2.从卷入的三个维度：呈现、连接与关切，分析先导案例中红牛如何实现上述三个维度？

3.如果让你策划借助社交媒介传播红牛的极限运动战略，你如何从信息卷入、类社交卷入以及对话卷入角度提高这一战略的传播效果？

第二章
战略传播的
SMART模型

【先导案例】

2016 年, 珠宝品牌 I Do 拍摄的一系列试图戳泪点的广告大片却引发了一场"价值观大战"。"有一种幸福叫付出"是这一系列广告的主题, 目的是推广 I Do 的结婚周年纪念系列。在三个 1 分钟的短片里, 你可以看到婚姻中女性的三个痛点: 生完孩子后留下的松弛下垂、充满疤痕的肚子; 为了家庭和老公的事业发展放弃了自己的梦想; 以及女人将自己最美丽的青春献给了老公和家庭(见图2-1)。"为什么婚姻中付出的都是女性, 牺牲是理所当然"、"女人的青春怎么就是送给男人的"、"自轻自贱的价值观"等各种指责在社交媒体上成了更主流的声音。这让奥美和 I Do 措手不及。《界面新闻》针对这一引发争议的系列广告做出了如下评论:"若只考虑这次结婚周年纪念系列的目标消费人群——结婚 10年以上, 也就是 35 岁以上的有一定经济实力的男性, 这一系列广告或许真的能催人泪下。只是走进电影院的, 以及活跃在微博和微信的年轻人大部分并不属于这个群体, 而他们, 尤其是新一代有着强烈女权意识的女生们, 可不吃女人一生就是付出啊、牺牲啊、伟大啊这一套。"

图 2-1　I DO 争议广告视频截图　　　　扫描二维码阅读案例原文

（来源：界面新闻）

第一节　战略传播的 SMART 模型

上一章我们介绍了战略传播的理论基础，在功能路径看来，战略传播除了被界定为"组织有目的的沟通以达成其任务"外，还被认为囊括了管理、营销、公共关系、技术传播、政治传播以及信息/社会营销活动的多学科领域。在文化研究路径看来，战略传播的核心在于意义的生产与消费，而在批判路径，战略传播始终无法绕过"权力-身份"所带来的一系列"原罪"问题。战略传播的实践形式主要以包括公共关系、广告、营销的传播运动为主，但不仅限于这些传播运动；还包括从单条信息的发布，到单个营销事件的传播，乃至国家品牌层面的公共外交活动。

战略传播是一个极其重要而又边界模糊的研究与实践领域，其主要业务范畴或分支大体包括，但不限于如下板块，需要注意的是，这些板块并非彼此隔绝，而在很多时候是相互交叠，甚至从属的关系，例如，危机传播管理显然是公共关系的一个从属业务，而内容营销则在公共关系与市场营销两个领域跨界存在。以下呈现方式只是为了读者更直观地了解到这些重要的实践活动均属于本书对战略传播实践的探讨范畴。

（1）公共关系

（2）市场营销

（3）内容营销

（4）广告

（5）促销

（6）公共健康教育与促进

（7）关系营销

（8）企业社会责任运动

（9）危机传播管理

（10）国家品牌运动与公共外交

这一章我们首先在尝试融合上述路径的基础上，提出战略传播的 SMART 模型（见图 2-2），将给出本书对于战略传播的界定：组织战略目标与传播活动协同一致的象征性意义的生产过程，旨在促进组织与公众之间的三重卷入功能，即认知卷入、关系卷入以及对话卷入，并借助融合性的媒介技术以实现上述过程。

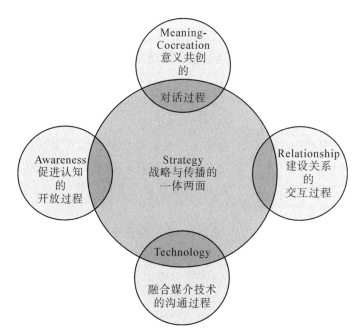

图 2-2　战略传播的 SMART 模型

一、战略目标与传播活动协同一致

战略传播的整体性思维,其要义在于战略与传播是一体两面,传播不应仅被视为实现战略目标的工具,而应被视为战略本身。传播本身就是战略,从组织制订战略的那一刻起,传播就已经且应当渗透入战略的设想或组织架构中。

传播即战略的实然性意味着没有可以离开传播或沟通而单独存在的所谓组织战略,任何战略从设计到落地都与传播活动水乳交融在一起。战略的三个层级:战略(Grand strategy)-策略(strategy)-技巧(tactics),无论哪一个层级的战略设计与执行,都离不开传播活动。

传播即战略的应然性意味着要以传播的思维引导战略的设计与执行,战略设计本身就是在建构一个关于组织与公众关系(注意不是组织一方的想当然)的意义体系,并将这种意义的生产与消费视为一个循环往复的连续体。

二、以(象征性的)意义共创为战略传播的对话目标

在功能路径下,战略传播被界定为"组织有目的的沟通以达成其任务"[①],我们也不否认战略传播的目的性,但是这里我们想对"目的"进一步给予约束,这一目的应该是组织基于对话思想(参见上一章),以象征性的意义共创作为战略传播的对话目标(呼应了"卷入"理论的第三个维度),即关切。战略传播应以促进组织与公众的相互理解、秉持开放精神,视组织与公众之间的交往互动为意义共同创造之过程为目的(或导向)。

此处我们除了将文化研究范式下对"象征性意义"的重视引入战略传播的概念体系外,还借鉴了"意义共创"理论。战略传播管理的"意义共创模型"由卡尔·伯坦和玛瑞安·泰勒等学者于 2004 年前后提出[②],并由伯坦于 2018 年出版的《战

---

① BOTAN C. Ethics in strategic communication campaigns: the case for a new approach to public relations[J]. Journal of Business Communication,1997(34):188-202.

② BOTAN C. Public Relations: State of the Field [J]. Journal of Communication, 2004,54(4):645-661. TAYLOR M, BOTAN C H. Global public relations: application of a cocreational approach[C]// 9th International Public Relations Research Conference "Changing Roles and Functions in Public Relations",South Miami,Florida,9-12 March,2006:485-492.

略传播管理》一书进行了完整的理论化阐述①——意义的生成是主体间的,沟通双方皆以主体身份进入对话,共同创造的意义来自参与主体的共同经验。组织战略传播最为理想的模式是共创模式,在这一模式下,组织将自己视为环境的一部分,与环境(公众的需求)共同变化。共创模式之核心是认为意义由公众与组织共同产制,并强调公众和组织在界定议题中扮演着同样重要的角色,他们应当共同界定问题、议题、目标以及彼此之间的关系。共创模式的组织将议题界定与解决均交由公众与组织共同建构;无论是应用导向抑或是学理导向的研究都应不只关注公众端的研究,还要关注组织与公众之间的关系,观察组织与公众之间循环往复的传播流动,组织内部与外部的传播与意义流变均决定着组织的形态。②

三、以调研为基础的开放性系统建设

战略的基础是信息的流入。而信息的流入要依靠科学的、系统的调研手段。可以说,没有调研就没有战略。向公众打开是"关注"这一维度的根本导向。而打开的基础就是建立在(大-小)数据分析基础上的信息洞察,战略制订的前提一定是一个以调研为基础的知觉系统的建设。以调研为基础的开放性系统建设呼应了"卷入"理论的"关注"维度。

战略传播围绕以组织与公众之间的关系建设为核心的传播运动的设计与开展,并以调研为基础③。战略传播是基于对组织所处的情境、组织所面对的公众,以及组织与公众关系的战略信息的收集和分析——即调研,而展开的系统的、有组织的传播实践。我们可以从以下三点理解调研对于战略传播的意义:

(1)信息的收集与分析是战略传播决策的重要依据。换言之,没有调研,就不可称为战略,也就不可称之为战略传播。

(2)信息的收集围绕三个层面:组织、公众以及组织与公众之间的关系,偏向于任何一方的信息收集都是不全面的。战略信息是可用于描述、解释或预测组

---

① BOTAN C. Strategic Communication Theory and Practice：the Co-creational Model [M].Hoboken,NJ：Wiley-Blackwell,2018.

② BOTAN C. Strategic Communication Theory and Practice：the Co-creational Model [M].Hoboken,NJ：Wiley-Blackwell,2018：23.

③ BOTAN C. Strategic Communication Theory and Practice：the Co-creational Model [M]. Hoboken,NJ：Wiley-Blackwell,2018：8.

织与公众之间关系的信息。

（3）战略传播包括两个部分的实践：第一部分是收集战略信息，第二部分是根据收集到的信息开展有计划的战略传播活动。

简而言之，调研为组织提供了环境感知的路径。

四、以建立长期关系为导向的交互体系建设

主张聚焦"关系"路径研究战略传播/公共关系的学者认为，传统的公关传播理论过于强调"对传播的管理"，导致公关从业者的职业角色陷入了"写新闻稿、发新闻稿"的技术工种，而关系维度的回归，要求从业者扮演建设、维系长期性组织-公众关系的战略管理者[1]。例如，关系路径的代表学者莱丁汉认为要把公共关系研究和实践从一直以来新闻（代理）的影响中拉出来，并要求、促使公关从业者借鉴战略管理的工作方法。当公共关系被当作组织与利益相关者关系来看待时，管理的有效性就可以通过关系的建立来衡量，进一步说，对这些关系的评价可以用来预测公众的行为。[2]

根据"组织-公众关系"（organization-public relationship，OPR）路径，关系是组织与其公众之间的相互依存状态，二者皆为关系网络中的主体，任一主体的行动都会影响另一主体的经济、社会、政治和文化福祉。[3] 这一主张将关系置于主体之间，以"主体-主体"或互为主体的状态来把握组织与公众之间相互嵌入的共生关系。由此看来，战略传播即关系建设的交互过程。

五、不断提升融合媒介技术支持的传播方案

无论是信息的流入还是流出，组织内部抑或是外部的沟通都离不开媒介，即

---

① BROOM G M，CASEY S，RITCHEY J. Concept and theory of organization-public relationships[M]//LEDINGHAM J A，BRUNING S D.Public Relations as Relationship Management：a Relational Approach to the Study and Practice of Public Relations. Mahwah，NJ：Lawrence Erlbaum，2000：3-22.

② LEDINGHAM J A. Explicating relationship management as a general theory of public relations[J]. Journal of Public Relations Research，2003，15(2)：181-198.

③ LEDINGHAM J A，BRUNING S D. Relationship management in public relations：dimensions of an organization-public relationship [J]. Public Relations Review，1998，24(1)：55-65.

便是人与人、面对面、一对一的沟通和对话也要依赖语言或非语言作为"媒介"。伴随着网络技术的发展,社交媒体技术的勃兴,VR/AR乃至虚拟技术全面浸润的"元宇宙"概念的兴起,都提醒战略传播的研究与实践者关注媒介技术对传播与传播文化带来的影响。

这本书的后半部分也将聚焦于媒介技术对战略传播的应用层面,以几个具有代表性的媒介技术应用,如内容营销、社交小游戏、微信生态圈等,探讨融合媒介技术如何改变战略传播的想象和实践。

第二节　战略与传播的协同一致

哈拉汗等指出,构成术语战略沟通的两个关键词都值得特别注意。首先,这些活动是战略性的,而不是随机或无意的传播活动。更为重要的是,不能狭隘地定义战略。相反,战略是一个丰富的、多维的概念,需要进行广泛的研究。其次,战略传播的概念强调传播应该成为战略传播研究的焦点[1]。从学术研究来看,海德等学者通过对战略传播研究发表成果的内容分析总结了当前这一领域的主要研究焦点:传播管理、计划、受众细分、信息设计、关系建设、公关活动,以及效果评估等[2]。沃德等人对已发表的战略传播领域的学术文章的学科重点进行分析后发现,38%的文章被归类为公共关系学科[3]。哈拉汗进而提出一个关键问题:我们是否用战略传播实现了整合传播研究不同专业的目标?抑或是学者们仍在做着与以前相同的事情,只不过使用战略传播作为标题(而不是公共关系)?换言之,战略传播如何在整合了如此多的传播学分支领域之后,能够找到自己存在的

---

① HALLAHAN K, et al. Defining strategic communication [J]. International Journal of Strategic Communication,2007,1(1):3-35.

② HEIDE M, et al. Expanding the scope of strategic communication: towards a holistic understanding of organizational complexity [J].International Journal of Strategic Communication,2018,12(4):452-468.

③ WERDER K, et al. Strategic communication as an emerging paradigm [J]. International Journal of Strategic Communication,2018,12(4):333-351.

边界？或者这种边界是否有存在的必要？^① 接下来,我们或许需要分别从构成战略传播的这两个词入手,最后再将两个词语合并起来看看其勾连在一起的意义所在。

一、战略

战略在中国的历史被认为可以追溯至春秋时期的《孙子兵法》,而这本被称为"奇书"的作品至今仍是美国西点军校授课的教材之一。《孙子兵法》中写道:"故将通于九变之利者,知用兵矣;将不通九变之利,虽知地形,不能得地之利矣;治兵不知九变之术,虽知五利,不能得人之用矣。"意思是一名将领如果精通"九变"就可以说是懂得用兵之道;如果一名将帅不懂得"九变",那么即使他了解地形,也一样无法获得地利;治兵却不懂得"九变",即使他懂得"五利",也不能充分发挥军队的作用。那么何为"九变"？是孙子根据九种不同的地形(情境)要采取不同的变通策略,"圮地无舍,衢地交合,绝地无留,围地则谋,死地则战。涂有所不由,军有所不击,城有所不攻,地有所不争,君命有所不受"。即在难以通行之地不要驻扎,在四通八达的交通要道要与四邻结交,在难以生存的地区不要停留,在四周有险阻容易被包围的地区要精于谋划,误入死地则须坚决作战。有的道路不要走,有些敌军不要攻,有些城池不要占,有些地域不要争,君主的某些命令也可以不接受。

由此可见,战略总是离不开对情境动态性的重视,需要变通,要有所为而有所不为。延至今日,无论是营利组织还是非营利组织,战略必须依赖于环境洞察和分析,审视与公众之间动态的关系变化,意义生产与消费的过程,结合这些动态性做出战略决策,并及时因应变化调整战略。对此,当代全球著名战略咨询机构波士顿咨询公司布鲁斯·亨德森智库的领导人,马丁·里维斯(Martin Reeves)等三位作者结合波士顿咨询公司 50 年以来的商业咨询经验,将战略提炼为五种类型,参见表 2-1,并强调企业必须根据环境的"可预测性""可塑性",以及"严苛性"与否调整自身的战略^②。

---

① HEIDE M，et al. Expanding the scope of strategic communication：towards a holistic understanding of organizational complexity [J].International Journal of Strategic Communication,2018,12(4):452-468.

② 马丁·里维斯,纳特·汉拿斯,詹美贾亚·辛哈. 战略的本质:复杂商业环境中的最优竞争战略[M].王喆,韩阳,译.北京:中信出版社,2016.

表 2-1　五种战略原型

关键元素	经典型	适应型	愿景型	塑造型	重塑型
核心理念	做大	求快	抢先	协调	求存
环境类型	可预测,不具备可塑性	不可预测,不具备可塑性	可预测,具备可塑性	不可预测,具备可塑性	环境严苛
适用行业	公共事业汽车石油天然气	半导体纺织、零售业	不针对特定行业(打破新格局,创造新产业)	部分软件领域智能手机软件	2008—2009 年金融危机期间的金融机构
特征	低增长高度集中成熟行业监管法规稳定	增长不稳定集中度有限新兴行业高科技变革	高增长潜力空白区,无直接竞争者监管法规有限	碎片化无主导企业平台化监管法规有塑造空间	低增长,衰退,危机融资能力有限负现金流
做法	分析,规划,执行	变化,选择,推广	设想,构建,坚持	吸引,协调,发展	应对,节约,增长
成功标准	规模,市场份额	周期,新产品活力	率先进入市场,新用户的客户满意度	外部生态环境发展和利润率,新产品活力指数	节约成本,现金流
主要陷阱	过度运用	盲目制订规划	愿景错误	过度管理企业的生态环境	没有第二阶段

(来源:马丁·里维斯,纳特·汉拿斯,詹美贾亚·辛哈.战略的本质:复杂商业环境中的最优竞争战略[M].王喆,韩阳,译.北京:中信出版社,2016:21.)

　　里维斯等强调,由于当今商业环境的不可预测性逐渐增强,传统时代的长期战略规划往往不再奏效。同时,在技术变革、全球化以及其他因素的推动下,现有的行业结构也常常遭到颠覆。在这样的大背景下,组织所嵌入的环境,尽管变得愈加难以预测,但同时也带来了更多再造环境的机会。这时真正的战略一定是可以与环境相匹配的选择。[①]

　　从组织环境的动态性、战略制订的情境依存性,不难理解传播或沟通对战略的重要意义。传播不仅是信息的流入与流出,还扮演着组织内部、外部环境的监

---

　　① 马丁·里维斯,纳特·汉拿斯,詹美贾亚·辛哈.战略的本质:复杂商业环境中的最优竞争战略[M].王喆,韩阳,译.北京:中信出版社,2016:22-23.

测功能、协调功能，甚至扮演着叙述"战略是什么""组织是什么""我们是什么"的意义生成功能。

二、传播

传播并非只是线性的，不是从信源到信宿的单向过程，信息一旦发出，意义的生成就已不仅受制于传者。所谓的"受众"同时也扮演着意义再生成的角色，意义在主体间不断获得新的意义，即所谓意义生成的主体间性。这里我们将意义生成的五个要素（"文化循环模型"的五个要素，我们将在下一小节展开讨论）结合战略传播的应用进行关联：

（一）传播是意义的再现（representation）

再现是生产意义的话语过程。战略传播也是这样一种话语建构的社会实践，遗憾的是，太少研究者从这一视角来审视战略传播，与之相反，更多的研究关注如何使公关稿或媒介事件获得新闻媒体"把关人"的青睐，或者如何改进传播工具以使组织与公众的沟通更加高效。如果将战略传播视为一种意义再现的过程，那么我们应该更加关注的是为什么有些"新闻稿"受到了媒体的青睐，其中的意义是如何被编码和解码的。①

（二）传播是意义的生产（production）

意义的生产是符号的编码过程。产品、组织、个人获得这样而非那样的意义，是靠一系列动态的、长期的编码过程实现的。组织如何实践战略行为，首先需要界定它所面对的公众，而每一种编码过程都发生在一定的情境之中，比如不同的组织文化、社会文化，政治-经济，以及历史情境等。对意义生产环节的关照，有助于我们从组织为何生产、如何从组织结构上去实现某种意义生产、组织的内部权力关系如何影响意义的生产等角度重新思考战略传播。

（三）传播是意义的消费（consumption）

与功能主义范式对传播主体和客体的二元对立认识不同的是，文化研究的

---

① CURTIN P A，GAITHER T K. Privileging identity，difference，and power：the circuit of culture as a basis for public relations theory[J].Journal of Public Relations Research，2005,17(2):91-115.

视角认为,意义的生产必须在意义的消费中得到确认,强调意义阐释、解码的重要性。意义的生产和消费以话语过程中的竞争、协商形式存在。因此,对于战略传播、市场营销者、广告与公关实践者,必须持续地测量、解释意义的消费变化。环境监测、议题管理就变得格外重要。议题管理经常被作为一种旨在提高组织传播效率的管理策略被使用,文化视角下的公关研究主张议题管理应该更加关注意义消费者如何理解和使用信息、如何界定自己和他者(比如组织)的身份。

(四)传播是身份的建构(identity-meaning construction)

身份通过对差异的建构来实现。在文化研究者看来,"我是谁"是通过"我不是谁"来界定的。身份是意义竞争、建构的动态结果。因此,文化循环模式强调战略传播的两个重要属性是差异与身份。如伍德沃德所说,所有的象征表意实践,都涉及权力关系,正是权力界定了谁在内,而谁被排除出局。① 简言之,以文化研究视角观之,战略传播实践也是身份-意义的建构过程。与功能主义的线性模式不同,组织与公众并非由信息发出和接受而形成的两大对立阵营,而是伴随意义的协商而建构的、互为意义生产者和消费者的动态的主体间关系。

(五)传播活动发生在特定的规制情境中(regulation-context)

文化循环模式中的规制强调的是战略传播实践发生的情境约束,比如文化惯例、社会机制、政治-经济,以及历史等使人们的社会生活得以秩序化的诸多因素。规制情境,强调了战略传播的意义生产、身份建构均不可能脱离其所处的社会文化背景,而研究者和实践者的任务是发现、解释情境对传播活动产生的影响。

三、战略传播之于组织的重要意义

美国经常被认为是现代战略传播理念的发源地。美国在 1917 年 4 月参加第一次世界大战。一星期后,一个名叫"公共信息委员会"(Committee on Public Information,CPI)的机构便在威尔逊总统的命令下成立了(见图 2-3),这一机构

---

① WOODWARD K. Concepts of identity and difference [M]//K Woodward. Identity and Difference,Thousand Oaks,CA: Sage, 1997: 7-50.

的创立被认为奠定了美国国家战略传播体系的雏形；及至二战结束后，美国着手建立庞大的全球宣传机器，直接服务于冷战时期的意识形态斗争与国家情报活动，美国战略传播的整体结构基本成形。

威尔逊提名记者乔治·克里尔（George Creel）为委员会的总负责人。公共信息委员会由陆军部长、海军部长、国务卿和乔治·克里尔组成。而克里尔则统一负责宣传事务的方方面面，既包括海外宣传，也包括国内宣传。公共信息委员会相当于战时美国的"宣传内阁"，这一组织结构将公共信息委员会的主席克里尔先生置于"宣传内阁"的绝对领导者地位，宣传的决策权统一、集中于克里尔，也难怪公共信息委员会也经常被称作"克里尔委员会"（Creel Committee）。克里尔委员会成为政府内部宣传资源的整合者，并拥有调配这些资源的实际权力。对外而言，该委员会又成为信息发布的统一出口，保证了口径的一致性。

图 2-3　美国一战时组建的"公共信息委员会"部分成员合影

从公共系信息委员会的案例中，我们可以总结战略传播之于组织的意义：

（1）战略传播是有组织的、有目的的传播活动；

（2）战略传播思维调动了传播资源；

（3）战略传播塑造了组织本身。

接下来,我们将对第三点展开讨论。组织的形成离不开战略传播,离不开意义的创造。组织看起来是自上而下形成的,但究其实质是一个自下而上的过程,换言之,组织是持续的意义建构和沟通过程的产物①。根据维克(Weick)提出的组织意义建构(organizational sensemaking)理论,组织不应被视为固定、恒常或纯粹客观的东西。组织成员间的传播活动生产与再生产着组织。因此,维克认为,我们应该用动词的 organizing 来替代静态的名词 organization②。其实早在40 年前,斯查尔(Schall)就强调:组织是"通过社会互动创造、维持、传播和改变的——通过建模和模仿、指导、纠正、谈判、讲故事、八卦、补救、对抗和观察——所有基于信息交换和意义分配的活动,即基于传播的活动"(organizations are:"created, sustained, transmitted, and changed through social interaction—through modelling and imitation, instruction, correction, negotiation, story-telling, gossip, remediation, confrontation, and observation—all activities based on message exchange and meaning assignment, that is, on communication")③。

第三节　战略传播的"象征性"意义共创

对话意味着就公众关心的问题征求公众的意见和考虑,将公众提升到与组织平等的沟通地位,公众不再只是服从组织政策或市场需求的工具;在伯坦看来,对话更多地表现为沟通中的一种立场、定位或态度,而不是一种具体的方法、技巧或形式④。"真正的对话"强调组织和公众通过协商来进行思想和观点的交

①　TAYLOR J R. Organizing from the bottom up? Reflections on the constitution of organization in communication [C]// PUTNAM L L, NICOTERA A M. Building Theories of Organization. The Constitutive Role of Communication. New York, NY: Routledge, 2009: 153-186.

②　WEICK K E. Sensemaking in Organizations [M]. Thousand Oaks, CA: Sage, 1995. WEICK K E. Making Sense of the Organization: the Impermanent Organization [M]. Chichester, UK: John Wiley and Sons, 2009.

③　SCHALL M S. A communication-rules approach to organizational culture [J]. Administrative Science Quarterly, 1983, 28(4): 560.

④　BOTAN C. Ethics in strategic communication campaigns: the case for a new approach to public relations[J]. Journal of Business Communication, 1997(34): 188-202.

流,是一种交流式的给予和索取。在这个过程中,并不要求所有人持有一致的意见,可以有反对的声音,双方共享的是一种使各方立场都满意的意愿。

一、战略传播的"意义共创"

伯坦等提出了战略传播的意义共创模式(co-creational model)①,试图协调传播、修辞和管理等不同视角,将组织和公众视为平等的对话者,双方皆以主体身份进入诠释共同体,分享意义,共创价值②。

伯坦在书中将"意义共创"(相对于不主张意义共创的组织而言)的战略传播思想概括为如下要点(见表 2-2):

表 2-2　"意义共创"的战略传播思想要点

"意义共创"的战略传播思想要点	原文
a.努力实现双向开放和沟通 b.拥抱变化 c.公众在定义问题中起着核心作用	a.work toward open two-way and communication b. embrace change c. publics are understood to play the central role in defining issues
d.公众既不是一成不变的,也不是被动的,而是被视为相互创造、重塑自己和组织	d. publics are neither static nor reactive but are seen to mutually create and recreate themselves and the organization
e.意义共创的组织认为,问题由公众定义,解决问题的方式也由公众确定	e. cocreational organizations see issues as defined by publics and the resolution of issues as also determined by publics
f.公众被视为问题的共同建构者,因此研究不仅关注公众的想法和感受,而且关注组织与公众之间的关系	f. publics are seen as cocreators of issues so research focuses not only on how publics think and feel but also on the relationships between the organization and its publics
g.组织与内部和外部公众之间的周而复始的交流被视为组织的核心职能,它们定义了组织的结构	g. repetitive flows of communication between the organization and its publics,both internal and external,are seen as a central function of the organization and they define its structure

---

① BOTAN C H. Public relations：state of the field ［J］. Journal of Communication，2004,54(4):645-661.

② BOTAN C. Strategic Communication Theory and Practice：the Co-Creational Model ［M］. Hoboken,NJ：Wiley-Blackwell,2018.

续表

"意义共创"的战略传播思想要点	原文
h.由于公关从业人员是组织核心职能的一部分,因此他们可以成为战略领导层的一部分	h. because practitioners are part of a core function of the organization,they can be a part of the strategic leadership

（来源：BOTAN，C. Strategic Communication Theory and Practice：the Co-creational Model[M]. Hoboken，NJ：Wiley-Blackwell,2018：22-24. 根据原文内容编译。）

二、战略传播的象征性意义生产与消费

正如前文所述,本书所提出的"战略传播 SMART 模型"将文化研究路径对战略传播中象征性意义的生产纳入,这里我们借鉴了战略传播的"文化循环模型"的理论观点。文化循环模型关注话语实践中的"身份、差异与权力"。柯廷和盖瑟(Curtin & Gaither)的"文化循环模型"突出了"身份"、意义的"消费与生产"等概念之于公关实践的关键地位,不同于功能主义范式下的线性传播模式,而旨在突出战略传播的协同、非线性和动态性,强调以文化现象的动态性来解释战略传播,认为战略传播由五个时刻组成——再现、生产、消费、身份和规制,其中意义的消费与再生产是贯穿这五个时刻的核心过程[1]。文化循环模型强调文化不仅仅是人类学中通常描述的文化规则和传统,文化还是所有社会实践及其相互关系的总和[2]。换言之,文化是意义在社会中产生、流通、消费、商品化、无休止地复制和重新协商的过程[3]。在文化循环模式中,战略传播被理解为意义的动态社会生产实践,身份在意义的生产和消费过程中建构起来。我们不断地通过已有的文化知识体系去对新的事物下定义,从而使其产生新的意义,既有的意义也会随时间而不断发生变化。以下我们将对文化循环模型中的"规制"、"生产"与"消费"等要素分别予以阐述。

---

① CURTIN P A，GAITHER T K. Privileging identity,difference,and power：the circuit of culture as a basis for public relations theory[J]. Journal of Public Relations Research,2005,17(2)：91-115.

② CURTIN P A，GAITHER T K. International Public Relations：Negotiating Culture，Identity,and Power [M]. Thousand Oaks：Sage,2006:35-50.

③ TOMBLESON B，WOLF K. Rethinking the circuit of culture：how participatory culture has transformed cross-cultural communication [J]. Public Relations Review,2017,43 (1):14-25.

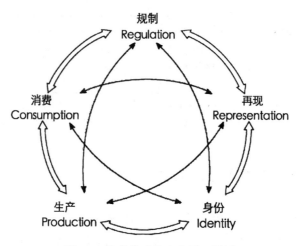

图 2-3　公共关系的文化循环模型

（来源：编译自 Curtin P A C & Gaither T K G. Tnternational Public Relations，Negotiating Culture. Tdentity，and Power[M]. Sage Pubtications，Inc，2007：35-50.）

以跨文化的战略传播（你可以设想一个向外国友人"讲中国故事"的场景）为例，"规制"是战略传播实践（作为一个不断进行的身份、意义的建构过程）所发生的情境，在一种文化中，什么是允许的，什么是期待的，往往是由在特定情况下拥有经济、政治或文化权力的群体决定的。再现或表征中国的符号在传播、互动的过程中，由"情境"要素控制着这些意义的生产、消费以及再生产。

"消费"对应着解码的过程，"消费者"作为意义的共同创造者积极参与解码并生成新的意义（同时又是意义的"生产者"）。他们，比如你所讲述的对象，外国友人也会将符号内化于自身的生活场景，筛选、接纳与他们产生共鸣的东西，并根据自己的文化模式和价值体系来理解信息[1]。编码过程会提供一系列的可能性，但是意义是在解码的过程中产生的，而解码本身又作为一种新的意义进行了编码，即意义的再生产。

与线性模式对传播主客体分离的认识不同，文化循环模式下的战略传播理论认为，意义的生产必须在意义的消费中得到确认。换言之，如果信息无法在消

---

① HAN G，ZHANG A. Starbucks is forbidden in the forbidden city：blog，circuit of culture and informal public relations campaign in China [J]. Public Relations Review，2009，35（4）：395-401.

费者那里得到理解、认同,意义的生产便没有意义。仍以"讲述中国故事"为例,中国符号的意义建构过程同样经历着"生产-消费-再生产"的循环往复,在不断地"争辩"、"协商"乃至"对话"中形成,因此,讲好中国故事的前提,不仅在讲述者如何修炼内功,还要学会解读、理解所面对的公众。他们如何解码中国公众"司空见惯"的中国符号,从外部视角理解中国符号的意义如何在所谓的"他者"处被诠释。萨科瑟(Saxer)也提到,公共关系就是意义建构的过程,这个过程包含了符号的使用、互动和解释①。从这一点上思考战略传播,有助于我们从象征性意义建构的视角,考察个人和群体如何在意义的生产和消费中相互作用,如何通过与他人的互动来创造身份及其边界。从这一意义上来看,外国公众对中国符号-意义的消费,或许也同时在建构或重新生产着一种关于"自我"与"中国"的身份边界。

综合这一章,我们需要强调的是,战略传播 SMART 的五要素构成了一个整体,是组织与其公众之间围绕身份与意义的一个动态的生产与再生产的过程。正如马尔乔里和布尔加科夫(Marchiori&Bulgacov)认为,战略是组织成员创造、执行和实现的东西,而不应将战略视为组织所拥有的东西。基于这种看法,我们必须理解传播之于战略的重要性——战略和传播本就是一体之两面。

【思考题】

1.案例分析,请阅读以下案例内容,从这一章中关于战略的内容,思考华为的国内外战略,并请你根据华为目前所处的情境谈谈华为现在和未来可能的战略方向?

世界领先的通信设备公司华为,通过做出一系列谨慎的市场地位选择,在年收入约 400 亿美元的基础上继续保持稳定增长。根据华为技术公司的轮值首席执行官郭平的说法,企业战略"毋庸置疑就是寻找定位"。华为一开始寻求在中国的乡村市场取得主导地位,因为在那里来自大企业的竞争较少。之后,随着华为日益壮大,它开始打入增长迅速但更具竞争力的中国城市中心。直到公司足够强大,华为才开始拓展海外市场——一开始打入像巴西、俄罗斯、泰国这样的新兴市场,最后才进军像英国、法国、加拿大这样的第一世界国家。郭平解释说:"我们依赖于规模,所以在进入发达市场之前,我们先打入庞大而竞争小的市

---

① SAXER U. Public relations and symbolic politics [J]. Journal of Public Relations Research,1993,5(2):127-151.

场。"运用同样的原则，华为首先将力量集中在通信设备，为类似沃达丰（Vodafone）、英国电信（British Telecom）、T-Mobile（一家跨国移动电话运营商）、加拿大贝尔这样的大型电信公司提供服务。

直到最近，华为才开始进军消费品市场，为一些未得到充分发展的市场提供手机，因为在那里华为可以占据主导地位。这样的市场不仅包括中国，还包括非洲的几个国家。①

2.请从"文化循环模型"的意义生产与消费角度，对先导案例进行分析，并谈谈你认为"I Do"这一系列广告在中国大陆遭遇争议的原因。

---

① 马丁·里维斯,纳特·汉拿斯,詹美贾亚·辛哈. 战略的本质:复杂商业环境中的最优竞争战略[M].王喆,韩阳,译.北京:中信出版社,2016:52.

【本章提要】

1.了解战略传播实践流程的经典理论；

2.了解公众细分的 7 个代表性理论；

3.重点了解公众情境理论中对公众进行分类的 3 个变量；

4.从意义共创角度重新思考战略传播的实践流程。

【先导案例】

2017 年 3 月 7 日,麦肯纽约(一家著名的战略传播公司)趁着夜色,悄悄将"无畏的小女孩"树立在了华尔街铜牛的对面(见图 3-1)。这个女孩双手叉腰,昂首挺立,面对着铜牛,脚下的牌子上刻着一行字"了解女性的领导力量/她在改变世界"(Know the power of women in leadership. She makes a difference)。这个小女孩铜像就这样成了"女性领导力""女性的勇气"和"无畏精神"的象征。她的设计者、艺术家克里斯汀·维斯巴尔(Kristen Visbal)说:"这是与每一位女性息息相关的雕塑。铜牛就像生活中的诸多问题,我们需要坚定立场,坚持自己的观点,然后解决它。"美国权威创意杂志快公司(Fast Company)在网站上公布了他们心目中 Top5 的妇女节营销活动,无畏的女孩荣登第一。这个小女孩雕像不仅在广告界收获好评,美国国家公共电台、纽约时报、美国全国广播公司(NBC)、美国有线电视新闻网(CNN)……大量的社会媒体也对此进行了报道,并引发了社会各界的广泛关注。小女孩获得纽约市政府批准,将在华尔街驻留为期一周的时间。值得注意的是,这个作品的广告主并非人们猜想的非政府组织,而是一家金融巨头——道富环球(State Street Global Advisors)。

图 3-1 "无畏的小女孩"现身纽约华尔街象征女性的勇气

（来源：数英网）

第一节　战略传播流程的经典模型

传播学教授约翰·马斯顿（John Marston）在 1963 年出版的《公关的本质》（*The Nature of Public Relations*）一书中提出了著名的 R-A-C-E 公关四步模型[①]：

1.调研（Research）：分析面对的问题或情境是什么？

2.行动（Action）：如何解决这一问题或情境？

3.沟通（Communication）：该如何与公众进行沟通？

4.评估（Evaluation）：效果如何？

上述模型是战略传播或公关实务课程引用最为广泛的流程模型之一[②]，这一模型指出了战略传播实践务必要从调研开始，前述章节我们已经强调，调研是将策略与战略区别开来的关键环节。

调研是信息的流入与流出，对信息的汇总、分析和整理的过程，调研有助于建立基线，有助于在公关方案执行之后测量效果（同样是调研），因此，可以说，调

---

① MARSTON J E. The Nature of Public Relations [M]. New York：McGraw-Hill，1962：161.

② FILES J A. Race：a public relations process model for orderly planning and efficient implementation [J]. Public Relations Journal，1982，38(7)：22.

研是公关流程的起点也是终点,循环往复,促进公众和组织的相互了解、共识与协同发展。调研的核心问题如下:

1.问题界定:我们面对的问题是什么?

2.信息界定:需要什么类型的信息?

3.公众细分:需要触达哪一类特定的公众?

4.资源评估:组织需要雇佣外部资源来做调研还是内部就足够了?

5.调研方法:如何分析调研的数据、汇报数据,以及应用数据? 什么时候需要这些数据? 将如何使用调研的结果?

6.经费预估:这项调研需要花费多少经费?

R-A-C-E 提供了公关流程模型不断演进的基础。比如,再版十余次的布鲁姆经典的教材《公共关系》中将公共关系的流程界定为包括四个部分的管理过程,这一四步流程来自卡特里普、森特和布鲁姆(Cutlip,Center and Broom)1985年提出的模型[①],参见图 3-2,这一模型将调研的目标更加清晰地呈现出来,同时也将"战略"一词明确地在流程模型中予以体现,并指出战略包括设计与计划:

图 3-2　战略传播的四步流程

①　CUTLIP S M,CENTER A H,BROOM G M. Effective Public Relations [M].Englewood Cliffs,NJ: Prentice-Hall,1985.

第一步,情境分析:界定问题或机会。

第一步不仅需要对组织面临的问题或挑战进行简明的界定,还需要进行适当的研究和情境分析。组织遭遇的困境或机遇是什么? 调研就是通过收集信息以对这些问题进行识别和诊断。从业者可能需要更好地理解问题或组织所面对的挑战,或者确定要针对的公众、要使用的信息策略或要使用的媒介策略;组织内部或环境中发生的可能对公共关系活动或计划产生影响的情况。在战略营销规划中,这可能涉及对市场、竞争对手、客户、产品和公司的分析,例如 SWOT 分析①。调研也可以在运动或计划期间用于评估所采用的策略的效果。当活动或计划结束时还需要通过研究以评估结果。

一般而言,战略传播活动的目标有如下几种类型②:

(1)形象管理、身份认同,以及声誉管理;

(2)影响公共政策;

(3)促进个体或公共的健康;

(4)募集捐款和招募志愿服务;

(5)因应变化、风险与危机传播管理。

第二步,战略制订:计划与设计。

传播实践者依据调研获取的信息和情境分析的发现来制订沟通计划。这涉及识别和细分目标受众;针对每个特定的目标公众(或群体)制定目标;确定要采取的关键行动;制订包括信息和媒体策略在内的传播策略。在卡尔·伯坦看来,战略传播至少包括三个层面的计划:宏观战略、中观策略,以及微观技巧③。那么第二步,应该是包含这三个层面的完整方案设计。

(1)宏观战略,是一个组织政策层面的决定。包括设定目标、同盟、伦理、公众和环境中其他影响力如何建设以及建设何种关系的决定。

(2)中观策略是具体活动层面的规划和决策,涉及调动和安排资源、话语符号,以满足组织和公众的宏观战略或大战略需求。

(3)微观技巧是实施策略的具体活动和产出,是战略传播"被看见"的部分,

---

① 格伦·M.布鲁姆.公共关系:英文版[M].10 版.北京:中国人民大学出版社,2013:268-269.

② RISTINO R J.Communicating with external publics:managing public opinion and behavior [J]. Health Marketing Quarterly,2007,24(3/4):55-80.

③ BOTAN C. Strategic Communication Theory and Practice:the Co-creational Model [M]. Hoboken,NJ:Wiley-Blackwell,2018.

包括行为和技术呈现等方面。

第三步,传播执行:行动与传播。

这一步骤使计划得以实施,即执行计划中制订的所有行动和沟通策略,注意遵循计划中详述的行动优先级和时间表。

第四步,项目评估。

在第四步中,实践者需要持续监控计划的实施情况,以确定哪些有效、哪些无效,并及时调整、优化有效性的战略和战术。活动或计划完成后,将根据第二步中确定的目标的完成情况对效果进行评估。

以上构成了经典的四步战略传播规划周期。该过程为如何解决现有的或潜在的问题和挑战提供了流程指南。与经典的 R-A-C-E 流程模型不同,上述四步流程中的计划部分强调"战略"的生成,将公关的战略地位予以突出。信息的收集不仅要服务于一个项目的设计,还要服务于组织战略的完整性、持续性和统一性。而战略并非一成不变,当组织旧有的战略与公众之需求发生冲突时,组织需要调整战略。

布鲁姆指出,作为关系建设的战略传播功能应侧重于长远关系,并注意将长远关系与短期关系进行区分,由此他继续对上述传统流程进行改造,并提出了关系建设路径下战略传播的五个功能模块:

1.调研(倾听与尊重);

2.提升(立足长期关系);

3.推广(着眼短期关系);

4.合作(促进对话与协商);

5.策划(包括战略层面的策划)。

以上五个模块并非静态的线性关系,而是系统的、循环往复的操作流程。

此后,布鲁宁和莱丁汉(1999)、莱丁汉(2001)又相继提出了关系管理的过程模型(a process model of relationship management,亦被简称为 SMART 模型),聚焦关系、强调战略传播实践必须关注关系的动态变化:

1.对关系的监测(Scan);

2.对关系进行描绘(Map);

3.聚焦关系建设的行动(Act);

4.展示(Rollout);

5.关系变化的追踪(Track)。

为了呈现战略传播不同于单个公关活动或营销行为的整合性,里斯蒂诺

(Ristino)提出了整合战略传播计划模型(Integrated Strategic Communications Planning Model,ISC)。ISC 被定义为整体性的、系统的协调组织传播的过程。ISC 既包括向组织内部和外部公众发出声音,也包括协调组织内部和外部的公众关系,即致力于维护与员工、客户、投资者、社区、政府官员、捐助者、志愿者、媒体和公众的关系。我们将 ISC 的 10 个流程步骤整理在表 3-1 中。

表 3-1 整合战略传播计划模型的 10 个步骤

步骤	内容
1	确立战略传播的目标
2	确定目标受众并且尽可能了解他们
3	确定与目标受众接触的时机和地点(方式)
4	确定所要影响的目标公众行为
5	创建一种可以影响目标受众行为的传播策略
6	创建信息策略
7	选择最适合的传递信息的方式(媒介策略)
8	频繁而持续地传递信息
9	监测和评估信息策略和媒介策略
10	调整信息策略和媒介策略

无论是 R-A-C-E 模型、四步流程还是 ISC,都强调了战略传播的效果评估。那么什么才是战略传播应该追求的好的效果? 1996 年,威尔逊(Laurie Wilson)提出要培育一种"战略性社群合作模式"。该模式的五项主张对战略传播的效果评估提出了要求:

1.要有长远愿景,把握未来数年甚至数十年的潜在议题,并预先与目标对象建立关系;

2.对所处的社群做出承诺,并给社群带来利益;

3.强调人的重要性,重视人的价值与尊严,并信任、敬重部属;

4.以合作方式解决问题,强调整合团队的智慧和力量;

5.与所有公众建立关系,并以平等、互信为准则,让所有人皆能获得满足。

在威尔逊提出上述主张的前一年,班克思(K F Banks)提出了检视公关效果的八项整合性标准:

1.是否强化了参与者(组织自身、目标对象和其他利益相关者)的自我意识和身份认同?

2.是否确认了参与者的文化认同?

3.是否增进了不同利益团体之间的关系?

4.是否实现了各团体的目标诉求?

5.是否涵盖了沟通的内在特质——譬如达成共识、解决问题,而非仅将沟通视为告知或改变他人态度的工具?

6.是否适应了特定的沟通语境?

7.是否接纳利益相关者对议题解释的多样性?

8.是否保持开放的观念和开阔的眼界,做好修正、改善自身政策的准备?

威尔逊、班克思皆以更宏大、长远的视角审视战略传播的效果评估,强调人的价值、社群的利益和文化的多样性对于评价有效的战略传播的重要性。有效的战略传播应该获得这种战略观、系统观,寻找转机、改善自己,并且证明自己的存在以及"我为什么存在",而非仅仅聚焦在短期的、功利性的指标,例如仅仅以媒体的曝光量、用户的点击量来衡量战略传播的成败优劣。

第二节　公众分类理论

战略传播流程模型有很多不同的版本,但没有一个版本可以忽视调研在公关流程中的重要地位——西泰尔(Seitel)在《公共关系实务》一书中称调研为"关键的第一步",然而遗憾的是,多数公关方案却没能做到这一点[1]。在西泰尔的书中,调研的问题更加聚焦在受众身上[2]:

1.如何识别和定义受众群?

2.如何将与受众有关的知识与我们的信息设计结合在一起?

3.如何将与受众有关的知识与我们的项目设计结合在一起?

4.如何将与受众有关的知识与我们的媒体选择结合在一起?

5.如何将与受众有关的知识与我们的媒体时机结合在一起?

---

[1]　弗雷泽·P.西泰尔.公共关系实务[M].第12版.北京:清华大学出版社,2017:159.

[2]　弗雷泽·P.西泰尔.公共关系实务[M].第12版.北京:清华大学出版社,2017:160.

6.如何将与受众有关的知识与我们的最终战略结合在一起？

在战略传播活动中，组织所面对的"受众"是谁？如何对传统的利益相关者理论与"公众"进行区分，成为詹姆斯·格鲁尼格等所建构的"卓越公关理论"体系中最为重要的构成之一①，他们及后来的学者们也在这一区分的基础上建构了著名的公众情境理论、战略传播管理的三阶段模型等。接下来，我们将介绍战略传播管理视域下公众分类的7个理论线索。

一、静态的、跨情境的利益相关者

利益相关者理论认为，利益相关者是指由于与组织彼此之间具有影响而变得与组织有关联的人群——他们彼此为对方造成相应的问题②。因此，战略传播管理的第一步即为确定并陈列与组织相关联或存在利害关系的名单。利益相关者理论强调组织要将公众的识别范围扩大，组织应该针对利益相关者展开持续性的关系维护行为，且与利益相关者的沟通工作应该在冲突产生之前开展③。以企业为例，一个企业典型的利益相关者包括：所有者、消费倡导者、消费者、竞争者、媒体、员工、特殊利益群体、环保主义者、供应商、政府和当地社区组织等。如何绘制合理的、全面的利益相关者地图必然要通过环境监测与调研。

当静态地描绘"跨情境的"利益相关者地图已经不足以回答为什么在特定议题下会浮现出新型的关系时，与问题情境相关联的"公众"概念逐渐成为研究焦点。

二、动态的、情境依存的"公众"

公众不是单一的、无差别的，公众总是具体地指向特定的情境或议题。格鲁尼格等从公众的动态性角度对传统的利益相关者进行反思，他们引入杜威

---

① GRUNIG J E. Defining publics in public relations: the case of a suburban hospital [J]. Journalism Quarterly,1978,55(1):109-124. GRUNIG J E, HUNT T. Managing Public Relations[M]. New York: Holt, Rinehart& Winston,1984.

② 詹姆斯·格鲁尼格.卓越公共关系与传播管理[M].卫五名,译注.北京:北京大学出版社,2008:100.

③ FROW P, PAYNE A. A stakeholder perspective of the value proposition concept [J]. European Journal of Marketing,2013,45(1):223-240.

(Dewey,1927)对公众与问题的关系,就何为"公众"解释道:"在认识到某些问题对自己造成影响时,公众就会组成议题团体,对引发该问题的组织或能够解决该问题的组织施加压力。因此,公众开始于遭遇共同问题、原本彼此不相关联的个体,但他们会结成有组织的、强大的、致力于联合行动的激进团体。"①由此,在他们看来,"利益相关者"是基于契约关系而形成的相对静态关系的个体或群体,而公众是基于特定问题的、依赖于情境的、与组织存在动态关系的个体或群体。换言之,利益相关者与公众概念的区别是,前者是跨情境的,且与利害相关,而后者是情境依赖的、针对特定议题的人群。

那么何为"议题"? 战略传播议题管理路径的主要研究者,如希斯和尼尔森(Heath & Nelson,1986)将议题界定为"一个关于事实、价值观或政策的可辩论的问题"②,那么,在公共关系战略管理的议题阶段,实践人员就要负责找到解决问题的路径,担负起被称为"议题管理"的职能③。

三、战略管理的三个阶段模型

基于利益相关者与公众的区别和联系,关联议题管理理论,格鲁尼格和派博(Grunig&Repper,1992)提出了战略管理的三个阶段模型(Three-stage model for strategic management of public relations,如图 3-3 和表 3-2 所示),旨在将跨情境的、静态的利益相关者概念与动态的、情境依存的公众概念进行区隔,并将战略传播管理的流程划分为:利益相关者阶段(Stakeholders)-公众阶段(Publics)-议题阶段(Issues)三个阶段。

在格鲁尼格和派博(1992)看来,组织的战略管理也因此经历了利益相关者-公众-议题三个阶段的管理过程。利益相关者是组织基于契约关系而形成的静态的关系个体或群体,而公众是基于特定问题的、与组织存在动态关系的个体或群体。因此,跨情境路径下对公众的识别更适用于利益相关者分析,而聚焦特定问题或情境的公众识别路径则适用于公众分析。议题阶段的公众识别和分类

---

① 詹姆斯·格鲁尼格.卓越公共关系与传播管理[M].卫五名,译注.北京:北京大学出版社,2008:112.

② HEATH R L,NELSON R A. Issues Management [M]. CA:Newbury Park,Sage,1986:37.

③ EHLING W P,HESSE M B. Use of "Issue Management" in public relations [J]. Public Relations Review,1983(9):24-27.

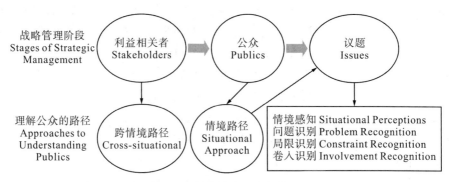

图 3-3 战略管理三阶段模型

基于公众情境理论的三个自变量：问题识别、局限识别以及卷入或涉入识别，将公众进一步细分（这也构成了后文要讲到的公众情境理论的主要内容）。他们认为，公共关系实践必须结合跨议题情境和议题情境的双重分析，而不能仅依凭一个维度而窄化了对公众的理解①。

至此，我们从公众的类型出发，来看公共关系作为战略管理的流程和每一阶段对应的调研任务，就会显得更加清晰。表 3-2 将公众的分类、调研任务与战略管理的流程统合在一起：

表 3-2 基于公众理论的战略传播管理阶段

阶段	流程
利益相关者阶段	当一个组织或利益相关者的行为影响到对方时，组织和利益相关者就具有了一种关系。公共关系应该进行结构性的调研，检测环境和组织的行为，以确定其可能的影响。与这些利益相关者持续性的沟通，能够帮助组织建立稳定的长期关系，化解可能产生的冲突
公众阶段	当利益相关者认识到组织的影响成为一个问题，并组织起来采取相应行动的时候，公众就形成了。公共关系应该通过调研界定并细分这些公众。在这一阶段，焦点小组特别具有帮助作用。通过沟通让公众参与到决策过程之中，能够帮助化解存在的冲突，而无须再利用专门的公共关系活动

① GRUNIG J E，REPPER F C. Strategic management，publics，and issues ［C］// GRUNIG J E. Excellence in Public Relations and Communication Management. Hillsdale，NJ：Lawrence Erlbaum Associates，1992：117-157.

续表

阶段	流程
议题阶段	公众围绕其所认识到的问题,会组织起来并形成"议题"。公共关系应该预料到这些议题,并规划组织对此的反应。这被称为"议题管理"。媒体在形成和扩散议题方面有重要的作用。特别是媒体对此类议题的报道,不仅会引发激进行动主义者,还会产生某些特殊的公众——尤其是"热点议题"公众。在这一阶段,应该运用公共关系调研对公众进行细分。公共关系人员运用大众媒介和人际沟通的渠道,通过协商解决激进行动主义者的相关议题

四、公众情境理论

公众情境理论(Situational Theory of Publics,STP)确定了三个影响公众行为的变量:问题识别(Problem Recognition)、障碍识别(Constraint Recognition)以及卷入识别(Involvement Recognition)[①]。

问题识别指公众在多大程度上意识到问题的严重性。当人们意识到问题或不确定的情境,就会主动地收集相关情况进行分析;

障碍识别,指公众在多大程度上感受到参与(反馈)问题的困难性。当人们认识到自己无能为力或没有足够的个人能力时,一般不会就存在的问题或议题展开沟通;

卷入识别,指公众在多大程度上感知情境或问题与自己的相关性。

这三个变量被处理为两个水平的变量(低与高),进而将公众划分为 $2 \times 2 \times 2 = 8$ 种类型,参见表 3-3。

表 3-3　公众情境理论对公众的分类

分类	变量	高卷入 high involvement	低卷入 low involvement
直面问题 problem facing	高问题识别 低障碍识别	活跃公众 active	知晓/活跃 aware/active

---

①　GRUNIG J E. A situational theory of publics:Conceptual history,recent challenges and new research [C]// MOSS D,MACMANUS T, VERCIC D. Public Relations Research:an International Perspective. London:International Thomson Business Press,1997:3-48.

续表

分类	变量	高卷入 high involvement	低卷入 low involvement
行为受限 constrained behavior	高问题识别 高障碍识别	知晓/活跃 aware/active	潜在/知晓 latent/aware
例行公事 routine behavior	低问题识别 低障碍识别	活跃/强化 active/reinforcing	非公众/潜在 none/latent
宿命行为 fatalistic behavior	低问题识别 高障碍识别	潜在 latent	非公众 none

根据公众情境理论，围绕单一议题的公众被分为四大类：

1. 非公众；

2. 潜在公众；

3. 知晓公众；

4. 活跃公众。

根据议题的单一性或跨议题性，公众又可以分为如下四类（见表 3-4）：

1. 全议题公众；

2. 热点议题公众；

3. 单一议题公众；

4. 冷漠公众。

表 3-4　按照议题对公众进行分类的两种维度：单一议题与跨议题

维度	单一议题公众类型 within-a-problem/issue	跨议题公众类型 across-problems/ issues
类 型	非公众：不面对问题，不受后果影响	全议题公众：对所有议题都表示关切和回应
	潜在公众：不知道其与组织的关系	热点议题公众：只对热点议题关切和回应
	知晓公众：知道与该问题有关，但是对此不做任何反应	单一议题公众：只对某一类议题关切和回应
	活跃公众：了解与问题的关联性，并采取行动以实现自己的目的	冷漠公众：对任何议题都漠不关心

公众情境理论在公共关系学术领域获得了广泛应用，它被用来区分不同议题的公众类型，例如，电力机构与电话公司、科研组织、教育系统、社区学院、连锁

超市、医院、地方政府,以及监狱的社区公众等[1],同时也在危机传播管理领域得到应用,例如,李(Lee,2019)将影响危机中组织内部员工的反应因素按照跨情境因素和情境因素划分为两类,跨情境因素指的是员工在危机前与组织的关系,而情境因素指的是对特定危机的感知因素等,并将这一分类与情境公众理论的三个关键变量(即问题识别、障碍识别,以及卷入识别)相关联,尝试为组织内部员工在危机情境下的两种对立性的反应类型(正面宣扬者与负面宣扬者)寻找更深入的解释机制[2]。

公众情境理论也在不同的应用领域中被不断调整以适应不同的研究需求,例如哈拉汗(Hallahan,2000)将三个自变量的情境公众分类体系减少为两个指标,建议将对问题的知识和参与度作为公众细分模型的基础:不活跃公众(低知识-低参与度)、被唤醒公众(高知识-低参与度)、意识公众(低知识-高参与度)和活跃公众(高知识-高参与度)[3]。

五、将社会文化等背景因素引入公众分类:巢式公众细分理论

关于公众的细分理论,格鲁尼格和派博(1992)还引入了宏观与中观情境,如在社会文化等因素之下,提出了巢式公众分割概念(Nested Segmentation Concepts),进而将对公众的分类依据划分为7层(见图3-4),从微观到宏观依次为[4]:

1.个体传播行为和效果的影响因素(如态度、认知以及情境感知);

2.公众层(根据公众情境理论,依据特定情境和问题,来确认该公众属于活跃还是被动等类型);

3.社群(有时会与公众层发生重叠,但更强调以群体形态存在的公众);

① HAMILTON P K. Grunig's situational theory: a replication, application, and extension[J]. Journal of Public Relations Research,1992(4):123-150. LEE S, MOON W-K. New public segmentation for political public relations using political fandom: understanding relationships between individual politicians and fans[J].Public Relations Review,2021,47(4):1-12.

② LEE Y. Crisis perceptions,relationship, and communicative behaviors of employees: internal public segmentation approach[J]. Public Relations Review,2019(45):1-10.

③ HALLAHAN K. Inactive publics: The forgotten publics in public relations[J]. Public Relations Review,2000,26(4):499-515.

④ GRUNIG J E, REPPER F C. Strategic management,publics,and issues [C]// GRUNIG J E. Excellence in Public Relations and Communication Management. Hillsdale,NJ: Lawrence Erlbaum Associates,1992:117-157.

图 3-4　巢式公众分割模型

4.心理与生活方式(如兴趣组或者意见群体)、亚文化群体,以及社会阶层群体等;

5.地理人口学(物理上相近的居住位置、选区等);

6.人口统计学与社会分类;

7.更广泛意义上的民众。

他们将这 7 层依据划分为宏观分割依据和微观分割依据,宏观依据依靠的是客观变量,如地理位置、人口统计学变量等;而微观依据则更为复杂,需要研究者花费更多的时间和调研资源去洞察。

六、跨文化情境下的公众分类

倪岚等学者此后进一步在跨文化的情境下,对战略传播流程进行改造,他们从战略传播管理的阶段性任务出发,并将公众的分类置于跨文化的情境下予以考量,归纳了跨文化情境下的公众分类理论框架[①]:

(一)微观层面:文化因素与生活体验

这一维度包括的因素如:人口统计学变量、生活体验、个体的文化身份认同、个体的风险感知、民族中心主义态度、对特定议题的感知、对于媒介和信息的感

---

① NI L,WANG Q,SHA B-L. Intercultural Public Relations：Theories for Managing Relationships and Conflicts with Strategic Publics [M]. Routledge,NY：New York,2018：204.

知,以及对政策的理解和兴趣等。这些变量中以文化认同与跨文化情境最为相关。战略传播与文化认同方面的代表性研究者当属 Bey-Ling Sha[①]。Sha 提出的很重要的观点是:如果在特定情况下,公众认同的文化与组织的文化不同,那么组织与公众之间的沟通本质上就是跨文化的。此外,从个体的文化身份认同来看,一个人被分配的文化身份(如被认为是华裔美国人)是由其他人或社会分配给这个人的参照群体身份,很可能与此人自己宣称的文化身份不同(如自认为并非少数族裔美国人)[②]。对于文化认同的深入了解,有助于跨文化公关实践以一种更加具有文化敏感的方式与公众进行互动。

(二)中观层面:组织-公众的关系维度

这一维度强调从组织-公众的关系角度对公众进行识别,重要的变量包括:社群赋权、信任、控制的相互性等,一些研究发现,这些与组织-公众关系相关的变量与公众的问题识别、障碍识别以及卷入识别相关,并发现积极的组织-公众关系有助于提升公众对特定议题的沟通意愿和参与程度。

(三)宏观层面:社会文化与其他变量

这一维度关心的是宏观的文化类型如何影响公众的识别,如集体主义文化、权力距离、对权威的服从等表现在社会文化层面上的变量如何对公众的问题识别、障碍识别以及卷入识别发生作用。

值得注意的是,这三个维度并不是纯粹分离的,很多时候,它们交互在一起共同影响着对公众类型的界定。

七、从动态关系视角看公众分类:"多模态链接"模型

"多模态链接模型"(见图 3-5)提供了从动态关系情境入手分析战略传播中

---

① SHA B L. Cultural identity in the segmentation of publics: an emerging theory of intercultural public relations [J]. Journal of Public Relations Research,2006,18(1):45-65. SHA B L, TOTH E L. Future professionals' perceptions of work,life,and gender issues in public relations[J]. Public Relations Review,2005,31(1):93-99. SHA B L. Accredited vs. non-accredited: the polarization of practitioners in the public relations profession [J]. Public Relations Review,2011,37(2):121-128.

② SHA B L. Cultural identity in the segmentation of publics: an emerging theory of intercultural public relations [J]. Journal of Public Relations Research,2006,18(1):45-65.

公众关系的理论框架。这一模型中包括四种主要的链接关系：赋权链接、功能链接、规约链接以及扩散链接①。赋权链接给予了组织合法地位，为其提供了生存和追求自身目标的权利，也对组织的上述行为提供了政策、法律、制度的约束；功能链接为组织提供所需的输入（比如原材料和劳动力、雇员、工会和供应商）与输出（如消费者和服务的购买者）。扩散链接是指那些本身不属于特定组织的人群之间的关联，因为特定议题的扩散而被卷入进来的关系，如媒体关系、社区关系、特殊利益集团或非政府组织等（如小动物保护协会卷入抗议以小动物作为医疗实验材料的行为中）。不同链接关系代表着不同利益相关者的功能，它们共同组成了一种多模态的链接关系，并对问题的识别和处理产生着影响②。

图 3-5　公众/利益相关者的多模态链接模型

①　GRUNIG J E，REPPER F C. Strategic management，publics，and issues [C]// GRUNIG J E. Excellence in Public Relations and Communication Management. Hillsdale，NJ：Lawrence Erlbaum Associates，1992：117-157.

②　KIM J N，NI L，SHA B L.Breaking down the stakeholder environment：explicating approaches to the segmentation of publics for public relations research [J]. Journalism & Mass Communication Quarterly，2008，85(4)：751-768.

第三节　从意义共创重新思考战略传播流程

在第二章中,我们已经介绍了本书主要的理论框架——意义共创理论,这一节我们将从战略传播管理的"意义共创模型"出发,沿着学者们的思路,重新思考战略传播的流程。"意义共创模型"是由卡尔·伯坦和玛瑞安·泰勒等学者于2004年前后提出的[①②],并由伯坦于2018年出版的《战略传播管理》一书中进行了完整的理论化阐述。这一理论将公众视为意义创造过程中的合作伙伴,而不仅仅是沟通的目标或工具。意义的生成是主体间的,沟通双方皆以主体身份进入对话,共同创造的意义来自参与主体的共同经验[③]。伯坦认为组织战略传播最为理想的模式不是组织"一厢情愿"的设计或计划,而是组织与公众的意义共创过程。伯坦将"意义共创"的战略传播思想概括为如下要点:系统应努力实现双向开放和沟通,并拥抱变化;公众在定义问题中起着核心作用;公众既不是一成不变,也不是被动的,问题由公众共同定义,解决问题的方式也由公众共同确认。

在意义共创的范式下,组织将自己视为环境的一部分,与环境(公众的需求)共同变化。共创模式之核心是认为意义是由公众与组织共同产制的:公众和组织在界定议题中扮演着同样重要的角色,他们应当共同界定问题、议题、目标以及彼此之间的关系。共创模式的组织将议题界定与解决均交由公众与组织共同建构;无论是应用导向抑或是学理导向的研究都应不只关注公众端的研究,还要关注组织与公众之间的关系,观察组织与公众之间循环往复的传播流动,组织内部与外部的传播与意义流变均决定着组织的形态。

在意义共创的范式下,伯坦将战略传播的流程概括为7个步骤(见图3-6)。

1.以公众对公关目标、组织-公众关系的意义和价值的界定为起点;

---

①　BOTAN C.Public Relations：State of the field [J]. Journal of Communication,2004,54(4):645-661.

②　TAYLOR M, BOTAN C H. Global public relations：application of a cocreational approach[C]. 9th International Public Relations Research Conference "Changing Roles and Functions in Public Relations",South Miami,Florida,March 9-12,2006:485-492.

③　BOTAN C. Strategic Communication Theory and Practice：the Co-creational Model [M]. Hoboken,NJ：Wiley-Blackwell,2018.

2.战略研究：指对信息的流入，包括对公众文化、历史、过去的公关运动与组织-公众关系、目标和价值观，乃至组织宏观战略的洞察和科学研究；

3.公关运动设计：侧重于组织的意义、目标和价值；

4.公关运动执行：侧重于公关技术层面的执行；

5.公众对公关运动的选择性理解和阐释；

6.公众端产生新的意义，侧重于对这一过程的观察研究；

7.对组织-公众关系之变化的评估，此处亦为新的起点，即回到1、2步开始新的循环。

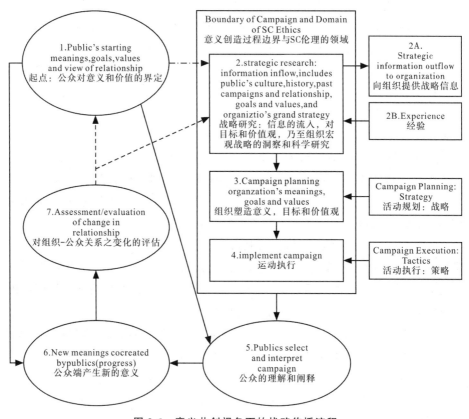

图3-6　意义共创视角下的战略传播流程

上述7个基本步骤均围绕意义共创的价值观展开，而且当中属第六步最为核心，这一步骤意味着公众为公关运动增添了新的意义，而这一新的意义很可能与此前的设计、预想不同甚至产生冲突，而组织必须关注到这一点，并对此进行回应。

至此,综合前述三章的理论内容,我们可以将战略传播的"道"与"术"整理为a、b两部分(见图3-7);从"道"来看,战略传播包含三个维度的卷入过程,即信息卷入、关系卷入以及对话卷入;从"术"来看,三个卷入之上的对话哲学逻辑支撑了"传播策略"的三个维度(应用在社交媒介情境下可以参见本书第一章的"社交媒介卷入模型")。此外,这一章我们重点讲到的公众细分,特别是公众情境理论、意义共创理论也构成了实践流程中"公众情境分析"的关键环节。

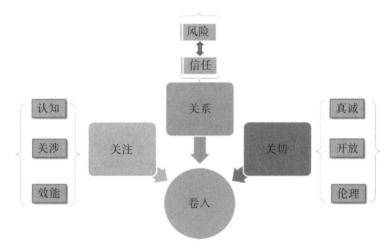

图 3-7-a　卷入视角下的战略传播之"道"

图 3-7-b　卷入视角下的战略传播之"术"

接下来的各章将依次聚焦战略传播三个维度(关注、关系与关切)的应用策略,正如我们之前强调的,三个维度并不是截然分开的,也无法在现实中截然分开。而理论上的"分"是为了让我们注意战略传播理论与实践的"合",例如,内容营销、社交小游戏、微信生态圈等如何在三个维度上实现融合。

【思考题】

1.回到先导案例,这座迅速引起全球关注的铜像并非由某个女权组织或艺术组织竖立,而是由美国资产管理巨头道富环球投资管理公司(State Street Global Advisors,SSGA)所建。作为一家管理近2.5万亿美元资产的公司,道富环球希望通过这个行为呼吁性别平等,尤其是呼吁客户公司的董事会增加女性成员的比例。请你查阅一下这个战略传播活动的背景资料,包括广告主SSGA的背景资料,从这一章对公众的分类的相关理论,谈谈你认为这一战略传播活动的目标公众是谁? 如果从公众情境理论出发,这一类公众所面对的"问题"是什么? 这一类公众在三个维度(即认知维度、卷入维度,以及障碍维度)的情况如何? 进而,请你分析一下,这一战略传播活动的着力点在哪一个或哪几个维度上?

2.从伯坦的"意义共创"视角出发,请你复盘一下先导案例的完整战略传播流程,特别是在第6步,你觉得小女孩雕像的意义是否一定能够同意传播者(比如广告主和设计师)想要传达的意义? 对小女孩这一象征,是否有公众会有不同的意义解读?

3.从本书提出的"卷入"视角,寻找一个战略传播案例,谈谈你所找到的这个战略传播案例是如何从卷入的三个维度出发来形成它的流程方案的?

【本章提要】

　　1.了解社交媒介四个主要的技术特征；

　　2.了解社交媒介四个主要的文化特征；

　　3.了解众包、六度空间、三度影响以及狂欢的概念。

【先导案例】

社交网络工具帮助寻找失踪儿童

　　2011年，一个不到2周岁的名叫吉莲的小女孩被绑架，她的家人通过社交媒体寻人系统SecureChild发出求助信号。5个小时后，吉莲被找到了（见图4-1）。这起轰动一时的案例让大家突然意识到，社交媒体竟有如此强大的力量。美国国家失踪儿童中心（National Center for Missing and Exploited Children）报告，2005—2009年间，安柏警报（AMBER alerts）总计启动1451次，其中社交媒体帮助找到了1430个被诱拐儿童。

　　SecureChild是寻找失踪儿童的安柏警报的社交网络版本。当孩子失踪时，父母或相关人员可免费进入网站，报告孩子失踪。SecureChild的用户可以通过其订阅功能，在脸书或推特上立即收到有关失踪孩子的通知，并发挥社交网络的强大功能，启动全网搜寻信息的及时更新。

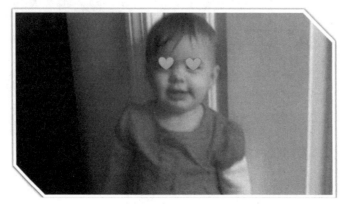

图 4-1 被安柏警报成功找到的小女孩吉莲

（来源：福克斯新闻网）

第一节 社交媒介的技术特征

中外学界关于社交媒体的界定并未统一，上述案例却生动且近乎全面地反映了社交媒介技术的可供性（指媒介所具有的实现使用者某种目的的技术特征或潜力[①]）：

a.基于电脑、数字技术以及互联网技术与意识形态的应用或平台[②]。在小女孩吉莲事件之前，其实也有很多通过"众包"形式求助大家找到失踪孩童的方法，比如通过大型的户外广告牌，但是物理空间限制了寻人的效果，人们必须经过这些广告牌才能够看到信息，然而，通过借助互联网技术，地域的限制被打破（图4-2 显示了物理寻人广告牌到线上寻人系统的变化）。

---

① LEIDNER D E，GONZALEZ E，KOCH H. An affordance perspective of enterprise social media and organizational socialization [J]. Journal of Strategic Information Systems，2018，27（2）：117-138.

② KAPLAN A，HAENLEIN M. Users of the world，unite! the challenges and opportunities of social media[J]. Business Horizons，2010，53（1）：59-68.

图 4-2　从线下寻人到社交网络寻人的变化

b.提供用户之间的连接,并公开呈现这些连接①,进而构成线上社交网络。

c.用户独立或协作式生产、分享以及扩散其他用户可见的内容②,即用户生成内容(User-generated content,UGC)。可以想见,如果用户无法生产并上传内容,吉莲案例中通过线上联动 5 个小时找到人的速度恐怕也难以实现。

d.用户生成专属的个人身份档案。在社交媒介平台上,可以说任何一个社交媒介平台的支撑结构都是让用户生成专属的档案,建立专属的账号。

---

①　BOYD D M,ELLISON N B. Social network sites:definition,history,and scholarship [J]. Journal of Computer-Mediated Communication,2008,38(1):16-31.

②　SEE-TO E,HO K. Value co-creation and purchase intention in social network sites:the role of electronic word-of-mouth and trust-a theoretical analysis[J]. Computers in Human Behavior,2014,31(1):182-189.

　　请你思考一下，如果一个社交媒介平台，允许所有的用户都以游客的身份进出，会是什么结果？社交媒介平台最大的期许恐怕就是短时间内可以积累庞大的固定用户，他们有可识别的身份，有明晰的身份特征，并且能够携带庞大的社交关系跟随他们从其他平台迁徙过来。

　　请你再思考一下，自己经常"混迹"的社交媒介平台，你的身份是从什么时候被采集的？是不是从注册账号便开始了呢？你的社交关系又是什么时候被要求携带进来的？是不是几乎每一个社交网络平台都会"帮助"你邀请通讯录的好友，"提醒"你打开定位设置，并关联其他社交平台好友关系？可以说，每个平台都有不同的手段来采集用户的个人身份和社交关系信息。

　　接下来，想一想，你的用户特征（人口统计学特征、行为特征等）又是什么时候被录入进去的？这里至少可以分为两类：主动提供，如默认或允许网页记录自己的搜索、点击等行为轨迹；被动采集，如在用户不知道的情况下访问其浏览历史、记录其行为轨迹等。总而言之，对于社交媒介平台来说，最宝贵的财富是由每一位用户创造的。

　　社交媒体都有哪些类型呢？基于以上技术特征属性，我们可以认为，社交媒体既包括社交网站，如脸书、领英（LinkedIn）、微博、知乎，以及一度在国内受欢迎的校内网（人人网）等；亦包括基于移动网络的社交应用程序，如微信、WhatsApp、Line 等；同样包括网站与移动应用兼容的如推特、拼趣（Pinterest）、照片墙（Instagram）、腾讯 QQ 等。

第二节　社交媒介的文化特征

　　了解社交媒介的文化属性，汤姆·斯丹迪奇（Tom Standage）建议我们回到 17 世纪的咖啡馆文化。在《社交媒介简史：从莎草纸到互联网》这本书中，斯丹迪奇指出，17 世纪 70 年代，咖啡馆在欧洲兴起，各行各业的人在此流连忘返，尽管咖啡馆因此被痛斥为"辛勤努力的大敌"，但是人和思想在这里交汇融合，并带来了科学、商业以及金融领域的创新（见图 4-3）。

图4-3 凡·高《夜间咖啡馆》

扫描二维码阅读文汇报《十七世纪
的咖啡馆，藏着一部欧洲社交史》

人们在咖啡馆里交谈，是否一定希望得到一个结果？如果不是，那么人们为什么要交谈？从功用的角度，甚至从效率的角度而言，交谈（对话）的信息未必有用。换言之，交谈本身即是意义。这里汤姆·斯丹迪奇还提到了互联网诞生时的一个重要概念：封包交换网络。"封包交换网络"的设计初衷是让网络在发生核打击的情况下仍然能够继续运作，任何一段网络遭到打击时，其他部分仍能继续运作，因为它没有唯一的枢纽和要塞。因此，互联网建设的基本逻辑或者结构就是"去中心"，将"唯一的控制"消解掉。斯丹迪奇还引用互联网的发明者伯内斯·李（Tim Berners-Lee）的话强调，互联的系统必须使人们能够合作，但又必须分散管理，不能以一个中心为基础框架。可以说，以互联网为基础的社交媒介从一出生就带着"去中心"的文化基因。正因如此，斯丹迪奇认为，与大众媒体（如报纸、广播、电视）相比，社交媒介更接近最原始的人类交流方式。

2012年11月，推特的首席执行官迪克·科斯托洛（Dick Costolo）在杰拉德演讲时，把推特比作一个全球性的城镇广场，是古罗马的广场或古希腊市政广场（Greek Agora）的翻版，人们用它可以直接交换意见，而不是从报纸、广播电台和电视这一小撮内容经过过滤的来源获取信息。

美国《连线》杂志将新媒体定义为"所有人对所有人的传播（Communications for all, by all）"。彭兰认为，传统媒体与新媒体的基因，从文化上来说，一个是"庙堂式"的，一个是"江湖式"的。与专业媒体不同，新媒体创造出来的内容不是旨在被供奉①。新媒体是一种草根媒体，而平民性和形式的娱乐化是新媒体内容能够广泛传播的重要原因②。丹·吉尔摩（Dan Gillmor）在 *We the Media：Grassroots Journalism By the People，For the People*（又译作《草根媒体》）一书中指出，随着数字革命和社交媒体日益增长的重要性，精英的议程设置能力和框架权力可能会受到减弱③。在社交媒体时代，受专业媒体主导的传播范式可能会被具有草根性的新媒体打破。新媒体技术的常态化、使用场景的生活化或将颠覆性地扭转固有的传播格局④。

去中心的结构、自由进入的方式、共同参与创造的可能性……社交媒介的功能属性为其孕育独特的文化属性提供了技术支撑。以下，我们将分别从众包、长尾、连接和狂欢四个方面进一步阐述社交媒介的文化特征。

第三节　众　包

在介绍这一文化特征之前，请你先扫描下方二维码，观看视频后思考以下问题：

1.这家公司的产品是什么？

2.是谁提供了设计想法？

3.设计想法依靠什么得以扩散？

---

① 彭兰.再论新媒体基因[J].新闻与写作，2014(2)：7-10.

② 张莉."草根媒体"刍议[J].编辑之友，2013(3)：61-63.

③ GILLMOR D. We the Media：Grassroots Journalism by the People，For the People [M]. O'Reilly Media，Inc，2006.

④ 王冰雪.新媒体环境下"草根"议题发展研究——基于CNKI新闻传播学科文献统计分析[J].传媒，2014(16)：71-72.

视频中的这家公司名叫 Threadless(无线)。根据 Threadless 官网介绍(见图 4-4),创建公司的目的是让设计师和艺术家有机会释放一点创造力并将其展示给大众。任何人都可以访问该网站,下载网站免费提供的设计模板,并提交自己的设计作品。然后,公众将对每一个设计作品进行投票。获胜的设计师不仅可以获得千元级别的美金现金奖励和奖品,还将收获名望——作品将被印制出来进行公开出售。

图 4-4　Threadless 网站

扫描二维码可登录网站,
如果你使用电脑打开界面,
会发现什么特征?

如今,Threadless 已从一个聚焦 T 恤衫设计与制作出售的公司,发展成为一个非常强大的创意社区,并受到艺术家群体的高度评价。Threadless 现在已成为一个平台:这里汇集着专业设计师的访谈、主题竞赛、活跃的论坛、非常成功的街头团队、数百张穿着创意 T 恤的人们的照片、每月的 T 恤俱乐部。

Threadless 的盈利秘密在哪里? 其实就在于一个概念:众包。根据《第一财经》的文章介绍,Threadless 公司网站每星期都会收到上百件来自业余或专业艺术家的设计。然后他们把这些设计放在网站上让用户打分。每星期有 4 到 6 件得分最高的 T 恤设计会被投入制造,然而能不能量产还要看公司是否收到足够多的预订单——只有预订单达到一定数量的 T 恤才会被正式排入生产线。Threadless 每星期会颁给得分最高的设计者奖牌和 2000 美元奖金,公司还会把设计者的名字印在每件 T 恤的商标上[1]。这样,Threadless 不仅省下了雇用设

---

① 第一财经:众包崛起:互联网内容来源的平台模式[N/OL].2013-03-13,https://www.yicai.com/news/2552388.html.

计师的费用，而且众包测评的方式使它只会生产获得足够测评分数和预订单的产品——以上就是它盈利的秘密所在。

在 2006 年《连线》(*Wired*)杂志 6 月刊上，杰夫·霍威(Jeff Howe)以"众包的崛起"(The Rise of Crowdsourcing)为题正式提出了"众包"的概念：

人们将日常闲置的资源用于创建内容、解决问题，或实现企业的研发工作[①]。

霍威在文中强调，众包不是外包。后者只是利用外包服务的人力成本优势，而众包的基因就是互联网与社交网络，众包依赖于社交网络而生。两者的另一个区别在于，众包以任务为导向，将任务分解和分配于未加定义的、由分散的个体组成的群体，而非像外包一样分配给某一特定群体。

韦氏词典将众包界定为：从一大群人那里获取所需的服务、主意或者内容，特别是从线上社群而不是传统雇员或供应商那里获取这些贡献的实践行为。

达伦·布拉汉姆(Daren Brabham)对众包下了一个更为简洁精练的定义："众包是一种集合众人力量的问题-解决和生产的线上模式。"[②]

我们可以这样分解布拉汉姆的定义：

1.集合众人力量：提供合作的机会；

2.问题-解决：提供合作的理由；

3.生产：合作的有形（或无形的）产物；

4.线上模式：合作的渠道或路径。

综上，作为一种新的商业合作模式，众包的核心就是利用互联网与社交网络将任务（工作目标）分配出去，通过集合众人的智慧、时间、劳力等资源来发现创意或解决问题。

除了上文提到的 Threadless 的案例，众包的商业案例已经数不胜数。如果你有兴趣可以扫描下方二维码，观看两个案例视频，边看边思考，总结一下众包文化的特征（或构成要素）。

看完视频，一些关键词可能已经浮现在你的脑海中，比如：

1.合作

2.共享

---

① HOWE J. The rise of crowdsourcing [J]. Wired, 2006, 14(6).

② BRABHAM D C. Moving the crowd at istockphoto：the composition of the crowd and motivations for participation in a crowdsourcing application[J/OL].First Monday, 2008, 13(6), https://journals.uic.edu/ojs/index.php/fm/article/view/2159/1969.

【视频案例】How Linux is Built

【视频案例】Voice of Bunny

3.共赢

4.同侪

5.反权威

6.去中心化

7.扁平结构

8.自由

9.荣耀

现在,如果让你策划一个众包活动,你是否更有思路可循?为什么有的众包活动可以成功,有的却无人问津?上述关键词给我们提供了一些线索,或许这个众包活动只让人看到了唯一的获利者是组织方;或许它没有对准一类愿意为此而合作的同好群体;又或许它没有彰显平民化的、有趣的灵魂,没有给予他们足够的自由,没有能够赋予参与者除了有形奖励之外的无形的荣耀感。

那么我们再来看这一小节的三个视频案例是如何实现共赢的?Threadless的参与者会获得什么好处?Linux的参与者为什么愿意花时间和别人一起设计一个电脑程序?Voice of Bunny的消费者为什么要来这个平台购买服务?

Threadless参与者的创意一旦被选中便能够获得高额奖金,该创意也将投入生产,运用于T恤衫、手机壳等文创产品上,能够给消费者带来一定的荣誉感。而荣誉感也正是支撑 Linux 等开源服务平台成功的关键。Voice of Bunny 价格低廉,可迅速提供匹配客户需求的配音服务,这对于消费者来说亦至关重要。

第四节 长尾

长尾理论的提出者,并不是克里斯·安德森(Chris Anderson),但他是最早将这一概念集大成,于 2004 年 10 月在《连线》(*Wired*)杂志上以长篇文章的形式提出来的。在文章中,他使用长尾(The Long Tail)这一概念来描述诸如亚马逊和 Netflix 等网站的商业和经济模式。这一理论简单介绍就是在线的经营模式消解了线下物理空间的限制,可以让经营者不只专注于上架那些一定会被大多数人喜欢的主流产品,而是可以在线上上架那些并不一定被主流欢迎,而是有小众群体喜欢的产品,小众的喜好和购买构成了长长的尾巴,其累积的销售额可以比肩头部主流产品的销售总额。

想象一下,20 世纪 90 年代你在经营一家名为"32 唱片行"的小店(见图 4-5),你会选择什么样的唱片放在你的小店里售卖?

图 4-5　电视剧《想见你》剧照

1.选择大家都爱听的邓丽君的专辑《甜蜜蜜》;
2.选择没谁知道的伍佰的《Last Dance》。

有人会说,我会让一面墙都是邓丽君的专辑,因为她最受欢迎,她的唱片能够迅速卖光获得收益。没错,但问题是那些也可能有人喜欢的唱片怎么办? 为什么你不会选择采购这些唱片,即便你知道也有那么一两位顾客会喜欢它们?

答案是:空间的限制。

物理空间的限制使营业者更加关注选择那些大众喜欢的产品品类,而放弃小众产品,更不要说定制服务了,除非你有足够的信心可以盈利,比如你店面的地段非常好、你的口碑非常好、你的定价可以足够高,这样即便一个月你只卖出一件定制西装,也可以支撑店面活下去。

但是,互联网时代的到来改变了这一困境。

32 唱片行有了网店,你决定网上经营。

这时候,长尾理论的长尾就可能出现了,你只需要在网络的虚拟空间上架小众唱片,甚至无需成本进货,把购买链接放在那,只要有一个人购买,就构成了收益。一个一个零散的小众产品,汇聚的效果却是不可忽视的。

长尾理论发现那些占据头部的"大咖"获得的收益,跟那些小众累积的收益是差不多的。这一理论的贡献是让大家意识到:网络平台带来的经济模式的变化,不要忽视了小众的累积力量。

长尾理论对于广告的意义是什么呢?

你经营的是 32 唱片行,它就在街角,是个店面很小的唱片行,你没有大的本钱去找中央电视台的黄金段位投放广告,怎么办? 长尾理论提醒我们,要注意头部媒体资源之外的长尾资源,合适的才是好的。计算广告的重要目标之一就是计算流量的分配,计算长尾资源的投入和产出。另外,网络的行为数据也给广告效果的准确测量提供了机会。

对于公关,长尾理论又意味着什么? 安德森说,现在不是要通过《纽约时报》吸引所有人。取而代之的是大约有 700 万个博客在哪里吸引着不同受众的关注,公关人员必须开始学习如何与分散的受众或社区进行交流。传统的公关是围绕大众传媒。新时代是关于精准媒体的,这就是 PR 2.0,也可称为"长尾公关"。

"长尾公关"在媒介投放的角度上提醒我们,红色的头部媒体资源当然重要,但是黄色的长尾部分一样构成了整个注意力市场的"半壁江山"①。知乎、果壳、播客、微博、抖音、哔哩哔哩,吸引的注意力资源同样是值得关注的。

---

① LIVINGSTON G.The public relations long tail[EB/OL].[2022-09-01].http://geoff-livingston.com/2007/11/30/the-public-relations-long-tail/.

总结起来，"长尾公关"意味着：

a.全面的公关策略必须着重于通过"纽约时报"和"700万博客"吸引人们。

b.将这两类媒体类别视为完全独立的实体是错误的，一个更全面的理解是：综合运用媒介资源，不是主流一定不重要了，而是选择适合的。

c.在当今媒体环境不堪重负的情况下，这些区域中的任何一个点击都会触发其他区域的连续点击。当口口相传发生时，大众媒体和社交媒体之间的联动是非常值得重视的现象。

由此，对于战略传播而言，我们需要综合运用媒介资源。并不是说投央视的广告失去了作用，而是相比于财大气粗的大企业，小微企业的首选传播渠道更在于发挥长尾资源的优势。

第五节　连接与扩散

"连接与扩散"强调的是社交媒体情境的社交属性，而这部分的支撑概念是社交网络的相关概念，其中具有代表性的包括六度分隔理论、三度影响理论、强关系-弱关系-潜在关系、结构洞与社会资本等理论。

（一）六度分隔理论（Six Degrees of Separation）

1967年，美国哈佛大学的心理学教授斯坦利·米尔格兰姆（Stanley Milgram）做过一次连锁信实验，将研究发现命名为六度分隔现象（又称为"小世界现象"，small world phenomenon）。米尔格兰姆从内布拉斯加州和堪萨斯州招募到一批志愿者，随机选择出其中的三百多名，请他们邮寄一个信函。信函的最终目标是米尔格兰姆指定的一位住在波士顿的股票经纪人，并要求信件不可直接投寄到终点，而是让志愿者把信函发送给他们认为最有可能与目标建立联系的亲友，并要求每一个转寄信函的人都回发一个信件给米尔格兰姆本人。就这样，当实验结束的时候，一共有60多封信最终到达了目标股票经济人手中，并且这些成功路径的平均值为6.5（图4-6中的示意图显示的路径长度为6），于是米尔格兰姆得出了一个结论：世界上任何两个陌生人连接起来仅需要5个人（路径中的节点）。1967年5月，米尔格兰姆在《今日心理学》杂志上发表了实验结果，并提出了著名的"六度分隔"假说。

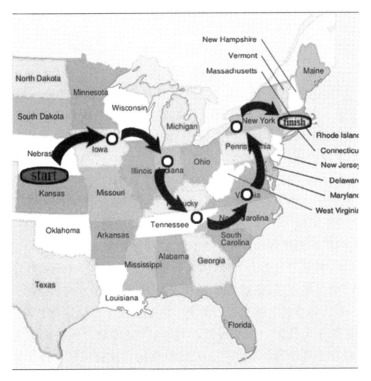

图 4-6　米尔格兰姆的小世界实验示意图

2001 年,哥伦比亚大学社会学系的登肯·瓦兹(Duncan J Watts)主持了一项对"六度分隔"理论的验证实验。166 个不同国家的六万多名志愿者参加了该研究。瓦兹随机选定 18 名目标(包括一名美国教授、一名澳大利亚警察和一名挪威兽医等),要求志愿者选择其中的一名作为自己的目标,并发送电子邮件给自己认为最有可能发送邮件给目标的亲友。瓦兹在《科学》杂志上发表论文公布研究结果:邮件要达到目标,平均只要经历 5 至 7 个人。

博客网站、朋友圈、直销网络,电子游戏社区,社交网络平台都在借鉴或直接应用"六度分隔"假说在关系网络上的启发意义。

(二)三度影响理论(Three Degree of Influence)

六度分隔理论也引发了很多争论,比如,只计算了成功路径的平均长度,而忽略了那 80% 没有到达终点。另外,还有人认为,连接如信件的传递,只是考虑了"连接"概念,意味着一个点的人和另一个节点物理性或非物理性地连接起来,但是连接并不意味着必然产生"影响"，是否在连接延展到5度（可以理解为第五个接到信件的人）时，影响力就已经完全消退？

克里斯塔奇和福勒（Nicholas A Christakis & James H Fowler）在 *Connected：The Surprising Power of Our Social Networks and How They Shape Our Lives*（2009）一书中提出了著名的"三度影响理论"，核心观点为：1.仅仅因为我们能通过任意五个人而与其他所有人保持联系，并不意味着我们对他们拥有控制权。社交网络中的影响力传播遵循"三度影响力规则"。我们所做或所说的每一件事都会在我们的网络中扩散，对我们的朋友（一度）、我们的朋友的朋友（二度），甚至我们的朋友的朋友的朋友（三度）产生影响。2.然而，我们的影响力逐渐消散，不再对处于三个分离程度的社会边界之外的人们产生显著影响。3.影响力有限的三个可能的原因：首先，就像石子在湖面激起的涟漪逐渐消退一样，我们对他人的影响最终逐渐减弱。就像信息的保真度随着儿童的电话游戏而衰减一样。其次，影响力可能会下降，因为网络中的联系不会永远持续下去。朋友不再是朋友，邻居搬走了，婚姻关系解体，生老病死，等等。与认识的人失去直接联系的唯一方法是彼此之间纽带的消失。但是对于一个从你身上离开三度的人来说，三个纽带中的任何一条都可能被切断，并且你们之间将失去至少一条路径。最后，进化生物学可能起作用。人类似乎还无法适应掌控过于庞大的社交网络，而更擅长于适应小群体传播，在原始的部落中，每个人与其他人之间的联系都将少于或等于三度。

三度影响理论的主要支撑数据是包括过度肥胖的"传染"等对特定群体的跟踪调查数据，克里斯塔奇和福勒发现，如果你的朋友的朋友的朋友是过度肥胖，那么你比其他没有这样的朋友的朋友的朋友的情况得过度肥胖的概率更高，并且具有统计学上的显著意义。与此同时，过度肥胖还具有集群现象（见图4-7）。

而最有意思的是，你可能根本不认识、不了解你的这个朋友的朋友的朋友是谁、在哪里。六度分割理论强调的是连接关系，但三度影响理论强调的是连接之后是否发生了真正有影响力的传递。

那么，请大家思考一个问题，在公共关系实践中，可以如何运用社交网络连接与影响力扩散的概念？以下两个例子，哪个应用了连接关系，哪个侧重于影响力的传递？

a.让你发朋友圈赞美某个产品，商家会给你赠送一定的小奖励。

b.邀请自己的朋友下单自己就可以得到优惠。

可见，连接是影响的前提，但连接不一定产生影响。暴露一则信息给朋友圈

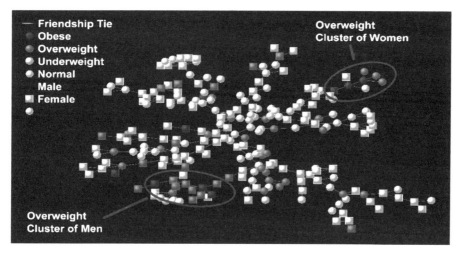

图 4-7　过度肥胖的扩散网络

未必会对品牌、对购买、对组织与公众的关系产生正向、积极的影响。

　　理论让我们去思考连接和影响的区别,尽管很多时候我们没有办法严格区分连接和影响,但是这种推向极端的思维方式,让我们在策划公关行为时仔细考虑如何更好地发挥社交网络在连接和扩散影响力方面的作用。

　　连接还意味着我们要从社交网络信息的扩散能力考虑公关对时机、渠道和人群的综合把握。

　　接下来请看这个案例,2013 年 2 月 3 日,Super Bowl(超级碗,NFL 职业橄榄球大联盟的年度冠军赛,胜者被称为"世界冠军")比赛期间遭遇了大停电,停电将比赛暂停了整整半个小时。

　　正当巴尔的摩乌鸦队(Baltimore Ravens)和旧金山 49 人队(San Francisco 49ers),新奥尔良的超级圆顶体育场(Superdome)内成千上万的观众以及电视机前数千百万的观众在等待时,奥利奥(Oreo)提出了一个绝妙而大胆的想法,以至于被称为"当晚最大的赢家"①。

　　奥利奥通过推特迅速发了一条信息:"停电了? 没关系"。还有一张匆忙拼凑的广告图像,上面显示了奥利奥和一条出色的文案:"黑暗中你仍然可以泡

---

　　① TERDIMAN D. How Oreo's brilliant blackout tweet won the superbowl〔EB/OL〕.〔2022-09-01〕. https://www.cnet.com/news/how-oreos-brilliant-blackout-tweet-won-the-super-bowl/.

('dunk'还有灌篮的双关含义)。"该条推文迅速点燃推特,晚上 7∶48 的截图(见图 4-8)显示被转发了 15828 次,获 6521 次点赞。

图 4-8　奥利奥在"超级碗"大停电期间发送的推文

除了奥利奥,还有一些品牌在"超级碗"停电期间发挥了创意:

沃尔格林斯(Walgreens)连锁店发推文说:"我们确实带蜡烛。♯超级碗。"然后跟着说:"……那个我们也卖灯。♯超级碗。"

汰渍(Tide)洗衣粉在推特上发了一条推文:"我们无法遮挡♯污渍(♯blackout 双关语),但我们可以清除污渍。♯SuperBowl ♯TidePower"。接着,"灯重新亮起,现在您可以看到我们的神奇去渍 ♯MiracleStain",然后将这条推文与汰渍投放在"超级碗"的广告中出现的污渍图片连接起来。

奥利奥公关负责人在接受一些杂志采访时这样解释他们为何能反应如此迅速:我们认为这是一个机会。由于营销人员和公关代理坐在一个"任务控制"中心或曰社交媒体战略室中,因此所有决策都可以快速实时地做出(when the blackout happened,the team looked at it as an opportunity…All the decisions were made in real time quickly because marketers and agency members were sitting together at a "mission control" center,or a social-media war room of sorts)。

社交媒体时代的连接和扩散,意味着甲方和乙方能够紧密合作,抓住瞬息万变的机会,精诚团结,在一个决策中心对局势迅速进行研判,并做出决策。

第六节　数字狂欢

传播学者经常用狂欢(carnivalesque)这个词来形容社交媒体时代的公众行为,狂欢的词根是CARN,与肉有关。狂欢节源于《圣经》中的一个故事:魔鬼把耶稣困在旷野里,40天没给耶稣吃东西,耶稣虽然饥饿,却没有接受魔鬼的诱惑。后来,为了纪念耶稣在这40天中的荒野禁食,信徒们就把每年复活节前的40天作为自己斋戒与忏悔的日子,在这40天中,人们不能食肉、娱乐,生活肃穆沉闷,所以在斋期开始前的一周或半周内,人们会专门举行宴会、舞会、游行,纵情欢乐,因而狂欢节最初的含义就是"告别肉食"。尽管如今已没有多少人坚守斋戒,但传统的狂欢仪式却在一些文化中被保留下来,甚至成为重要的节日。

随着狂欢含义的不断变化,狂欢开始接纳了与"反抗文化"相关的含义。米哈尔·巴赫金(Bakhtin,1965)概括了狂欢节的各种特征,例如将通常不会见面的人们聚在一起、以身体作为怪诞和情绪的载体、矛盾的笑声、团结对立并允许牺牲品等,这一切都构成了在细微差异和双重含义中呈现意义的艺术形式的奇观,如狂欢宴会、戏剧表演、戏剧模仿秀,以及各种风格的话语表演,它们在揭示"非官方真实"时体现了普遍主义和自由的解放品质[①]。

从一幅距今400多年前的油画(见图4-9)中可以看到,狂欢仪式中人们的着装非常有特点。参与狂欢仪式的人们脸上戴着面具。这幅画揭示了巴赫金所说的"反抗"含义,因为如果仅仅是集体庆祝、表达快乐的仪式,为何要掩盖身份呢?然而,值得注意的是,巴赫金认为,狂欢不必然是匿名化的。巴赫金对狂欢的概念化体系中的"反抗"并非以特定形态出现的、精致的,甚至经过策划的组织性的活动,而是强调这种反抗的戏剧性,狂欢中包含戏谑、大胆、多姿多彩、创意、矛盾、公共性以及包容性,这体现了狂欢的戏剧性,但不是所有的戏剧性行为都是反抗的,因而,巴赫金认为,掌权者较难以判断到底哪些行为是反抗的,而哪些只是玩笑。也正因如此,狂欢在各种文化中可以持续地存活下来。

从人类学的观点来看,狂欢是常态与反常之间的过渡地带,从黑暗到黎明,

---

①　WEBB D. Bakhtin at the seaside: utopia, modernity and the carnivalesque [J]. Theory, Culture & Society, 2005, 22(3): 121-138.

图 4-9　罗马狂欢节 Karneval in Rom By Johannes Lingelbach（1622—1674）

从温饱到饥荒，从不育到生育——或者反过来。人们借助狂欢摒弃日常的身份，或者说，规定"你是谁、你应该怎样"的社会规范被悬置，人们在狂欢仪式中反转社会规则，庆祝自由，庆祝暂时的反叛和权威被象征性的消解。

现在，让我们回到社交媒介的情境中。不是技术给了我们实现狂欢的唯一可能，而是在一定程度上辅助了狂欢的实现、提供了千万人在线的场景、多媒体全方位娱乐化的表演舞台、创造了匿名化的机会。由此，你可以思考，究竟是为了满足狂欢的本能，人们创造了技术，还是有了技术，我们才可以狂欢？

在美联航拖拽乘客下飞机这起危机中，为什么中国的网民相信，这被拖拽的乘客是一位华裔（而后证明是一位越南裔美国人），最终我们看到无论是中国舆论场，还是我们看到的一些国外的舆论反应，"种族歧视"这一价值议题成为主导议题。颠覆美联航的不仅仅是这个议题，很多陈年旧账也被翻出来，"美联航一直如此啊，它还曾经把两位亚裔女孩赶下飞机呢"，"它还曾经在托运中弄坏了乘客的吉他，结果还拒绝赔偿"。

2014 年 8 月 10 日，佛罗里达州大学在推特上发起了一个活动，带着♯ask Jameis 这个标签，可以和他们学校橄榄球队的明星球员 Jameis Winston 互动，可是这一公关活动为何最终以失败告终？

有评价说,这是一场可以被提前预知的混乱、灾难(见图 4-10)。

Jameis Winston 的确是一位明星四分卫球员,但是他自身也携带着很多"黑历史",比如 Jameis 在一次涉嫌对女学生的性侵案中遭到调查,但从未被起诉。Jameis 被棒球队停赛了三场比赛,并因在当地一家杂货店偷走了 32 美元的蟹腿而被命令执行 20 小时的社区服务。

Florida State's "Ask Jameis" Hashtag Was A Predictable Mess

Sean Newell
8/10/14 4:40pm   Filed to: JAMEIS WINSTON   162.5K   124   5

Florida State quarterback Jameis Winston is famous for a lot

图 4-10　评论截图:♯向 Jameis 提问是一场可预知的混乱

2012 年,麦当劳发起推特公关活动,带着♯McDstories 这个标签,顾客可以讲述与麦当劳的故事。结果,网友的评论风向转变,带着同样的标签大吐苦水,例如:有一次,我走进麦当劳,我可以闻见 2 型糖尿病在空气中飘浮,然后我就吐了。♯McDStories

2014 年,麦当劳再次推出一个推特活动,这次他们觉得吸取了之前失败的教训,让推特的互动更有"人情味",于是标签改为"♯RonaldMcDonald",带着这个标签,可以直接和小丑叔叔进行对话。

网络灾难惊人地再次上演,人们找来各种照片,发表各种负面观点,甚至把可口可乐、骆驼牌香烟和小丑叔叔放在一起，指责他们贩卖毒害人类健康的产品。还有人把麦当劳小丑和著名的恐怖形象"小丑"联系起来，指责麦当劳屠杀生灵以满足邪恶的资本目的。

这一场场在社交媒体上演的电子狂欢，是不是意味着任何网络上的众包活动、公众参与的活动都注定走向无法控制的灾难？我们来看下一章内容，看你能否找到答案。

【思考题】

1.文中提到的 2017 年 4 月发生的美联航拖拽乘客下飞机事件，发生时有一个短视频再次翻红，请你扫描二维码，观看这个视频，并回答：为何这个视频在这个时候再次流行起来？文中的哪些理论可以用来回答这个问题？

图 4-11　《United Breaks Guitars》美联航摔坏了我的吉他
（图片与视频来源：百度百科《美联航弄坏吉他》）

案例背景介绍：Dave Carroll 在自己名贵的吉他被美联航的行李运输工摔坏后，历经九个月索赔未果。于是，在 2009 年 7 月，Carroll 制作了一首名为《美联航摔坏了我的吉他》的音乐视频（见图 4-11），并上传至 YouTube，仅仅一天就得到了15000的点击量，3 天后点击量上升至 50 万。美联航致电联系他认错，称将改善顾客服务政策，并全额赔偿了他的 Taylor 名琴。视频上传至 YouTube 10 天后，获得 400 万点击量，而美联航的股价下跌 10%，相当于蒸发掉了 1.8 亿美元市值。尽管 Carroll 的事件发生在 2009 年,却在 2017 年的美联航事件中重新在互联网上被提及和传播。

2.结合本章内容和下面的一些关键词,探讨社会媒体情境下战略传播实践的情境发生了哪些变化?

(1)众包活动

(2)参与式文化

(3)合作文化

(4)共同创造

(5)公共关系叙事

(6)叙事的声音

(7)声音的多样性

(8)社交媒体的开放访问和实时结构

(9)推文/微博的现场直播

(10)社会议题的敏感度

(11)公共框架

(12)媒体框架

(13)框架效果

**第五章
因应新情境：
战略传播的
新规则**

【本章提要】

　　1.了解社交媒体时代战略传播实践的新变化；

　　2.了解社交网络的概念与要素，理解节点和连接的含义；

　　3.了解强关系、弱关系、结构洞、邓巴数字等基本概念，能够应用上述概念评价或设计社交媒体时代的战略传播方案。

【先导案例】

"僵尸启示录"：社交媒体时代的新型战略传播

　　美国疾病预防控制中心（The U.S. Centers for Disease Control and Prevention，CDC）的年度活动之一是鼓励美国人为自然灾害和其他紧急情况做准备，但公众对这样的风险预警活动一贯持有的态度都是漠不关心。然而，在2011年，CDC公关人员决定改变这样的情况，他们利用当时人们对僵尸（Zombies）剧情、僵尸文化的热衷，发起来一场低成本的公关运动——"准备工作101：僵尸启示录"（Preparedness 101：zombie apocalypse）。这场运动在包括推特、脸书在内的社交网络平台迅速蔓延开来，有近500万人阅读了CDC建立的"僵尸启示录"博客（见图5-1），CDC顺势通过新闻发布会的方式在全球范围内报道了这一运动①。

---

　　① KRUVAND M，SILVER M. Zombies gone viral：how a fictional zombie invasion helped CDC promote emergency preparedness. Case Studies in Strategic Communication［EB/OL］.［2022-09-01］. http://cssc.uscannenberg.org/wp-content/uploads/2013/10/v2ar t3.pdf.

图 5-1　"准备工作 101:僵尸启示录"博客界面　　　扫描二维码阅读博客原文

第一节　社交媒体时代战略传播实践的新变化

社交媒体时代发生了很多变化,诸如,无须编辑、媒体等把关人,信息可以独立发布在网上[①];公众和利益相关者无论在常态还是在危机中,都需要自己去辨别信息的相关性、价值甚至真伪[②];信息场域更像一个游乐场,信息超载、不确定性增强、碎片化阅读、边缘路径的解读,等等[③],面对以上变化,战略传播实践经常要面对的两个问题是:是否还需要等着媒体去报道我的故事? 该如何将广告、公关以及营销传播与社交媒体结合起来? 将这两个问题的答案合并在一起就

①　WESTERMAN D,SPENCE P R,HEIDE B V D. Social media as information source: recency of updates and credibility of information [J]. Journal of Computer-Mediated Communication,2014,19(2):171-183.

②　UTZ O,SCHULTZ F,GLOCKA S. Crisis communication online: how medium, crisis type and emotions affected public reactions in the fukushimadaiichi nuclear disaster [J].Public Relations Review,2013,39 (1):40-46.

③　KYONG L S,LINDSEY N J,SOO K K. The effects of news consumption via social media and news information overload on perceptions of journalistic norms and practices [J]. Computers in Human Behavior,2017(75):254-263.

是：与其等待媒体来写你的故事，不如通过社交媒体分享你的故事。

在先导案例中，美国 CDC 打破常规，用一篇模拟"僵尸来袭"的博客文章极大地刺激了原本并不关心"备灾"的公众，这篇博客文章话语风格幽默诙谐，利用社交网络的"反权威""去中心"以及社交网络强大的"连接与扩散"能力（参见上一章），将一个核心信息在最短的时间内借助"僵尸"传递出来：如果一个人可以为僵尸来袭做好准备，那么他就已经为应对任何紧急情况做好了万全准备。

这篇文章《准备工作 101：僵尸启示录》的开端如下：

> 我们可以为各种紧急情况做好准备。以僵尸来袭为例。是的，我说 z-om-b-i-e a-p-o-c-a-l-y-p-s-e，您现在可能会笑，但是当它发生时，您会很高兴阅读过此篇文章，嘿，也许您会学到一两次关于如何为真正的紧急情况做准备的技能。

这篇博客文章提供了与 CDC 过去提供的相同的应急准备技巧，但它们以僵尸入侵为框架：

> 规划您的疏散路线。僵尸饿了时，他们直到吃完食物（即大脑）后才会停下来，这意味着您需要快速出城！提前计划您的去向和多条路线，以免食肉者没有机会！

CDC 的相关负责人说，这篇文章于 2011 年 5 月 16 日出现在 CDC 的 Public Health Matters 博客上，"我们等了两天，看是否有人被解雇了"。当没有发生这种情况时，沟通团队就该博客帖子发送了一条推文，并将其发布在脸书上。在 2011 年 5 月 18 日发送第一条推文后的 9 分钟，托管博客的服务器由于请求过多而崩溃，为期两天的大规模媒体报道随之开始。为了利用博客引起的关注热度，CDC 迅速通过数字媒体进行全方位跟进：首先，提供适用于不同传播形态的图像元素，以便任何人都可将其发布到网站、博客、电子邮件以及社交网络平台上。6 月，CDC 分发了僵尸启示录的海报和冰箱磁贴等宣传物件。7 月，支持 CDC 工作的非营利组织 CDC 基金会开始在线出售 Zombie Task Force T 恤。9 月，CDC 发布了"备灾"视频。对于这项运动，CDC 总结道：突然之间，人们开始愿意倾听有关公共卫生部门发布的信息，因为我们将这些信息与他们想知道的僵尸信息混合在一起。

戴维·斯科特（David Meerman Scott）在《新规则：用社会化媒体做营销和公关》一书中对比了新旧媒体时代公关、营销实践的变化（笔者根据书中内容重新整理，见表 5-1）。

表 5-1　"新旧"公关法则对比

旧的公关规则	新的公关规则
• 公司向外界传递消息的唯一途径就是通过媒体 • 公司通过新闻稿与记者交流 • 除了少数记者和编辑之外,没有人会看到实际的新闻稿 • 公司必须有了重大新闻才能写新闻稿 • 使用行话并没有什么问题,因为记者们都理解 • 在发送新闻稿之前,应确保其中有一些引自第三方(例如客户、分析师或专家)的内容 • 消费者要想了解新闻稿的内容,唯一的方式就是通过媒体写的报道 • 公司测评新闻稿工作成果的唯一方式是整理一份"剪报",把每一次媒体"赐予"的报道收集到一起 • 公关和营销是两种独立的活动,由不同的人员来完成,他们的目标、策略和测评标准各不相同	• 营销并不仅仅是做广告 • 公关远远不只是主流媒体 • 你发布的内容展示了你的形象 • 人们需要真实,而不是欺骗 • 人们想要参与,而不是只被当作宣传对象 • 公关不再是用单向的信息来打断人们,而是在公众恰好需要的时候为他们提供内容 • 公关并不是让你的雇主在电视上看到对贵公司的报道,而是让你的公众在网络上看到贵公司 • 网络使公关再次面对公众,而不仅仅以媒体为中心 • 微博、微信、知乎、小程序等在线内容使组织能够直接与利益相关者进行交流 • 人们希望了解简单易懂的信息,而不是复杂难懂的专业术语 • 社交网络让世界各地的人们共享内容,并为有业务往来的人们搭起桥梁 • 人们期待随时能够进行沟通 • 营销和公关之间的界限已变得模糊

（来源:戴维·米尔曼·斯科特.新规则:用社会化媒体做营销和公关[M].原书第5版.赵俐,译.北京:机械工业出版社,2016.）

我们从表 5-1 的对比中可以看到,在所谓的旧媒体公关时代,公关的主要业务围绕传统媒体,我们把那个时候的公关称为庙堂式的,中心媒体控制着传播渠道,公关人员必须依赖中心媒体的中介作用,才能够把关于企业的故事讲出来。所以,这种形态也被称为不可控路径,即组织无法控制媒体是否报道、如何报道你的故事。

另外一个区别是,在那个时候,公关、营销是两个独立的活动。营销能够直接带来业绩,更准确地说,营销的业绩是可以被直接测量出来的。在社交媒体时代,公关和营销又发生了什么变化呢?"长尾公关"告诉我们,主流媒体和社交媒体、中心媒体和分众媒体同样重要;营销和公关越来越难分难舍,两者经常坐在一起,甚至办公室都出现了合并在共同区域内的现象,比如叫做战略传播部门;此外,内容直接带动购买的现象比比皆是,而营销越来越倚靠内容来培育顾客的忠诚感。

接下来，我们总结一下社交媒体时代战略传播实践的新变化：

1.故事的寿命较短，但影响范围是天文数字

社交媒体是内容更直接的出口。使社交媒体成为高效工具的原因在于其能够即时交流突发新闻报道的能力。但是随着下一个病毒故事的到来，它的寿命就大大缩短了。因此，记者一直在寻找下一个大问题，而战略传播专业人员需要做好准备。尽管故事的"生命"较短，但它们的受众范围比以往任何时候都要广泛。

2.危机沟通比以往任何时候都更加重要

公司必须实时监控社交媒体上的品牌提及情况。没有针对客户反馈做出响应的计划，可能会导致错失最佳机会，或者最严重的后果是导致全面危机。

3.战略传播专业人员与记者的联系通道不是更少而是更多

社交媒体可帮助公共关系专业人士更贴近记者。你可以在社交媒体上关注记者，以了解他们的语气、观点和近期工作。尽管社交媒体是研究记者并建立联系的好地方，但直接发送消息或将推文发送给记者被认为是不好的形式。

4.战略传播专业人员发现自己进入了客户服务的战壕

传统的广告或公关均以大众媒体为中心，因为彼时传播渠道掌握在大众媒体、主流媒体手中，现在的战略传播则必须以用户为中心。社交媒体互动是实时发生的。用户在表达担忧、投诉或问题时，期望品牌立即做出回应。在传统战略传播实践中，传播团队的主要职责是确保其客户或公司的媒体位置。而现在，它们还必须更加以客户为中心。

5.社交媒体带来了关键影响者现象（Key influencers，又称网红现象）

社交媒体不仅为受过训练的新闻工作者提供了分享突发新闻的渠道；它也创造了一种新型的公民记者：有影响力的人，我们也称其为网络红人。

第二节　社交媒体时代战略传播的策略技巧

社交媒体时代要求战略传播在策略技巧上注重以下几点：

1.借势议题变化

实践人员要能敏锐地感受到社会议题的新变化，学会主动出击、寻找并查找与组织-公众之关系最为相关的趋势主题以借势而上，例如，察觉组织-公众关系痛点与社会议题的关系。为了不错过关键的时间节点，应该创建战略传播日历。

下面这个案例呈现的就是厦门航空如何借势三八国际妇女节和女性就业平等的社会议题传播厦门航空的企业价值。

厦门航空宣传片视频二维码

2.聚焦本地视野

社交媒体时代的战略传播要学会落地思维,力求服务本地,做出特色。传统的思维方式是渴望在全国性水平的媒体上赢得新闻版面,分众、定制以及长尾趋势,让实践者需要首先关注本地媒体、社区媒体,然后再关注与组织所在行业相关的传播渠道;同样,不要忽略了使用社交媒体与本地媒介渠道、社区或行业内有影响力的人建立关系,且学会在新闻稿中加入社交分享。战略传播的实践者如何使用社交媒体,其实记者也在这样用。在社交媒体上的分享很可能刺激记者的新闻敏感。公关有句行话,好的故事让记者追着你跑,而不是你追着记者跑。

3.整合传播,持续打造优质内容与用户故事

尝试合并内容、社交、广告、公关乃至营销的部分业务,从聚焦用户、聚焦组织-公众关系的长期维护的角度去进行内容创意,提供优质、专业的内容,将战略传播实践者定位为业内专家,有耐心地呵护组织经营的所有多媒体平台上承载的内容,通过持续的努力赢得优质的流量。

学习围绕客户(用户)的案例来开展战略传播,来自客户的案例可以触及人心。注意,客户故事的整理必须是成体系的,不能东一榔头西一棒子,要有储备和及时记录的意识。要学会将镜头对准消费者,而不是你自己。同时务必注意对客户隐私的保护。

4.立足长远

战略传播不是一蹴而就的,尽管看起来似乎总是试图通过一些媒介事件或者活动来制造爆点,然而,战略传播之所以为战略,就必须要付出长期的努力,我们在前述章节中已经讲到,战略传播的要旨之一是建立组织与公众之间长久的

信任关系。例如,美国福特汽车公司曾发起一项活动,招募公众试驾福特汽车,与其他的试驾不同,福特汽车的试驾期是免费试用十天,只需要试驾顾客将试驾体验以视频方式上传至社交网络。

扫描二维码,观看对福特汽车免费试驾十天的活动介绍

十天试驾活动,让使用体验由福特公司来说变成体验者自己说,利用人际关系增加了消费者的信任度与好感。为什么一定要通过视频方式而不是文字评论呢?视频更能刺激分享、很真实,可以给看到的顾客更直观和更沉浸式的体验,比文字更有说服力,视频能更直观地展现汽车的性能,给人身临其境之感,情绪渲染的效果更强,更有说服力。

5.专业,专业,专业

(1)实时提供专业意见

社交媒体提供了向受众传递专家意见进而影响他们的机会。如果只是等待新闻发布进行专业性的访问,则可能会错过机会。我们喜欢看李佳琪,是因为他对某些产品真的很懂,比如口红,至于其他产品,我们可能会对他的信任打折扣。所以我们注意到,一些品牌商的技术顾问会来到直播间。此外,在一些突发事件中,人们尤其希望听到专家的意见,比如 2019 年底至 2020 年的新冠肺炎疫情,想必大家一定非常熟悉上海的张文宏医生,还有我们的老朋友钟南山院士。这时候是不是企业也可以发声?站在专业的角度上提供有价值的服务?但是必须注意的是,在将自己与行业中的特定事件联系起来之前,请评估每一个机会的出现,并制订适当的计划,以决定何时以及如何应对某些情况。在发生突发事件的情况下,需格外注意的是,请务必谨慎操作,以确保为对话增添的是价值,而不是完全自私或试图利用这样的悲剧。

(2)让你的首席执行官们在领英、知乎上分享企业故事或经验

社交媒体时代是否意味着不要让老总上新闻了?当然能上是好的。现在最好、最划算的策略是让老总以专业的姿态在社交媒体上出现,比如领英网、果壳、

知乎等平台。企业高层管理者扮演的绝对不应只是管理者的角色,在今天,他们应该是专家的角色。

第三节　社交网络思维应对战略传播的新变化

社交关系网络分析(Social Network Analysis,SNA)方法在管理、商业和社会学领域已被广为接受,并且在 2010 年开始的十年里逐渐在战略传播、广告与公共关系领域不断被应用。网络研究在战略传播环境中的应用大体上采用了一种结构化的方法来研究关系。结构化方法正好适合战略传播的功能性观点,即将公众和传播视为实现组织目标的工具或手段[①]。肯特等(Kent, et al.)在 2016 年发表的文章中认为,除了功能路径,社交网络研究还有助于采用"意义共创"的路径审视战略传播实践和理论,即关注具有共同意义和目标的公众和组织之间的关系,凸显战略传播为实现"超出组织目标的关系向度上的隐含价值"而付出的努力[②]。

1.社交关系网络的基本概念

社交网络的基本构成有两个元素:节点和连接。

(1)节点或行动者。比如人组成的网络、传染病患者组成的网络、家长组成的网络、学校组成的网络。

(2)连接或联系。图形中往往用两个点之间的连线来表示。比如人和人的友谊、人群之间非冠病毒的传播、家长之间扩散的焦虑、学校之间的教学交流、企业和企业间的合作关系、国家和国家的敌对关系。

大家可以想想,在社交媒介平台上,存在什么样的节点和关系吗? 例如,在微博平台上,每个用户都是节点,关注和被关注是节点之间的连接。

尽管非常简单,图 5-2 呈现的已然是一个由四个节点和三条关系组成的社

---

① KENT M L,SOMMERFELDT E J,SAFFER A J. Social networks,power,and public relations: tertius iungens as a cocreational approach to studying relationship networks [J]. Public Relations Review,2016,42(1):91-100.

② KENT M L,SOMMERFELDT E J,SAFFER A J. Social networks,power,and public relations: tertius iungens as a cocreational approach to studying relationship networks [J]. Public Relations Review,2016,42(1):91-100.

交网络。那如果我问，在四个节点中，谁最厉害？这个问题恐怕就需要动一下脑筋了。首先，我们如何界定"厉害"？这也是社交网络分析中很重要的研究题目。我们可以从关系的量上去衡量，也可以从关系的质上去衡量在社交网络中一个节点的重要性。从量上来看，大家或许会提到 A 的连接数最多，那么，有个词叫做 degree，翻译成"度"，用来表示一个节点的连接数量。还有的同学可能会说，A 厉害是因为它处于中心位置。大家想想，其实这里已经不仅在讨论数量了，而是在看 A 在网络结构中占据的位置。换言之，A 很可能并不拥有最高的度数，但是因为它的位置好，就可以成为中心。有没有这种可能呢？

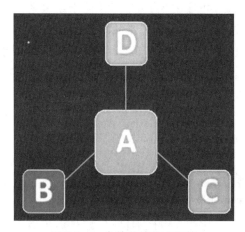

图 5-2　一个简单的社交网络

如图 5-3，如果我问你，在这个社交网络里，X 和 Y 哪个更重要呢？

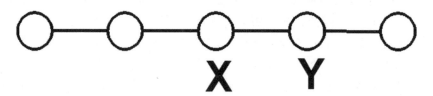

图 5-3　一个仍然很简单的社交关系网络

聪明的你会很容易给出答案 X。可是你是根据什么理由做出的判断呢？

除了数量的绝对值，还有很多指标来衡量一个节点的重要性，比如"中心度"，有居间中心度、内向中心度、外向中心度，等等。中心度的概念是用来衡量节点在一个关系网络中所处的中心程度。

社交网络分析被认为是社会学领域一个较强大的分析工具。这一方法强调对人际互动进行结构解释。分析的基本单位是网络中的节点与这些节点之间的关系,关系可能是有方向的,也可能是无方向的。运用矩阵代数和图形理论旨在发现某一网络中个体间的互动或知识的流动模式,并对不可见的网络进行可视化。

社交网络分析的优势在于:

a.有助于处理大量的关系数据,描画整体的关系网络结构

例如,在重大的流行疫情中,比如非典、甲型流感乃至新型冠状病毒肺炎,越能引发大范围的公共讨论。社会网络分析可以通过大数据的挖掘,呈现参与公共讨论的所有用户构成的庞大网络及其内在结构。社交网络分析强调对关系而非孤立的个体或组织的研究,因此这一方法体系有助于从过度强调组织的单向传播转向关注组织与公众的"双向"对话①。

b.有助于为研究者提供灵活的测量体系和参数选择来确认处于"中心"的节点

测量"中心"位置的参数包括三种主要中心度:度的中心度,测量一个节点占有的关系数。如果是有方向的关系网络,还可区分内向中心度(in-degree centrality,比如追随者的数量)和外向中心度(out-degree centrality,比如发出邀请的人数)。接近中心度(closeness centrality),测量节点到其他节点的距离。居间中心度(betweenness centrality),测量一个节点在其他节点的关系中的中介作用。社交网络分析的一大优势是研究者可以结合研究情境来确定参数,根据所要研究的网络的特点来选择用哪些参数来界定"中心"(Borgatti,2005)。

例如,有研究将"关键影响者"界定为在信息传播的人际关系网络中,那些同时具有较高的威望和较高居间影响力的人。即在"内向中心度"和"居间中心度"两个参数上得分均较高的用户。在测量上,这两个指标具有不同的优势和相对的不足之处,前者强调节点吸引关注的能力但无法测量在其他节点间关系中的作用,后者强调节点在其他节点之间的桥梁作用但并不关注关系的方向性。因此,这两个指标互为补充地建构了一个相对完整地测量体系。

---

① HIMELBOIM I, et al. A social networks approach to public relations on twitter: social mediators and mediated public relations [J]. Journal of Public Relations Research,2014, 26(4):359-379.

a."威望"：内向中心度的维度

在方向的网络中，当处于网络中的某一个节点获得数量上较多的指向它的关系时，可以认为这个节点具有相对较高的"威望"。比如某一些推特用户获得了相对其他用户更多的被回复次数、获得了在其他用户的发言中相对更多的被提及次数，我们认为这些用户具有更强的吸引关注的能力，具有更多的潜在听众，当这些用户发言的时候，其言语中传递的信息或意见辐射的范围将相对更广泛，因而成为"关键影响者"。但是仅用这一纬度似乎不能很好地涵盖那些在信息扩散中起到中介或桥梁作用的节点。这些节点或许在吸引关注的绝对数量上并不多，但是却在施以影响的那些群体中起到了重要的信息传递作用。如果离开这些节点，那些群体将只是孤立、分散的群体而无法看见或听到对方。这些节点的重要性可以用"居间中心度"的测量来体现。

b."居间"影响力：居间中心度的维度

一些研究者发现，处于那些居间位置的节点往往具有更高的影响力。还有学者从公共关系的角度，将这些在影响力扩散中扮演中介角色的社会成员称为"社会协调者"。他们可能是个体，也可能是组织；居间协调的功能既可能以正式的方式，主要由官方组织（比如政府机构）来实现，也可能是非正式的，主要由非政府组织或个体来实现。居间影响力突出了关键影响者与不同的被影响群体之间的互动关系，及在这些被影响的不同群体之间的桥梁作用。如果离开关键影响者，这些群体将失去获得信息的可能，因此他们高度依赖关键影响者在网络中的信息传递。

居间影响力可以通过居间中心度来测量。假设一个极端情况，如果一个网络中所有其他存在关系的成对节点，都必须通过某一个节点 A 才能发生关系，那么如果 A 离开这个网络，则其他所有节点的原有关系将在瞬间消失。显然，A 具有最强大的居间中心度。居间中心度越高，意味着网络对该节点的依赖程度越高，该节点的独立性越强。因此，居间中心度被认为是确认网络中关键影响者的典型参数。居间中心度测量的是某一用户在网络中对影响（如信息扩散）的传递能力，换句话说，在居间中心度指标上得分较高的节点一定是那些使本来离散的群体得以构成一个相互连接的更大的整体的关键成员。我们来看图 5-4 的关系网络。X 为什么比 Y 重要？先来回答这个问题：请计算下有多少对关系必须通过 X（或者 Y）才能发生？如果把这个关系网络视为无方向网络，必须经过 X 才能发生的关系对数是 6，这就是居间中心度的计算逻辑。

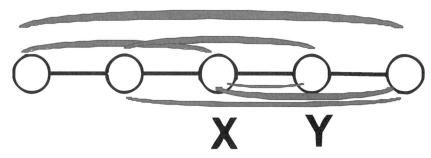

图 5-4　居间中心度的计算逻辑简易示意图

2.社会关系网络分析在战略传播中的应用

先来看一个例子：

@davis：我的嗓子很痛，有低热症状，持续几天了，我是不是感染了埃博拉病毒？@CDC ＃CDCCHAT

这是一条由@davis发出的推文。节点是什么？关系是什么？

在社交媒介平台上，也有大量这样的关系网络，比如点赞和评论、回复关系，都可以视为一种节点与节点（网络用户）之间的关系。

@CDC：@davis遇到这种情况，请立即到当地社区卫生服务中心就诊，或咨询你的家庭医生。我的嗓子很痛，有低热症状，持续几天了，我是不是感染了埃博拉病毒？@CDC ＃CDCCHAT

@BBC：RT遇到这种情况，请立即到当地社区卫生服务中心就诊，或咨询你的家庭医生。@davis我的嗓子很痛，有低热症状，持续几天了，我是不是感染了埃博拉病毒？@CDC ＃CDCCHAT

如果我们把这些成对的关系描绘出来，形成一个数据矩阵。通过计算公式，我们就可以看出，哪些节点具有更好的内向中心度、居间中心度，进而，从这个角度去界定社交网络中的关键影响者。

a.寻找关键影响者

在十九大召开期间，一条由人民日报发出的微博在23个小时内获得了271万次的转发（见图5-5）。清博舆情通过社交网络分析方法，把这条微博的扩散网络描画出来，并找到了关键影响者。

黄景瑜在转发人民日报这条微博后，谁跟进了呢？

如果我们没有进行社交网络分析，而直接告诉你答案的话，你会说，当然是黄

人民日报

【你好，#十九大#】今天，中国共产党第十九次全国代表大会召开。"人民对美好生活的向往，就是我们的奋斗目标。"这是对人民的深情表白，也是对中国未来的庄严承诺。不忘初心，继续前进。你好，十九大；加油，中国！

2017-10-18 07:00   分析时间：2017-10-19 06:43   转发(2710721) | 评论(7979) | 赞(163557)

图 5-5   十九大召开期间由人民日报发出的一条微博截图

景瑜的粉丝们。的确,他的粉丝一定是网络中的节点,但却未必是关键性的节点,或者说关键影响者。同样有很大影响力的黄景瑜的娱乐圈朋友,如王俊凯、易烊千玺、王凯、杨幂等的跟进转发才是构成这一社交关系网络迅速膨胀的关键。

我们看一下图 5-6 中有几个集群？你会说有两个大的,大的里面还有很多小的。

传播节点

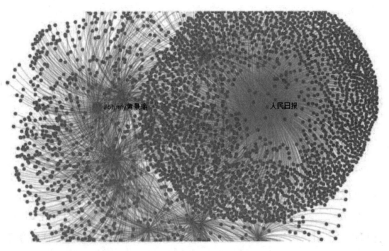

图 5-6   十九大召开期间由人民日报发出的一条微博的扩散网络
（来源：清博舆情）

那么集群化到底是什么逻辑呢？

一个集群中节点与节点之间的关系密度要比集群之外的其他节点之间的密度要大，就认为形成了集群的边界。换句话说，集群化算法的逻辑是找边界。

我们再来观察以人民日报为中心的大网络（见图5-7）。如何理解其中并没有出现类似黄景瑜网络集群内部的小集群？人民日报内的节点之间可能除了转发这条微博之外，再无其他更紧密的互动了。所以，在算法看来，这些节点之间的关系没有什么边界，大家都差不多，差不多稀疏。关系差不多一样好，也意味着关系差不多一样差。

然而，黄景瑜的大网络里为何出现了小集群的现象？有些节点之间的互动非常频繁，以至于出现了亲疏远近，比如杨幂的粉丝圈。算法发现，杨幂粉丝圈里的粉丝内部互动要远高于这些粉丝与王凯的一些粉丝的互动强度，于是认定这里应该有边界出现了。

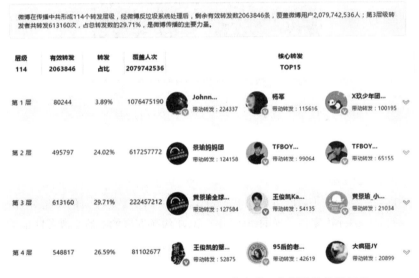

图5-7 十九大召开期间由人民日报发出的一条微博的转发层级

（来源：清博舆情）

因此，社交网络除了节点和连接之外，还有一个重要的概念，叫集群化现象，或者被通俗地指称为"圈层化"。

社交网络关系路径下的公共关系，很多时候就是在找关系网络中的意见领袖,或者我们叫社交媒体网络中的关键影响者,有时候,我们甚至会把这些影响者直接翻译成网络红人,或者网红,但请注意,不要窄化了网红的含义。

b.处在结构洞位置上的战略传播从业者

Taylor and Doerfel 将社会网络分析引入公共关系文献中,作为研究组织与公众之间关系的一种方法[1]。从那时起,许多公共关系文章开始使用社交关系网络分析来研究非政府组织内部和之间的关系、组织网站以及推特账户之间的关系。公共关系研究人员应用了很多网络关系理论,如"弱关系理论"[2]"结构洞理论"等。其中,弱关系和结构洞理论是公共关系学者最常讨论的问题。

在开始介绍理论之前,我们还是先看案例,扫描二维码观看《最强大脑》中的两集节目:《点灯小世界》和《点灯新世界》。

《点灯小世界》和《点灯新世界》片段视频二维码

《点灯小世界》和《点灯新世界》游戏规则的区别是什么?

小世界强调的是强关系,或者说 1 度连接,A 和哪些节点直接连接。新世界强调的是 2 度连接,我们也可以粗暴地理解为弱关系。或者说 A 的朋友的朋友到底有多少的问题。

所以请你思考一下,在《点灯新世界》中,我们中国选手郭小舟的策略对吗? 或者是不是如节目的评论家们所说的,从概率上说,1 级关联多的必然 2 级关联也多?

我们发现,在更复杂的关系网络中,仅仅知道 A 有多少 1 度连接是不够的,因为你不知道 1 度连接数量多的灯,是否 2 度连接也多? 在节目中,被称为 1 级关联和 2 级关联。中国选手郭小舟输的原因是什么? 他可能只关注了 1 级连接

---

① TAYLOR M,DOERFEL M L. Another dimension to explicating relationships: measuring inter-organizational linkages [J].Public Relations Review,2005,31(1):121-129.

② GRANOVETTER M. The strength of Weak Ties[J]. American Journal of Sociology,1973,78(5):1360-1380.

的观察和记忆,而忽视了 2 级连接。

这里引入两个与社交网络紧密相关的概念:强关系和弱关系。

著名社会学家、斯坦福大学教授马克·格兰诺维特(Mark Granovetter),根据人与人之间在情感上的亲密度和交互行为的连接强度,把人际关系分成两种:强关系和弱关系。强关系,是那种彼此特别要好、知根知底,或者经常联络互动的关系,要么是有血缘之亲,要么就是一起同过窗、一起下过乡、一起扛过枪。强关系主要靠感情来维系。

弱关系大多是点头之交,有时甚至连面都没见过,是在某种社会规则的约束下,偶尔产生链接或者交集的关系。比如同在一个微信群里的网友、飞机上的邻座、不在同一个部门的同事,等等。

可以简单地理解为强关系提供情感上的支持,而弱关系的强势在信息的连接。因此,不能说哪一种关系更重要,而要看你用这一关系做什么?

20 世纪 70 年代,格兰诺维特在波士顿近郊区域调查了 100 名不同职业的人,其中有 54 人是通过个人关系找到的工作,但是这些“个人关系”中,只有 16.7% 是每周至少能见两次面的强关系,其他全都是很少见面,甚至一年也见不了一次面的弱关系。找工作,更依赖弱关系。这是当时格兰诺维特得出的结论。

社会学家吕夫(Martin Ruef)访问了 766 个创业者,得到这样一组数据:38% 的创业想法是从家人、朋友这种强关系中获得的,52% 是受到客户、合作伙伴、专家媒体这种弱关系的启发。创业的想法主要依赖弱关系,这是吕夫给出的结论。

2012 年,脸书的数据团队做了一项研究,想调查网友在社交网络上阅读和浏览各种信息时不同来源的有用程度,其中收藏转发率是衡量是否有用的一项关键指标。结果表明,从弱关系中得到信息后收藏或者转发的概率,是强关系的 1.5 倍。人们似乎更信赖来自弱关系的信息质量,这是这个研究得到的结论。

2010 年,有三个美国的研究人员想了解一个人的经济状况与他的人脉网络之间有什么样的关系,于是他们找来了英国 2005 年 8 月的几乎全部电话通话记录(涵盖 90% 的手机和超过 99% 的固定电话),在进行了大规模的社交关系网络分析之后,他们发现,财富数据(通过英国政府统计的全国每个小区经济状况的数据)与社交网络的多样性之间的相关系数为 78%,也就是说,越是富有的人,就越会跟不同类型的人交往。①

---

① EAGLE N,MACY M,CLAXTON R. Network diversity and economic development [J]. Science,2010(328):1029-1031.

注意，弱关系而不是强关系往往标示着一个人的社会资本。那结交强关系还有什么用呢？强关系的意义在于情感上的依托和精神上的慰藉，在于更深层次的信任关系。

我们来想想在社交媒介情境下，有哪些强关系，哪些弱关系。以微信为例，微信群的关系到底是强关系还是弱关系？有人说，微信的关系都是强关系，你同意吗？看来，对于社交媒介的使用研究，一定要深入到关系层面，而不能只在浅层次观察。

那么对于战略传播实践而言，除了之前讲到的找到意见领袖或者关键影响者，社交网络还有什么意义呢？我们往往会利用弱关系释放信息、获取信息，利用强关系建立组织与公众之间的信任关系和情感连接。

还有一个很有启发性的概念：结构洞。

我们宏观上来看这个网络（见图 5-8），你会发现存在三个结构洞。

简单而言，在社会网络中，某些个体之间存在无直接联系或关系间断的现象，从网络整体来看，好像网络结构中出现了洞穴，这就是"结构洞"。例如图 5-8 中的 B-D 之间，C-D 之间，B-C 之间。

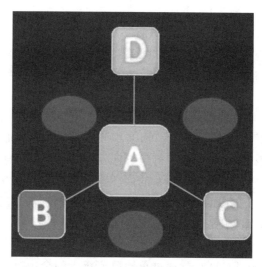

图 5-8　一个简单的社交网络中的"结构洞"

如果没有 A，则 BCD 连接中断。这时候，A 来了，他迅速占据了结构洞的位置，此时，只有行动者 A 同时与这三个行动者有联系。相对于其他三个人，行动者 A 明显具有竞争优势，他处于中心位置，最有可能接近网络中所有的资源，另外三个行动者则必须通过他才能与对方发生联系。

一个聪明人,会在位于空隙两端彼此没有直接联系的两个人之间,担当联系人的角色,从而占据一个"结构洞"。一个人所占据的"结构洞"越多,他在人群中的地位就越重要,调动人际关系为自己服务的能力也就越强。

结构洞理论的代表者罗纳德·伯特(Ronald Burt,1992)探索了个人的网络位置,并假设某些个人会从与多个子网的连接中受益[1]。伯特(2000)认为,将不同群体联系起来的个人有机会促进人与人之间的信息流动,从理论上讲,填充结构洞的行动者可以通过获取非冗余信息和资源而从其社会关系中受益[2]。在公共关系中,我们也可以将结构洞理解为组织与组织、组织与公众群体之间的沟通鸿沟。

英国人类学家和进化心理学家罗宾·邓巴(Robin Dunbar)在20世纪90年代根据猿猴的智力与社交网络推断出受限于人类大脑结构及其影响下的认知能力,人类所能拥有的稳定的社交网络的极限人数是148人,因而148(或约等于150)又被称为邓巴数字。此后,邓巴团队还对近3400名年龄在18~65岁的脸书用户开展研究。他们发现,这些用户大约平均拥有150名脸书好友,然而实际上,称得上是亲密朋友的平均人数只有13.6,而真正会在任何时候都给予支持的平均人数只有4.1。这种情况并不会因为年龄的不同而有所变化。邓巴由此总结到,如果人们不能偶尔面对面交流的话,社交网络也没法挽救一段友情[3]。

【思考题】

1.案例分析:在英国全国献血周(每年的6月8日至14日)到来之际,NHS血液和移植中心说服多个知名品牌从其品牌商标中删除了A、O、B这三个字母,这其中还包括唐宁街上一些门店的商标,后来这场活动还蔓延到了网络上(见图5-9)。扫描二维码观看短视频后,请回答问题。

---

① BURT R S. Structural holes: the Social Structure of Competition [M]. Cambridge, MA: Harvard University Press,1992.

② BURT R S. The network structure of social capital [J]. Research in Organizational Behavior,2000(22):345-423.

③ JACOBSSON S. Surprise: Facebook friends aren't real friends [EB/OL]. [2022-09-02]. https://www.pcworld.com/article/516459/surprise_facebook_friends_arent_real_friends.html.

图 5-9　Campaign 杂志也在这场活动中去掉了字母

（来源：MAGEE K. Missing Letters revealed as part of blood donation campaign ［EB/ OL］. ［2022-09-02］. https：//www. campaignlive. co. uk/article/missing-letters-revealed-part-blood-donation-campaign/1350174.）

"消失的字母"（blood donation missing letters）视频二维码

（1）这场战略传播活动的发起者为什么采用这样的方式？要达到何种传播目的？

（2）这一案例如何体现了社交媒体技术为战略传播带来的新的可能性？

（3）这一案例如何体现了社交网络对战略传播带来的新的可能性？

2.根据强关系和弱关系、结构洞、邓巴数字等本章提到的社交关系网络的相关理论，如果一位战略传播从业人员向你请教他该如何扩展人际交往网络，你该如何给他提供建议？

第六章
打通关注、
关系与关切：
内容营销

【本章提要】

1.了解内容营销的基本特征；

2.了解内容营销时代的新趋势；

3.了解内容营销的概念与策略要点。

【先导案例】

《米其林指南》(Guide Michelin)的历史[①]

1889 年,在法国中部城市克莱蒙费朗(Clermont-Ferrand),有一对兄弟安德烈·米其林(Andre Michelin)和爱德华·米其林(Edouard Michelin)创立了同名轮胎公司,兄弟俩胸怀大志,有意借此推动法国汽车业。为了提高汽车销量、推动轮胎采购率,米其林兄弟开始想方设法"协助"公路驾驶者策划行程——他们编撰了一本小册子,以纳入各种公路出行实用信息,包括如何更换轮胎、哪里有加油站、哪里有休息和用餐的地方,甚至可以到哪里借宿等信息,都收入这本册子中。

起初小册子免费发放,直到二十年后的一天,安德烈·米其林来到轮胎店,看到自己付出心血的小册子竟被用来垫高工作台。他感叹道:"人只会尊重自己付费得到的东西。"1920 年,新的《米其林指南》开始以 7 法郎的价格出售。指南中还第一次纳入巴黎酒店,并根据类别列出餐馆名单,同时为了保持专业性与彰显公正性,《米其林指南》拒绝刊登付费广告。此后,指南中的"餐馆"栏目影响力

---

① 米其林指南的历史[EB/OL].[2022-10-14].https://guide.michelin.com/sg/zh_CN/about-us.

越来越大,米其林兄弟为此招募了一支"餐馆侦探",以匿名的方式进入餐馆用餐后再给予评价。1926年,米其林指南开始给高级餐馆评星级。此后至今,《米其林指南》因其慎重而独特的评价方法,成为全球独一无二的餐饮畅销书(见图6-1)。

图 6-1　米其林指南

第一节　内容营销的基本特征

在先导案例中,《米其林指南》经历了从最初的免费分发到后来的付费购买,其在公众心中建立的品牌知名度可能早已超过了米其林的核心产品"轮胎"。或者可以说,如今的米其林已经不再只是一家生产轮胎的公司了,但是最初它的确只是一家轮胎公司。事实上,早期创始人的想法也不过是让这本"小红书"鼓励驾驶者多使用公路,因为更多地使用公路便意味着更多的轮胎购买。

有人说,三流企业卖产品,二流企业卖服务,那么一流企业卖的是什么?在米其林这个案例上,我们看到的是:标准。标准的建立促生着组织与公众之间的信任,对米其林标准的信任会延伸到对米其林生产的轮胎的信任。

然而,标准的建立并不容易。

图6-2描绘的是米其林美食评审员(被米其林称为"侦探")在品尝食物时的情境。而事实上,这些负责评价三大洲、24个国家超过4万家酒店及餐馆的米其林"侦探",据称大多毕业自世界上最好的酒店管理学院,他们拥有丰富的旅游

图 6-2　米其林美食评审员品尝食物的漫画

（来源：段子车：一个做轮胎的怎么跟美食"杠"上了？［EB/OL］.［2022-10-14］.
http://page.om.qq.com/page/OnrrV4_8J/WA16Ohyyujtmua0.）

经验，并且在世界各地居住及工作①。此外，他们在工作时也并不会穿着这样的
"轮胎装"，反而要做到绝对匿名，跟普通消费者一样走进餐厅，在不告知身份的
情况下，接受和普通消费者一样的服务。米其林的官网上将其传递的核心价值
分为 6 个维度进行表述（见表 6-1）：

除了对核心价值的传递之外，米其林还建立了 3 个维度的评价标准：1 星
（同类别中出众的餐馆）到 3 星（出类拔萃的菜肴，值得专程到访）的星级评价标
准；从颇舒适（1 级）到豪华（5 级）的舒适程度评级标准；以及从颇舒适（1 级）到
豪华（5 级）的针对酒店的评级标准。这一切都致力于建立属于米其林的品牌形
象——严谨、专业，值得信任。也正因为如此，1889 年诞生的这本小册子也成为
后来人们讲述内容营销历史时，无法绕过的经典案例（扫描二维码观看视频，了
解内容营销的历史脉络）。

内容营销历史短视频二维码

---

①　米其林评级制度［EB/OL］.［2022-10-14］.https://guide.michelin.com/sg/zh_CN/to-
the-stars-and-beyond-sg.

表 6-1 米其林标准的核心价值

维度	内容
匿名	虽然米其林餐馆评审员受雇于米其林指南,但他们和一般食客没有两样,他们上餐馆时完全不公布身份,避免获得餐馆给予的特别待遇
独立	米其林餐馆评审员上餐馆用餐,一定会支付一切餐饮的费用,这也是保持客观及公正性以及独立立场的关键
专业知识	米其林餐馆评审员大多出自餐饮及酒店领域,是这两个领域的专才
可靠性	指南给予的评价,并非一个人的判断,而是漫长过程中集体达成的共识
热忱	米其林餐馆评审员费这么多功夫,采取那么严格的评选制度,首要原因是他们本身对美食有深切的热忱
品质	只要食物的水准高,任何一家餐馆都有可能被指南推荐

(来源:米其林评级制度[EB/OL].[2022-10-14].https://guide.michelin.com/sg/zh_CN/to-the-stars-and-beyond-sg.)

从短视频呈现的诸多内容营销案例中,我们可以大致总结出内容营销的一些基本特征:

1.免费:内容营销往往是免费信息的提供

内容营销是信息的提供,这样的信息大多时候是免费的,因为人们更喜欢免费的东西。1895 年,美国农具机械制造公司约翰迪尔(John Deere)创办了一份杂志——*The Furrow*(《耕》)(见图 6-3),免费分发给它的目标消费者:农具使用者,当然主要是美国的农民。1897 年,杂志封面上赫然写明了办刊宗旨:一本办给美国农民的杂志(A journal for the American Farmers)。这本杂志被誉为"美国农业大学",成为美国农业界具权威的购物指南。如今,*The Furrow* 已历经 120 多年历史,并被翻译成 12 种语言、发行于世界上 45 个国家,每月发行超过 160 万册。因此它也被公认为世界上最早的内容营销刊物。正如有媒体评价道:"对于美国农民来说,它就是农业版的滚石;对于品牌出版人来说,它的伟大在于前几代人,在内容营销概念诞生之前就开创了品牌杂志,而且这本杂志到现在 ebey 上还是卖得很火。"①

---

① 世界内容营销的鼻祖,今年已近 121 岁了[EB/OL].[2022-10-14].http://www.jiemian.com/article/618997.html.

图 6-3　杂志 *The Furrow*

（来源：搜狐网）

2.定制：内容营销针对特定目标公众量身定做信息服务

除了 *The Furrow* 杂志，短视频中还提到了"肥皂剧"的来历。你可以猜一猜，为什么日间电视剧类型的节目被称为"肥皂剧"？1930 年，日用消费品巨头美国宝洁（P&G）开始在广播电台上制作和播放肥皂剧。当时市场上销售的洗发、护发、护肤用品、化妆品、婴儿护理产品大都是宝洁生产的，可以说那时候的宝洁稳居日用品市场占有率的第一位。而宝洁产品线是从肥皂开始的，客户的主要对象是家庭主妇，宝洁了解到它的目标消费者——家庭主妇，通常白天一边做家务一边看电视剧，为此，宝洁赞助制作了许多日间电视剧来帮助这些主妇打发时间，并在肥皂剧中插播肥皂广告，以达到更好的营销效果。对于肥皂产品来说，"肥皂剧"则成了内容。可以说，"肥皂剧"开创了植入式电视广告的历史。联想一下，你在综艺节目中看到的植入式广告与"肥皂剧"中的肥皂广告有什么本质区别吗？

3.价值：内容营销生产和传递有深度的、持续更新的信息

如果你现在登录约翰迪尔的官方网站（扫描下方图片旁的二维码），会发现这个网站已经俨然成为 *The Furrow* 杂志的官网，网站的图片有农田、农作物、农民，但就是难以找到约翰迪尔售卖的主要产品——农耕用具。百年间，这本杂志已经从纸质版黑白印刷，经历彩印，到现在的数字版本，不断迭代。

持续更新的内容,长期的努力,这些也反映了内容营销的第四个特征。

4.长远:内容营销不单以售卖为目标,重在建立与用户长久的信任关系

广告与营销的目标往往是短期的。实现销售转化,通过营销手段直接促进购买,恐怕是所有广告人、营销人的心愿,但是内容营销与此不同,内容营销更加立足长远,成为建立与用户(顾客、消费者乃至普通公众)关系的路径本身。

前文的短视频中还讲到了 Jell-O 的案例,这个品牌一直以来都是美国小朋友(可能不只是小朋友)最喜欢的果冻品牌之一。但在 100 多年前,这个"新产品"在美国家庭中还比较陌生。为了更好地推广果冻这种"新产品",自 1904 年开始,Jell-O 的销售人员便挨家挨户免费分发一本小册子,这本小册子并非向人们介绍这种新产品,出人意料的是,这是一本教美国的家庭主妇如何将果冻制作成美食的果冻食谱(Jell-O Recipe Book),例如如何用果冻做成沙拉、甜点等(见图 6-4),通过这种方式,2 年之内,也就是 1906 年,这家生产美国家庭从没见过的"果冻"类产品的公司,年销售额增加了 100 万美元[①]。

图 6-4　Jell-O 果冻食谱

(来源:搜狐网)

以上,我们通过内容营销史上的经典案例总结了内容营销至少 4 个主要特征——免费、定制、价值,以及立足长远,当然,内容营销的特征不止这些,在以下小节中,我们将从内容营销变革的新趋势、内容营销的定义,以及与之相

---

① The history of Content Marketing [EB/OL].[2022-10-14]. https://contentmarket-inginstitute.com/articles/history-content-marketin/.

关的一些概念上，如原生广告等，进一步全面、深入地理解内容营销的含义和策略要点。

第二节　内容营销变革的新趋势

亚历山大·尤特科维茨（Alexander Jutkowitz）是 SJR 集团（WPP 集团旗下以数字内容营销为主业的战略传播公司）的首席执行官兼创始人，在过去 30 多年中，他作为政治民意测验师、数字内容和品牌战略家，从事战略传播工作长达 20 年之久。2014 年，他在《哈佛商业评论》上发表了一篇文章《内容营销变革》，并在文中写道：

> 目前，我们正处在全球品牌历史性转型的过程中，而这场转型以内容为中心。现在，十分之九的组织在做内容营销，即超越传统的以售卖为核心的营销方式，取而代之的是通过生产（或传播）顾客认为有价值的相关信息、观点或娱乐内容，以此来提升品牌价值。内容营销的广泛成功，业已彻底改变了企业的传播方式。对于创新品牌，如 Tumblr（汤博乐），标签活动的重要性已经变得像传统标语口号一样引人注目。内容营销革命标志的不仅仅是一场营销时尚，而是标志着商业传播历史开启了新篇章——企业启蒙运动时代的到来。
>
> 内容营销和品牌发布的迅速发展，是因为它们响应了消费者的喜好。根据"内容营销研究所"的数据，有 70% 的人宁愿通过文章而不是广告来了解一家公司。甚至《纽约时报》也承认，原生广告的效果可以匹敌报纸本身的新闻内容。品牌发布允许公司实时做出反应，提高透明度，并建立强大的品牌身份认同——而实现以上这一切，仅需要花费传统营销成本的一小部分，而且所需的时间更少。①

作为内容营销的旗手和这场品牌传播变革的亲历者，尤特科维茨的文章对我们理解内容营销的新趋势很有帮助，本书将这些新趋势总结为以下几点：

---

① JUTKOWITZ A. The content marketing revolution [J]. Harvard Business Review，2014，July(1):2-4.

1.传播：大型企业正在成为媒体公司或通讯社

大品牌或大企业开始从内部挖掘可供传播的资源，并从媒体行业挖掘顶尖记者人才加盟，但内部资源的挖掘仍以服务于外部公共议题、外部消费者对信息、故事的需求为驱动力。例如，美国特斯拉公司（Tesla）的首席作家是记者出身的哈米什·麦肯齐（Hamish McKenzie），也是他操刀写出了《特斯拉传：实现不可能》（见图 6-5）。

图 6-5　《特斯拉传：实现不可能》封面

（来源：当当网）

再如《今日美国》（USA Today）的前任社交媒介编辑米歇尔·凯斯勒（Michelle Kessler）后来被聘为高通斯巴克公司（Qualcomm Spark）传播部主编，硅谷风险投资巨头安德森·霍洛维茨公司（Andreessen Horowitz）吸引了无线杂志（Wired）资深编辑、品牌实验室负责人迈克·卡普兰德（Michael Copeland）。越来越多的媒体从业人员加盟企业、政府或非政府组织的传播部门，这一趋势正来自内容营销业的强大吸引力。面对以上情景，无线杂志的前任主编伊万·汉森（Evan Hansen）这样评价道："自从有媒体以来，报业、杂志与公共关系之间就存在一道旋转门，这没有什么新的。"①而汉森本人，也穿过了这道旋转门，从无

---

① Top journalists are flocking to brands. Here's why[EB/OL].[2022-10-14].https://contently.com/2014/02/19/the-great-journalist-exodus-begins/.

线杂志离开，进入内容营销界，成为 Medium 公司的高级编辑。由于受过训练的新闻工作者和编辑对社会议题的敏感性、新闻业务与讲述故事的专业能力，及对信息的整合能力等，使他们在今天更加受到大品牌的青睐，从而离开传统的新闻编辑室，走进品牌新闻室。正如尤特科维茨所说："在如今这个数字年代，相当多的人以及各种组织及机构都有办法分享所知。只要有人在讲述扣人心弦的真实故事，就等于有人在做新闻工作。这种工作不限定非得是被称作'新闻记者'的职业精英团队来做。当然尝试来做这种工作的人必须能讲精彩的故事，也有东西值得分享。一篇轻松戏谑插科打诨的文章，一个让复杂课题变得'平易近人'的信息图表，或者一篇具有教化、鼓舞意义或者揭示真相的深度报道——所有这些都能让人变得更加敏锐明智，增强人们探索这个世界的能力。与此相应，会促进社会进步。"①

2.专业：大型企业正在成为专业知识的提供者

好的内容在引人注意的同时又必须是专业性的信息提供，这使得很多大型企业开始关注从内部培育、挖掘专业性素材，并将其传递出去。品牌不再只是兜售产品，它们正在尝试生产、发掘和分发专业性的、创新性的、知识型的信息。例如，通用电气（General Electric）开拓性地将飞机机械师的各种内部专业知识，从飞行机械到风力涡轮机，转化为值得公众关注的文章，制作病毒 GIF，上传到公司网站，或发布在汤博乐上（见图 6-6）。

图 6-6　通用电气（General Electric）官网截图

扫描二维码阅读故事
《大科技：2020GE
用双倍努力打造的世界》

---

① 杨晓凌.新闻业：正在消失的边界——《哥伦比亚新闻学评论》新闻理念调查专题详评[J].新闻记者，2014,000(5):18-29.

前文提到的汉森将无线杂志与他新任职的媒介公司(Medium)做了一个对比,他说,在无线杂志,我们的采编人员是 75 位,科技人员是 4 位;而在 Medium,数字正好相反。[1] 可以说,目前的内容营销正朝着专业化叙事的方向发展。专业信息的输出,可以建立品牌与公众之间持久的信任关系。例如,护舒宝网站开设建议板块(见图 6-7),在这个板块中可以看到护舒宝官方为网站访客,也就是他们的目标受众:女性,提供了涵盖各个年龄段的经期知识和建议,展现了护舒宝的核心价值:关爱呵护一切女性。而这里则通过详细而专业的内容分享,体现了护舒宝的标准:我们了解最科学的关于经期防护的知识,从而能为你的经期保驾护航。

图 6-7　护舒宝官方网站

扫描二维码可登录
护舒宝官网建议板块

优质的、持续的内容输出,正在让企业从产品售卖转型为行业专家,尤特科维茨所宣称的“企业启蒙运动时代”的到来,其意义也正在于此。

3.转型:内容正在促生企业的产业转型

此前提到的米其林就是很好的例证,从卖轮胎到进军餐饮业,“出圈”或“跨界”依赖的是优质、专业、持续的内容输出。这样的例子在今天已经数不胜数。优质内容为企业赢得了稳定的、可倚赖的流量,而有了这些流量,企业就远不是产品的加和,可以变幻出很多新的玩法。想一想,一家定位高端客户的咖啡店,持续输出优质内容,如通过这类客户喜欢的艺术展览、线上(或线下)商业沙龙等赢得了稳定的、可观的流量,那么这还仅仅是一家咖啡店吗? 它的盈利模式只能依赖一杯一杯的咖啡吗? (这里留下一处空白供你思考,我们会在后续章节中用一个真实的案例揭晓答案)

2020 年年中,包括帝亚吉欧(Diageo,全球最大的洋酒公司)、可口可乐和阿

---

① Top journalists are flocking to brands. Here's why[EB/OL].[2022-10-14].https://contently.com/2014/02/19/the-great-journalist-exodus-begins/.

迪达斯等全球巨头在内的数十家公司因为对社交平台上不受约束的错误信息和仇恨言论而离开脸书，"随着全球事件的疯狂发展，我们越来越依赖可信赖的发布商和新闻来源。事实比任何时候都重要"[1]。伴随着全球新冠肺炎疫情的大流行，不确定性比以往任何时候都在加剧，而这时，人们对可靠信息的需求就更加强烈。内容营销在全球大流行与疫情之后的世界，注定将更加重要：谁能够为公众提供更加可靠、专业的信息，谁可以持续地勇担责任、揭穿各种耸人听闻的阴谋论，谁就将可能赢得民心，建立与公众之间长久的信任关系。

这就意味着，即便内容营销业吸引了众多媒体精英的加盟，即便新闻与战略传播的边界越来越模糊，内容营销也不应以牺牲真相为代价；恰恰相反，媒体精英的加盟，为内容营销和战略传播带入的都应该是他们一如既往的对真相的追求，彰显的是新闻职业人的专业精神。

那么，如何创造好的内容，什么才是好的内容，我们将在下一节进行阐述。

第三节　内容营销的含义与策略要点

前两节我们从内容营销的特点和行业趋势入手，通过案例直观地带领大家进入这一领域，这一节我们将回到一个根本性的问题：什么是内容营销？

内容营销研究中心（Content Marketing Institute，CMI）将内容营销界定为"内容营销是一种创造和分发有价值的、相关的以及一致的内容，以吸引并获得被明确界定的受众，并最终推动有助于盈利的顾客行为的战略营销路径"[2]（Content marketing is the strategic marketing approach of creating and distributing valuable，relevant and consistent content to attract and acquire a clearly defined audience-with the objective of driving profitable customer action）。

被誉为品牌领域的科特勒的凯文·莱恩·凯勒（Kevin Lane Keller）在《战略品牌管理》一书中指出：内容营销与传统营销的关键区别是，第一，消费者明显

---

[1]　JOHN S. 6 ways to improve your digital marketing in 2021［EB/OL］.［2022-10-14］.https://www.campaignlive.co.uk/article/6-ways-improve-digital-marketing-2021/1705794.

[2]　Getting started［EB/OL］.［2022-10-14］.https://contentmarketinginstitute.com/getting-started/.

希望购买那些内容营销中的产品或服务;第二,内容营销的目标是促进受众参与他们感兴趣的主题,因而销售产品或服务不应成为内容营销的首要目标。①

那么什么才是好的内容呢?内容营销研究中心的定义其实已经包含了好内容的三个基本要求:有价值(对受众而言),相关(对组织和受众双方而言),以及一致(信息传递要保持一致性,无论采用哪种媒介呈现方式,在何种场合下,内容营销的信息内核不能变)。以下我们对此进行逐一展开,并从更多的文献中补充对好内容的要求。

1.好的内容首先要对受众有价值

了解受众需求是产生好内容的起点,所以研究就起到了至关重要的作用。例如,通过调查研究描述典型消费者在决策的不同阶段面对的问题,需要了解的信息,描绘不同消费者的画像。因此,内容营销的一项关键任务是不断开发能够满足不同类型受众在每个阶段的信息内容需求。内容营销的确是一种营销方法,却不是靠广告和促销活动打动受众,内容营销打动受众的手段是信息,使客户获取信息、理解信息并有动机交换信息。内容营销可以通过印刷品、音频、视频以及活动向目标受众提供必要的信息。随着媒介技术的发展,内容营销的传播方式也将愈加丰富。媒介渠道的选择对于内容营销亦至关重要,我们将此作为补充要点在后文阐述。

为了迎合新冠肺炎疫情中公众对能够方便、及时地清洁、消毒衣服的需求,2020 年 7 月,三星推出了一款可嵌入衣柜 AirDresser,一种自助清洁机制,专门用于家用壁橱中清洁和烘干衣服,同时消除各种衣服和织物中的异味和高达99.9%的细菌(见图 6-8)。

图 6-8　三星 AirDresser

扫描二维码阅读福布斯文章
《三星推出可消毒衣柜》

---

① 凯文·莱恩·凯勒,沃尼特·斯瓦米纳坦.战略品牌管理:创建、评估和管理品牌资产[M].第 5 版.何云,吴水龙,译.北京:中国人民大学出版社,2020:208.

其实 AirDresser 在 2018 年就已上市，但在包括英国和俄罗斯在内的全球其他地方并未引起太大的市场反响，而在 2020 年，由于美国消费者比以往任何时候都更关心保持他们的所有物品在不离开家的情况下，尽可能地得到消毒，一经在美国问世就获得很多中产家庭的欢迎①。这也引出了内容策略的第二个要点：

2.好的内容应做到组织-公众的双向相关性

相关性，它不仅包括要有明确的目标受众：针对的受众是农民还是家庭主妇？还要求营销人员拥有一个意识：内容营销的方式必须能够跟企业的经营范畴相关，这个相关，并不是指卖农具就推销农具，卖果冻就推销果冻，而是能够在价值维度、标准维度、组织-公众的关系维度上实现相关，上文提到的米其林、护舒宝等都是经典案例。在我国，运用内容营销的案例也大量涌现，特别是伴随着"国潮热"在中国消费市场的出现，许多品牌都尝试与中国传统文化相结合，在满足中国消费者内容需求的同时，构建新的品牌联想。

例如，敦煌艺术就吸引了许多国内外品牌，良品铺子连续两年联名敦煌博物馆推出中秋礼盒，并先后在敦煌带来巨型沙画以及沙漠光影秀的线下活动，展现敦煌千年盛景。淘宝的国宝联萌 IP 和敦煌博物馆去年合作推出"敦煌飞天泳衣"，口碑的本地生活国潮 IP《国宝的味道》与敦煌博物馆合作，联合人气甜品乐乐茶等推出了"新敦煌之味"系列。华为和敦煌研究院合作，运用华为 AR 地图描绘全新想象空间，开启虚实融合的数字世界，让全球游客获得不一样的莫高窟游览体验。百雀羚、卡姿兰、旁氏、魅可等美妆护肤品品牌先后与敦煌博物馆合作，尝试从敦煌壁画中汲取灵感，推出限定彩妆。

2020 年 10 月 9 日，佰草集冠名的明星探寻敦煌艺术的视频微综艺在今日头条和抖音上播出（见图 6-9）。

然而，当越多的品牌开始与敦煌 IP、故宫 IP 进行合作，公众的注意力和兴趣仍然是稀缺资源，正如 socialbeta 评价道，如果想获得持续的提升，品牌不能仅仅停留在绑定敦煌这个标签上，不能仅仅停留在一个品牌的口号、一句宣言上，重要的是品牌如何做内容，不仅借势文化 IP，而是通过内容构建属于自己的文化 IP，能够以内容共创的方式为敦煌增值②。

① KING R. Samsung made a closet that disinfects your clothes [EB/OL].[2022-10-14].https://fortune.com/2020/07/06/samsung-air-dresser-dry-cleaning-clothes-sanitizing-coronavirus/.

② 品牌为什么需要敦煌？[EB/OL].[2022-10-14]. https://socialbeta.com/t/case-of-ocean-engine-with-dunhuang-202011.

图 6-9　佰草集与敦煌博物馆合作推出微视频综艺

3.好的内容要保持一致性

好的内容致力于将组织树立为行业的引领者,这就意味着很多时候单纯依靠一种传播策略是不够的,需要与更广泛的公共关系、广告与营销策略相结合,有时内容营销还作为整体的战略方案的一部分。那么,整体的战略方案在接触和吸引受众方面的目标就必须与内容营销保持一致,这样有助于接触目标受众,建立品牌,提高品牌知名度,并产生潜在顾客,确保销售[1]。

除此以上三个策略要点,我们还从分发渠道、叙事等方面补充如下几点:

4.好的内容需要匹配的渠道进行分发

内容分发或传播是内容营销极为重要的组成部分。传统的思维是先有内容,再寻找恰当的渠道传播出去,然而,战略性的思维应该是将内容和渠道统合

---

①　凯文·莱恩·凯勒,沃尼特·斯瓦米纳坦.战略品牌管理:创建、评估和管理品牌资产[M].第 5 版.何云,吴水龙,译.北京:中国人民大学出版社,2020:209.

起来思考，渠道和内容是有机的整体，社交媒体、活动，乃至电影都可以成为内容的分发渠道，也需要根据这些渠道量身定制内容。

一般而言，内容营销包括但不局限于以下载体：

（1）新闻稿；

（2）社交媒体；

（3）博客；

（4）网站；

（5）微博；

（6）视频；

（7）播客；

（8）文章；

（9）电子书；

（10）信息图。

如果你看过 2019 年的《乐高大电影 2》，其实就已经看到了内容营销运用视频（这里是电影）的实例。乐高公司拍乐高系列电影只是为了通过卖电影票获利吗？我们甚至可以认为，这是一部超过 100 分钟的内容营销。

不论是 2014 年在北美上映并成功创下五亿多美元票房的《乐高大电影》（*The Lego Movie*，见图 6-10），还是 2019 年的续作《乐高大电影 2》，这一系列电影贯穿了乐高公司一直以来的理念（一致性）：每个大人内心都住着一个孩子，哪怕已经成年，你依然可以施展你的想象力。

图 6-10　《乐高大电影》剧照

《卫报》(the Guardian)专栏作家巴勃罗·史密森(Pablo Smithson)将《乐高大电影》称为乐高内容营销的制胜法宝。因为这部电影对大人和孩子同样具有吸引力:孩子们喜欢玩具,而大人们则被故事传达的"想象力无关年龄"的理念所感染。品牌想要传达的信息可不光是"买我们家的产品"那么简单,而是要将"冒险"这一乐高精神根植到每一个成年人的心中。来自数字咨询公司(EConsultancy)的营销专家克里斯托弗·拉特克里夫(Christopher Ratcliff)将乐高的内容营销策略称为"一网打尽政策","当乐高开始一视同仁地对待消费者中的成年人和儿童时,他们就找到了最佳的营销战略方向。乐高的邀请面向所有人,它仿佛在说'嘿,快来呀,在这里我们都一样,只是一群热爱乐高的人'"。①

外脑公司(Outbrain)营销主管劳伦·皮卡(Lauren Pica)说,我们理解大多数消费者根本不喜欢广告,但这并不是因为他们不喜欢广告。通常是因为广告的实际投放方式让人们的体验被中断。而点击观看视频是消费者至上的视频体验,由于观看者选择播放视频,因此可提高100%的可见度。② 从被动体验到主动体验,内容营销的魅力也恰在于此。

5.好的内容要在讲好故事上发力

无论是乐高系列电影,还是红牛积累的一个个人类向极限挑战的故事,都在以不同的方式讲述故事。内容营销的另一个重要策略是故事的讲述。正如内容营销中心(Content Marketing Institute)创始人兼执行董事乔·普利兹(Joe Pulizzi)所言:"现在,讲故事和内容营销的结合比以往任何时候都更为关键,它能留住顾客并吸引潜在的引领者。"③好的故事是带领公众体验品牌、产品与服务的过程,而出色的营销绝不只是计算媒体曝光率和覆盖率。引人入胜的故事有助于带来沉浸的用户体验,增加了抓住并吸引更多受众和吸纳新的受众的机会,因而对于品牌接触和扩展他们的受众群体十分重要。讲故事可以与受众建立直接的情感连接,向你的受众提供信息,提高对品牌的认识,建立品牌忠诚度,并引导人们采取行动。好的内容一定是动态的、故事性的,有人物,有情节,有冲突,甚至有时间线。红牛对极限运动的持续性支持,就在讲述一个又

① 乐高:一个卖玩具的内容营销专家[EB/OL].[2022-10-14].https://www.sohu.com/a/32429361_239320/.

② JOHN S. 6 ways to improve your digital marketing in 2021[EB/OL].[2022-10-14].https://www.campaignlive.co.uk/article/6-ways-improve-digital-marketing-2021/1705794.

③ 凯文·莱恩·凯勒,沃尼特·斯瓦米纳坦.战略品牌管理:创建、评估和管理品牌资产[M].第5版.何云,吴水龙,译.北京:中国人民大学出版社,2020:208-209.

一个故事（见图 6-11）。

图 6-11　红牛官网上的"极限故事"

（来源：红牛网站 https://www.redbull.com/cn-zh/）

内容营销是指通过创造和分享有价值的免费内容来吸引潜在客户并将其转化为客户。它的中心思想是品牌必须提供有价值的东西才能获得有价值的回报，也就是让受众对品牌产生一些好的联想，并再一次与品牌互动。内容营销可以帮助公司建立可持续的品牌忠诚度，为消费者提供有价值的信息，创造未来购买意愿，与观众建立信任和融洽的关系。

综合以上，我们总结一下高质量内容营销的要点，在进行内容营销之前可以对照下面的列表检查一下：

（1）专注于受众需求，传递有价值的信息；

（2）内容应与品牌、产品或服务相关；

（3）杜绝专业术语和行话；

（4）能够使受众流连忘返，增强受众黏度；

（5）选择合适的渠道；

（6）策略性地使用关键词语，以借助搜索引擎营销；

（7）学会讲故事。

凯勒（Keller）和斯瓦米纳坦（Swaminathan）在书中指出，虽然内容营销是有效的，但是营销人员应警惕其可能引起的各种法律和道德问题。任何作者发布的内容，如果从公司赞助商那里获得了和内容相关的任何赞助，都必须披露该赞助，因此，内容营销工作必须确保在进行此类工作（特别是在社交媒体推广和代言的情况下)时,做到充分披露,并明确界限,以确保遵守法律①。

【思考题】

1. 案例分析:网易新闻国庆 70 周年 H5②

网易新闻在国庆 70 年之际推出了 28 个在视角、内容策划以及技术制作上各有特色的 H5。其中,有关阅兵仪式,网易新闻就先后通过一支互动游戏 H5(见图 6-12)、一支 AR 体验小游戏,以及一张条漫完成了对这一在整个国庆期间最受关注、最具话题性热点事件的充分抢占。

图 6-12　阅兵主题 H5 游戏《手速大考验!你敢挑战"阅兵级操作"吗》

在回顾历史方面,则有交互式 H5《一笔画出 70 年》,一笔道尽 70 年国家重大历史时刻。《舌尖上的 70 年》(见图 6-13)则带你体验从吃饱到吃好再到吃精的"食"之变化——食物不仅仅丰富着我们的味蕾,更见证了时代的变迁,承载着祖国 70 年的巨变。系列短片《迁徙的人生》(见图 6-14),则是通过倾听在新中国工业领域大事件中亲历者回忆当年的所见所闻、所思所想,展现伴随共和国 70 年共同成长的普通人故事,观照出一个个"中国制造"奇迹背后的个体艰辛与付出,以及那些平淡却不平凡的荣光与梦想。

---

①　凯文·莱恩·凯勒,沃尼特·斯瓦米纳坦.战略品牌管理:创建、评估和管理品牌资产[M].第 5 版.何云,吴水龙,译.北京:中国人民大学出版社,2020:209.

②　为国庆献礼,网易新闻一口气出动 28 个 H5[EB/OL].[2022-10-14].https://socialbeta.com/t/case-netease-news-national-day-communication-201910.

图 6-13 《舌尖上的七十年》　　图 6-14 系列短片《迁徙的人生》

请运用本章提到的理论要点，对上面这则案例中多个不同媒介呈现方式的内容营销案例进行分析。

2. 思考一下用不同渠道、不同方式讲品牌故事的利与弊。

第七章
让公众卷入：
数字事件营销

【本章提要】

1.了解公关事件与数字事件营销的概念联系与区别；

2.了解传统意义上的公关事件策划的要点；

3.了解数字事件营销的策划要点和流程；

4.以战略思维创意公关运动方案。

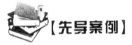【先导案例】

嘴有多大堡就有多大①

2017 年 9 月 15 日至 22 日,汉堡王联合天猫打造了一场《从 1 到 7,嘴有多大堡就有多大》"量嘴定制汉堡"数字事件营销(见图 7-1),核心创意是借助天猫平台品牌传播与落地销售合一的优势,打造一场娱乐化营销"大事件"。活动的主题口号是："嘴有多大,堡就有多大。"执行策略包括:定制喵皇堡,定制主题包装,AR 量嘴定制互动,♯不服来斗嘴♯KOL 话题,线上线下全媒体投放,品牌主题店,以及平台自制内容(PGC)直播。

分阶段来看:事件预热期,通过微博大 V 发起 7 层汉堡趣味挑战赛。与知名搞笑/美食类网红深度合作,微博共创话题挑战人嘴极限,同时比赛挑战 7 层汉堡,引发千万粉丝围观助阵,加入汉堡挑战。上线 AR 量嘴定制 H5,比赛赢取不同数额优惠券。各大短视频博主演绎魔性斗嘴。秒拍/美拍/腾讯等各大视频

---

① 第九届金鼠标案例汉堡王《从 1 到 17,嘴有多大堡就有多大》[EB/OL].[2022-09-02].http://9th.goldenmouse.cn/html/case/anlilei/chuangyichuanbolei/2018/0123/6239.html.

平台传播，结合各平台调性，通过 freestyle/唱歌/口技等进行趣味表演，大量 UGC 沉淀为超品日活动造势。预热阶段，超过百万人量嘴定汉堡，优惠券发放近 10 万份，覆盖粉丝近 400 万，总互动量 13 万以上。

引爆期，天猫超级品牌日(超品日)的活动时间为 9 月 22 日，"喵！皇堡"登录天猫，引发线上线下全民斗嘴狂欢。改造汉堡王天猫超级主题店，打造互动节目。在上海大宁音乐广场汉堡王门店举办了一场"嘴有多大，堡就有多大"汉堡王天猫超品日特别节目，中华小呜仔、白眼先生亲临现场挑战趣味体验，病毒话题从线上延续至线下。在淘内、一直播、美拍这 3 个直播平台进行活动直播，引爆超品日话题。发布权威媒体 64 家，获得 22 家媒体主动转载。包含搜狐、网易、凤凰网、中华新闻网、今日头条等。到店顾客通过定制化包装盒，店内 POP 及主题店内量嘴机器扫码互动，导流线上回收消费者数据。定制 AR 游戏捉猫猫，将线上、线下场景紧密融合。

图 7-1　汉堡王"嘴有多大堡就有多大"

从营销效果与市场反馈来看，汉堡王超级品牌日，从线上营销种草到线下店内引流，贯穿全渠道的个性化定制体验，助力汉堡王完成品牌文化传递及线下销量辅助的双重任务，为行业树立了新零售范本。活动可量化结果显示，超品日当天访客较之前日均增长 27200 倍，成交量相当于日常 2 个月全店销量总和；超品日当天粉丝增长为日均增长 200 倍；超品日当天新买家占比高达 94.5%。

第一节　理论基础:公关事件

公关事件也经常被称为特殊事件或媒介事件,它融合了公关策略流程中的行动和传播两个重要环节,因而在战略传播实践中占据极为特殊的地位。

一、公关事件的定义

早在 20 世纪初,年轻的伯内斯即提出"为产品制造事件,让事件制造新闻"的理念。1929 年,伯内斯受美国烟草公司委托开发女性吸烟市场,他策划、组织了一场声势浩大的纽约第五大道游行,一群年轻漂亮的女模特手持"自由火炬"为"女权"而战。彼时,公关人员认为自己不但要为企业、政客和政府打理媒体关系,而且应该为之制造议题,通过媒体议程设置影响公众议程乃至推动政策议程。

在罗伯特·希斯(Robert Heath)主编的《公共关系百科全书》(*Encyclopedia of Public Relations*)中,将公关事件界定为组织不同于传统公关、广告以及营销努力的而旨在建立与客户直接接触的情况(Special events are those circumstances in which organizations have to deviate from traditional public relations, advertising, and marketing efforts and meet directly with clients[1])。(媒介)事件被认为是公共关系发展过程中最具影响力的一种沟通工具,也是公关最为显著、最为人熟知的沟通工具之一。[2]

二、公关事件与"伪事件"的区别

公关事件是不是一种操纵民意的手段? 美国历史学者、前美国国会图书馆馆长丹尼尔·伯斯汀(Daniel Boorstin)在他的著作《形象:美国的假事件指南》

---

① HEATH R L. Encyclopedia of Public Relations[M]. Thousand Oaks, CA: Sage Publications, 2005: 301.

② 姚惠忠. 公共关系理论与实务[M]. 北京:北京大学出版社,2004:237.

(*The Image：A Guide to Pseudo-Events in America*)中指出，"伪事件"经常模糊公共议题，而不是使它们更加清晰，我们的整个公共关系系统经常制造更多的"打包的"新闻，更多的假事件①。

伯斯汀将"伪事件"界定为有计划地、植入式地、被引用式地试图得到媒体的报道，他们可能反映或可能并不反映真相，他们制造的新闻与他们制造的事件，有时并非真实的②。值得注意的是，伯斯汀的表达是非常严谨的，在看他来，这些"伪事件"并非公关的全部，也正如布鲁姆所评论的，并非必然有害于现代文明③，但确实是值得人们警惕的。伯斯汀概括了"伪事件"的四个基本特征：

1.从事件性质看，"伪事件"并非自然或突然发生的，而是精心谋划、周密组织的结果。"伪事件"不是太阳升落的日常事件，亦非海啸突袭的偶发事件，尽管它也可能"润物无声"、"悄然而至"或令人"猝不及防"，但一切都是预先设计、安排好的。

2.就目的而论，"伪事件"是为了成就"真新闻"。"伪事件"自谋划之初就是为了上新闻、影响媒体报道、制造轰动效应而来，为了实现这些，就必须具有足够的新闻价值。

3.在制造事件的方法上，"伪事件"借鉴了宣传的"暧昧"原则，即传播意图含混不清。"伪事件"就像舞台上的一场表演，台上高唱的议题、表演的人物和展开的情节，未必是事件制造者当真要推出的符号或意义。如果"伪事件"去除了"暧昧的面纱"，被人们识破了表演的动机，便会立即陷入无趣和俗套。

4.在事件的内容和进度安排上，"伪事件"的实质是一种"自我实现的预言"。事件制造者的神话叙事渐次展开，偶像化的主角闪亮登场，经反复遴选、编排成特定结构的符号占领媒介，并进而渗入公众心智。④

伯斯汀所称的"伪事件"似乎直指伯内斯"制造新闻"的观念与做法。伯斯汀的观点代表了一类人的批评或偏见，他们甚至有的来自公关学界内部。批评者认为制造新闻是一个有悖常识、不合情理的概念，无论怎样为"制造"辩护，人们

---

① BOORSTIN D J. The Image：A Guide to Pseudo-Events in America[M]. New York：Atheneum Publishers，1961：17.

② BOORSTIN D J. The Image：A Guide to Pseudo-Events in America[M]. New York：Atheneum Publishers，1961：11.

③ 格伦·M.布鲁姆.公共关系：英文版[M].10 版.北京：中国人民大学出版社，2013：330.

④ BOORSTIN D J. The Image：A Guide to Pseudo-Events in America[M]. New York：Atheneum Publishers，1961：11-12.

都很难接受其与"新闻"二字并列。"制造"意味着蓄谋图之,而"新闻"则是对真实、客观、自然发生的事实的报道。然而,在公关领域从事理论研究和实践40余年的布鲁姆却认为将"伪事件"与公关画上等号,进而批判公关的合法性是无意义的,没有人可以否认公关事件在争取公众注意方面的重要性,而真正值得批判的是那些为实现不当的个人利益而欺骗公众的假事件①。他在再版了十余次的教程《公共关系》中举了一个例子——"医院主厨大赛"("The battle of the Hospital Chefs",由公关专家Debra Lynn Ross策划),用以说明公关事件并非全然是欺骗、操纵,而是为了促进媒体对医院餐食质量提升的曝光,进而提升公众对此议题的关注②。这一点与伯内斯的"自我辩护"也非常相似,在伯内斯看来,很多媒介事件如品牌庆典仪式、大型营销传播活动和"推广善心"之举,皆属聚合了传播和注意力资源的"真事件",并非为了操纵仅仅服务于组织的意义。

三、公关事件的基本特征

我们通过"医院主厨大赛"这一事件对媒介事件的特征进行梳理:

1.聚合传播要素:新闻价值的凸显

冲突性、接近性、趣味性和重要性是新闻价值的几个要素,人们对医院的餐食一直以来都存在一定负面的刻板印象,比如,昂贵和味道不好。这一事件的设计便从这些冲突入手,旨在突出医院餐食也可以美味、价廉而且营养健康。同时,还邀请了三位芝加哥主厨界的明星坐镇,担任总决赛的评委。

2.顺势而为:借助热点事件的铺垫

"医院主厨大赛"推出之时,美国已经有一档流行的综艺节目"钢铁主厨"(见图7-2),这一节目把人们对美食的热爱、对美食制作的好奇,以及对竞争元素的偏好融合在一起,借助电视直播的呈现,已经在公众心中奠定了一定的基础。而"医院主厨大赛"将如何制造"美味、价廉而且营养健康"这三个限制(具有创造性)的要求加入其中,更加增强了节目本身的吸引力和话题度。"医院主厨大赛"要求每位参赛选手必须将一盘餐食的成本价格限定在4.95美元之内,并且必须

---

① 格伦·M.布鲁姆.公共关系:英文版[M].10版.北京:中国人民大学出版社,2013:331.

② 格伦·M.布鲁姆.公共关系:英文版[M].10版.北京:中国人民大学出版社,2013:330-331.

保证是对心脑血管有益的健康饮食。

图 7-2　钢铁主厨(iron chef)节目画面

3.主题凝聚形成记忆点

这一大赛的主题是"健康、美味、价廉"的医院餐食,同时将健康饮食的概念进行科普,在大赛的前后以及过程当中,都将如何选择、搭配以及烹饪健康餐食的主题贯穿始终,比如邀请主厨回答关于健康餐食的"是与否"的问题;邀请现场观众有奖问答等;现场分发给媒体的资料信息包也是由入选决赛的健康配餐食谱构成的;最后用总决赛获胜的"黄金医院主厨"的名字冠名一系列公益捐助,如将比赛用到的所有厨具都捐赠给一个"无家可归"人士的公益项目。这一比赛已经成为一个年度项目,每一年都会举行,并吸引了越来越多关注健康饮食的组织和个人,而作为主办方的康斯塔集团(Consorta),一个提供健康相关物资的团体采购和资源管理组织,也在这一活动中获益良多,比如增加了大量的媒体曝光,吸引了超过预计的签约采购方、供应商以及年度会议的注册量等。

四、公关事件的策划要点

《公共关系百科全书》指出了策划公关事件的四个要点[①]:

1.凸显新闻价值,旨在吸引媒体关注;

---

① HEATH R L. Encyclopedia of Public Relations[M]. Thousand Oaks,CA: Sage Publications,2005:302.

2.组织与事件之间建立有意义的连接,例如,主打女性消费者市场的健身器材公司策划关注乳腺癌的互动就是较为相关的;

3.建立产品与活动的直接连接;

4.精心的策划和执行使活动独特而具有记忆点。

本书从战略传播视角出发,认为公关事件策划的核心要点是其对传播性的关注,即上述四个要点的第一个要点,公关事件必须首先是具有新闻价值的。但是公关事件区别于一般意义上的公关新闻(或称软文)的关键在于它通过聚焦事件、活动的过程,而为参与者提供直接、亲身、在场、丰富的身心体验。以下我们在整合上述四个要点的基础上,将公关事件的策划要点归纳整理为三个主要方面:

1.聚合传播要素

公关事件实质上是将日常公关叙事中分散的元素凝聚、集中起来,创造性地提炼主题、营造语境、设计情节的传播行为。在常态下,人物、产品、政策和服务等传播素材是琐碎而分散的,而公关事件则借由特定的契机,将它们整合成一个丰满、生动的故事或事件。

这种整合不是简单的元素拼接和组装,而是让不同的"源文本"生成一个崭新的叙事文本,进而转化为新闻文本的过程。譬如,一条产品上市信息可以通过一组广告传播,也可以通过一篇公关"软文"表达,而一次将产品上市与品牌庆典或慈善活动结合起来的公关事件,则可获得更强的传播势能。

正如伯内斯所说,公关事件是"大处思考"的结果。所谓"大处思考",就是让那些单一的元素立体化,让那些乏善可陈的信息生出光彩,让那些平庸的主题得以升腾,让那些散乱的片段连缀成圆满的故事。按照叙事学的说法,公关事件为传播要素赋予了表达的"宏观结构",它能承载更多的意义、发挥更大的功能。当组织的传播要素得以嵌入"宏观结构",组织制造的事件便可能成为社会事件、公共事件,组织利益便可能被表达为公共利益。从接收效果来看,话语理论认为"一般情况下,高层次的宏观结构最容易被回想起来,它构成了一个文本的信息基础"①。

被誉为苏格兰威士忌典范,也被中国消费者戏称为"尊尼走路"的世界著名的苏格兰威士忌品牌尊尼获加(Johnnie Walker),2018 年 3 月推出了 250000 瓶限量版"Jane Walker"(珍妮获加)(见图 7-3),在沿用其品牌形象符号典型设计的同时,将女性元素注入了拥有 200 年酿造历史的威士忌酒品牌中。通过这一事件尊尼获加传递出对女性的关注和尊敬,并在每售出的一瓶珍妮版时捐赠 1

---

① 托伊恩·迪克.作为话语的新闻[M].曾庆香,译.北京:华夏出版社,2004:108.

美元给女性赋权组织。

图 7-3　尊尼获加推出限量版"珍妮获加"

2.事件化传播

尽管公关事件的主要目的是赢得媒体的报道和关注,但是并非所有的公关事件都是以媒体报道为唯一目标。有些事件的目标在于与消费者等利益相关者或目标公众直接沟通[1]。公关事件的价值主要表现在丰富多样的事件化传播上。熊源伟主编的《公共关系学》列举了公关事件的五种主要形式:庆典仪式、社会赞助、记者招待会、形象展览和娱乐联欢。[2]　公关事件的类型当然不仅限于此,政治集会、大型论坛、竞赛选秀、社会运动、集体抗争,乃至社会风尚思潮的兴起和变迁皆可诉诸事件化表达和传播。

《公共关系百科全书》将公关事件列举为:新闻发布会、募款活动、供奉神明、开放参观日、庆祝晚会、颁奖仪式、产品发布会、聚会和会议、高尔夫郊游、贸易展览、比赛、游戏,以及慈善音乐会等[3]。

台湾学者姚惠忠将公关事件区隔为行销型、形象型、公众诉求型、危机因应

---

①　HEATH R L. Encyclopedia of Public Relations[M]. Thousand Oaks,CA：Sage Publications,2005：301.

②　熊源伟.公共关系学[M].第三版.合肥：安徽人民出版社,2003：333-334.

③　HEATH R L. Encyclopedia of public relations[M]. Thousand Oaks,CA：Sage Publications,2005：301.

型和凝聚型五种类型,分别说明如下:①

(1)营销型事件,即推广某种产品、服务、政策或观念的公关事件,常见的形式包括:抽奖、颁奖、折扣、馈赠等奖励性活动;展览、参观、访问、会议等参与性活动;试用、评测、培训、服务等体验性活动。

事件的魅力在于让参与者获得丰富的体验感。例如,上映第一集便吸引了1400万观众,并被称为2017年英国评分最高的电视节目——蓝色星球Ⅱ与AirBnB(爱彼迎,主打高品质民宿短租的网络平台)合作发起了一场比赛(见图7-4),参赛者为这两家合作机构的会员,他们将从这些参赛者中选出两位幸运赢家和蓝色星球节目的摄制组共度三天两晚,乘坐潜水艇深入大西洋,探索并参与拍摄海底的生物。

图 7-4　AirBnB 与 BBC 蓝色星球Ⅱ合作"体验蓝色星球"事件

(2)形象型事件,即建立、维护和提升组织形象的公关事件,如 CIS 系统的设计、征集、发布和形象代言人的甄选、启用等"务虚"策略;高层人事变动、治理结构变革等"务实"举措;赞助慈善、履行社会责任等公益行为;针对竞争对手造势以形成差异和比较优势的舆论行动等。例如,"星球大战"在蝉联多年票房第一被《复仇者联盟3:无线战争》取代之后,在推特发出一条暖心的文字,这一姿态引爆热议和好评:"恭喜,@漫威影业(Marvel Studios)和@复仇者联盟3:无限战争。——来自星球大战@starwars2018 年 5 月 1 日(见图7-5)。"

---

① 姚惠忠.公共关系理论与实务[M].北京:北京大学出版社,2004:237.

Congratulations, @MarvelStudios and @Avengers: #InfinityWar.
pic.twitter.com/PnHfaouOlP
— Star Wars (@starwars) May 1, 2018

图 7-5　"星球大战"在推特上恭喜对手"复仇者"取代自己接棒票房第一

（3）公众诉求型事件，即通过倡导、响应社会公共议题，向社会表达自身立场和利益主张的公关事件，如民意调查与报告发布、示威游行与利益相关团体联合行动、发起社会运动和群体事件等。

（4）危机反应型事件，即在身陷危机的情境下，为应对危机而采取的澄清立场、维护形象、恢复运营等公关事件，如发布危机公告、舆论引导和司法辩护、议题转移、召回产品与抚恤补偿等。

（5）凝聚型事件，即用来内部沟通、增进组织内部共识和凝聚力的公关事件，如餐会、聚会和联欢等轻松、娱乐性质的活动；福利、奖励、晋升等人力资源管理层面的行为；培训、会议、价值观教育等观念培养性质的举措；树立典型和榜样等群体心理和行为层面的努力等。

事件是让参与者感受到组织的个人化风格，让组织中的个人不再脸谱化，事件建立了人与人之间的连接，通过事件相似的人们相聚在一起。

3.公共讨论与集体记忆

公关事件是开放性、参与性的沟通平台。它不仅向媒体开放、调动媒体参与，而且直接与目标利益相关者进行沟通，引发公共讨论，促成参与、体验。制造事件也许是关注度最高、讨论空间最大、参与性最强的一种公关手段。譬如，一些汽车企业通过策划、实施公益事件而动员车主亲身参与其中，在共襄善举的同时加深车主对品牌观念的理解和认同。又如，政府部门在响应型的公共卫生事件中号召民众公开讨论、协同参与健康运动。

在今日互联网时代，公关事件一方面仍然离不开新闻媒体的报道和传播，另一方面亦可直接通过社交网络发起公共讨论和参与。基于开放、对话的观念，公关事件本身即是沟通、协商的媒介和平台，它为讨论和参与而设，未必"为新闻而制造"。

经典的公关事件可在持续、周期性的呈现中沉淀为组织与利益相关者乃至整个社会的集体记忆。人与人的对话，最现成的资源便是共享一套集体记忆，它包含对话者共知的事实、事件,共享的价值信条。组织若可将经典公关构建为集体记忆,便为自己与利益相关者之间的对话与认同创造了近似本体认同的前提条件。当然,那些能够结晶为集体记忆的公关事件,它的理念、主题、内容和展开方式须经得起利益各方长久的检验。

　　Stabilo Boss 是一家生产荧光笔等办公用品的公司,他们发起了一项公关事件,在一些记录经典时刻的黑白照片上用黄色荧光记号笔标注出那些影响历史的伟大女性(见图 7-6),例如凯瑟琳·约翰逊(Katharine Johnson),美国航空航天局的杰出数学家,并曾负责阿波罗 11 号登月的计算工作。

图 7-6　Stabilo Boss: Highlight the Remarkable Women 标记那些历史上伟大的女性

五、公关事件的策划细节

　　公关事件的策划还需注意如下细节问题:

　　1.公关事件是系统性战略传播的一部分,局部要与整体相统一,而同时每一个公关事件应该如拼图一般,相互补充而不是重叠,共同支撑起整体的战略传播方案。从公关事件与公关运动的关系而言,即公关事件应该成为一项更大的公关运动的一部分。注意,在这一点上,我们应该能够将公关事件与运动区别开来。后者依靠的是战略层面的设计,而事件无论在目标、执行乃至符号细节的设计上应与这一更大的战略相统一。关于公关运动的介绍详见本章第三节。

2.公关事件应该同时照顾到媒体和公众的兴趣。注意,满足公众需求、吸引公众注意的事件才能真正调动起媒体的兴趣点。

3.公关事件策划的执行细节包括:

(1)地点和时机的选择,例如室外举行的活动,务必要注意当天可能的天气情况;而时间要注意尽量不与其他重要的活动相冲突;

(2)注册环节、交通以及接待事宜的安排;

(3)场地宣传物料的设置,如何凸显组织的形象;

(4)入场券的设置,如何提供、分发入场券,入场券的设计不仅有助于提高参与者的兴趣,也有助于事件组织者把握出席人数;

(5)场地技术设施的准备,如投影、影像播放、音响、灯光、话筒等的调试;

(6)餐食饮品的提供要符合组织所欲传递的形象和信息,另外,需要注意一些有特别饮食习惯的人群(比如素食、食物过敏等);

(7)娱乐节目的设置,仍然要注意符合事件的主题和组织的形象;

(8)风险预警和管理,是否需要安保人员、救护车、医护人员,消防人员等配备在现场;是否需要注意不可出现在会场的人、需要回避的人员等;另外是否需要购买保险;

(9)事件后的会场整理和垃圾处理,这是经常被忽略的一个环节,而往往能够体现一个组织的形象。

第二节 数字事件营销

作为营销学中的一个重要概念,事件营销或译为活动营销,是指以主题展览或演示的方式,让消费者或用户亲自参与到活动中来,以实现促销产品、服务、某种观念、事业或组织形象的过程。这些活动可以在线或离线发生,使用事件作为营销渠道,可以使潜在客户与公司进行独特的"一手"互动,加深消费者或用户对组织产品、服务、所倡导的观点乃至品牌个性的了解。

数字事件营销可以被视为事件营销因应数字时代而出现的一种新形态,即借助数字媒介(如手机软件、电商平台、社交网络、线上社区、微信等)而进行的事件传播或活动营销行为。正如前文所述,本书我们不想刻意区别公关事件与活动营销,但是请读者注意,前者的概念范畴更聚焦在组织与公众的关系建设上,而后者往往被认为以产品或服务的销售为直接目标,我们不想刻意区别两者的一个关键原因在于它们的本质其实是一致的,即通过用户的体验性卷入,赢得他们的信任,正如本书在开篇章节中便提出,关系是战略性的深度经营。活动营销的核心恰恰在于不将消费者视为产品或服务的购买者,而是回到人与人的沟通、互动乃至更长远的关系建设本身,让企业、组织或品牌像人一样与消费者进行互动,而外在的互动形式则表现为具体的一个事件或一场活动。每一个参与其中的人(无论是作为品牌方代表,还是普通的消费者)都是书写事件(故事)的人,这也体现了本书贯穿始终强调的关键词——共创——的意义所在。

一、数字事件营销的目标和内容

数字媒介时代带来了很多变化,购买决策的实时性、(大)数据流的可追踪性、社交网络提供的人群触及的广度和深度等,都为公关和营销人员提供了新的可能,如何利用数字技术的创新,借助数字媒介实践,提升从活动策划到执行,再到效果评估的精致、可控以及可测性,成为数字事件营销的主要目标。

从内容来看,数字事件营销在基于事件传播(参见上一节)的框架下,亦生发出许多新的要素,图 7-7 呈现的数字事件营销时间线来自一家数字事件营销公司的业务流程介绍,我们由此图可以观察到数字事件营销的一些新内容。

传统意义上的事件营销或公关事件,竟然只是上述时间线的最后一步!而前面的步骤(从事件启动、数据获取、用户分析与再定位,到数字卷入和营销资源投放等)都可以在数字媒介技术的支持下在线上完成。换言之,数字媒介不仅提供了事件传播的新型渠道,而且在整个事件传播的链条上扮演着系统再造的角色。概括而言,这些新的内容要素包括:

1.线上与社交网络的事件曝光

数字媒介技术提供了事件的网络(预)启动平台,通过向社交网络平台投放广告、向目标人群曝光事件,从而增加点击数和转化能力。

2.数据动态分析与评估

数字时代的数据分析,如前述章节所示,不再是一次性的或事后的,而是实时抓取、动态分析,在事件发生的同时记录数据,调整战略方向。

3.通过社交卷入提高互动的广度和深度

社交网络一方面扩展了事件触及人群的广度,另一方面也通过数据分析技术,使受众更加细分,提升了触及的深度,在高度相关的网络平台上不断强化卷入的力度。

图 7-7　数字活动营销时间线

（来源：eventdigitalservices.com）

二、数字事件营销的类型

数字事件,有时也被称为在线事件,指基于网络界面,通过事件将组织者与参与者连接起来。在线事件通常比运营面对面的活动要节省成本,并且可以使组织更为方便地接触到地理位置分散的目标受众。常见的数字事件营销类型包括在线研讨、虚拟事件以及直播事件等。

1.在线研讨。在线研讨是指依托于网络平台举行的互动形式,有助于便利、高效地进行跨区域的交流和合作。在线研讨式的互动在新冠疫情的全球大流行期间显得格外重要。在线研讨通过网络以展演、讨论或工作坊形式进行。它们可以实时发生或按需发生,实时网络研讨使参与者之间能够进行互动,从而提供机会使组织者和参与者讨论希望进行信息交流与意见分享的主题。实时网络研讨通常允许参与者直接向组织者提问。

2.虚拟事件。虚拟事件通过结合教育、网络和交互功能,使位于不同位置的个人能够参与虚拟环境。参与者参观虚拟展位,他们可以在这里收集材料,与员工见面,提出问题,甚至还可以拿起一些虚拟器物。这些程序往往对所有参与者都是实时发生的。

3.直播事件。通过对事件的实时拍摄、播放、流式传输给目标公众,还可以通过在线聊天和社交媒体功能实现实时的互动和卷入,以吸引公众。

三、数字事件营销的流程

尽管数字事件营销可以有不同的面貌呈现,但大体遵循如下流程:

表 7-1 呈现的流程中有几点需要格外强调,读者可以对照列表进行勾选:

表 7-1 数字事件营销的一般流程

中文	英文
步骤 1:确保战略与事件目标的一致	Step 1:Strategy and goal alignment
步骤 2:事件形式:对不同事件的可能进行描述和筛选	Step 2:Event formats:an overview of different event types
步骤 3:预算控制	Step 3:Budget control
步骤 4:事件推广与执行	Step 4:Event promotion
步骤 5:事件策划和逻辑梳理	Step 5:Event planning and logistics
步骤 6:执行事件后的最优实践	Step 6:Post-event best practices
步骤 7:衡量效果并评估投入产出比	Step 7:Measuring success and evaluating ROI

1.战略往往相对宏观,而事件需要设定更明确、更具体的目标,比如,通过这一事件,实现某些具体的目标包括:

(1)知识和态度层面的影响;

(2)行为的改变;

(3)增加对特定问题(或议题)的曝光度及公众对其重要性的认知;

(4)影响公众对社会议题的感知,提升对议题之责任归因的认知;

(5)增加与解决方案有关的知识;

(6)影响对相关政策或政策制订者的评价标准;

(7)对公众进行赋权以推动相关政策的发展等。

尽管公共关系运动的很多效果是无法量化的,但是在营销领域,事件的策划者往往希望能够用更加量化的方式去评估事件的效果,例如:

（1）转化率提升百分之 X；

（2）使某一特定人群的癌症筛查率提升百分之 X；

（3）提升某类手机软件的下载量达到 X；

（4）推动公共政策执行，如室外区域实现全面禁烟；

（5）将公众号文章的点击率提升百分之 X 等。

2.事件营销需要更加明确地确定目标受众

西泰尔在《公共关系实务》一书中，将受众调研的问题具体陈列为[①]：

（1）如何识别和定义受众群体？

（2）如何将与受众有关的知识与信息设计结合在一起？

（3）如何将与受众有关的知识与项目设计结合在一起？

（4）如何将与受众有关的知识与媒体选择结合在一起？

（5）如何将与受众有关的知识与媒体时机结合在一起？

（6）如何将与受众有关的知识与最终战略结合在一起？

3.建立更清晰的内容层次

4.查看并选择适合的媒介或渠道类型，思考如何将数字渠道与非数字渠道实现融合和组合战略

上述两点我们可以通过一个案例来进行整合性理解，2018 年正值中国改革开放 40 周年，由人民日报新媒体发起的致敬改革开放 40 周年创意体验馆——"时光博物馆"（见图 7-8），利用信息的组合拳和线上线下渠道的整合，成了"爆款"。

a   b

图 7-8 时光博物馆

（来源：人民日报新媒体）

---

① 弗雷泽·P.西泰尔.公共关系实务[M].第 12 版.北京:清华大学出版社,2017:160.

首先,在信息层次上,"时光博物馆"以展演结合互动的信息呈现,既展示了改革开放40年来人民衣食住行等生活方式的变迁,又通过互动的方式,让人们在馆里将40年的记忆变成可触碰、可感知的实体,让游客们置身于鲜活的历史当中,亲身体验历史的变迁。

在展演层面:时光博物馆内设五大主题展馆,其中包括反映改革开放40年来人们衣食住行变化的时光杂货铺、奇妙时空屋、年代照相馆和岁月交通局以及浓缩北京市民生活图景的特别展览——声音博物馆与"丢失的时光"主题影像展。这里有由人民日报40年来报道的重大新闻标题组成的"时空隧道",还有儿时一放学就想去买的大白兔、北冰洋、贴纸、毽子、玩具。每个人都可以找到对应曾经历过的时代的"归属感"和荣光①。

在互动层面:产品陈列注重交互,在交互中让人们置身于鲜活、可触碰的历史当中,唤醒记忆和为之骄傲的情怀,有胡同里的吆喝声、小贩的叫卖声、磨剪子磨刀声等各种"老北京声"回响,还有陪伴我们成长的电视剧、音乐等,让人犹如乘上时光机器,加之艺术、黑科技,带给国人视觉、听觉、味觉、嗅觉、触觉的沉浸式体验。

其次,在线上线下渠道的整合上,借助线上话题预热、H5传播,配合释放短视频,以"时光故事"激活大众参与的积极性,积蓄已久的势能,最后集中体现在10月26日—30日"时光博物馆"线下活动上,整个活动在线下人群的聚集中达到高潮。据报道,每天有上千人排队4~5个小时等待进入博物馆"打卡",而游览的人群又通过微博、微信朋友圈、短视频、视频直播等多渠道第一时间把自己的时光定格和时光故事分享给更多的人。

5.效果评估不要只盯着ROI

关于战略传播的效果评估,1996年,威尔逊(Laurie Wilson)提出要培育"公关新思维",这些新思维被他称为"战略性社群合作模式"。该模式的五项主张对战略传播的效果评估提出了要求,当然也适用于我们思考更为具象的事件营销:

(1)要有长远愿景,把握未来数年甚至数十年的潜在议题,并预先与目标对象建立关系;

(2)对所处的社群做出承诺,并给社群带来利益;

(3)强调人的重要性,重视人的价值与尊严,并信任、敬重部属;

---

① 廖秉宜,金奇慧,姜佳妮.2018年度中国最具影响力的十大数字营销传播案例[EB/OL].[2022-09-02].https://www.sohu.com/a/287775411_120051662.

（4）以合作方式解决问题，强调整合团队的智慧和力量；

（5）与所有公众建立关系，并以平等、互信为准则，让所有人皆能获得满足。

在威尔逊提出上述主张的前一年，班克思提出了检视公关效果的八项整合性标准：

（1）是否强化了参与者（组织自身、目标对象和其他利益相关者）的自我意识和身份认同？

（2）是否确认了参与者的文化认同？

（3）是否增进了不同利益团体之间的关系？

（4）是否实现了各团体的目标诉求？

（5）是否涵盖了沟通的内在特质——譬如达成共识、解决问题，而非仅将沟通视为告知或改变他人态度的工具？

（6）是否适应了特定的沟通语境？

（7）是否接纳利益相关者对议题解释的多样性？

（8）是否保持开放的观念和开阔的眼界，做好修正、改善自身政策的准备？

威尔逊、班克思皆以更宏大、长远的视角审视战略传播的效果评估，强调人的价值、社群的利益和文化的多样性对于评价有效的战略传播的重要性。有效的战略传播应该获得这种战略观、系统观，寻找转机、改善自己，并且证明自己的存在以及"我为什么存在"，而非仅仅聚焦于短期的、功利性的指标，例如仅仅以媒体的曝光量、用户的点击量来衡量营销、公关的成败优劣。

第三节　公关运动

与事件营销或公关事件相关的另一个概念是公关运动。这一节我们引介公关运动的概念，目标是启发大家以更为系统化、战略性的思维，扩展对单个事件的理解。

公关运动是针对特定目标公众的一系列信息传播的战略化设计，以在特定时间段内对可能给组织带来正面或负面影响的情境做出反应[①]，公关运动有时

---

① HEATH R L. Encyclopedia of Public Relations[M]. Thousand Oaks，CA：Sage Publications，2005：109-110.

是包括多个媒介事件的跨场景、跨媒介的策略组合。

公关运动的构成既包括有偿信息和无偿信息的综合运用,也包括公关事件的策划(比如新闻发布会、媒介事件等)。由此可见,公关运动相较于公关事件而言,涉及的策略范围更广,运用的策略也更加丰富,更重要的是,公关运动是一种更加高层次的战略应用,持续的时间可能相较于单一的媒介事件更长,甚至可能是多个媒介事件的整合运用。

公关运动的发起方可以是营利组织,也可以政府组织、个人或非营利组织。既可以针对有利于组织或个人形象的原因发起,也可以针对负面的危机发起。目标公众可以是小范围的一个组织内部的员工,也可以是跨国的多元公众。

值得注意的是,并不是媒体的大范围报道就必然是公关运动(引起的)。一场自然灾害、企业造成的生产事故等,都可能引发媒体的广泛关注和报道,但是只有当组织有目的、有意识地针对这些事件、事故进行策略性地回应或主动的传播沟通时,才进入公关运动的范畴。

《公关百科全书》提出了公关运动的概念模型,这一模型包括三个要素:

1.公关运动的情境

运动的情境指的是公关运动发起的原因是基于正面的信息输出、形象塑造,还是基于负面的危机回应。前摄的、积极性公关运动主要指旨在提升组织正面形象、宣扬某种主张的公关运动,例如,提升员工福利待遇、公益捐助、企业社会责任活动等;而被动的、负面事件或危机中的公关运动,其目的往往是为了修复受损形象、纠正谣言或虚假信息等。

2.组织的性质

组织的性质包括营利与非营利的区分、政府与企业的区分、个人主导与组织主导的区分等,不同的组织类型发起公关运动的目标和策略也不尽相同。

3.目标公众的特质

目标公众的特质也将影响公关运动和沟通方案的设计与执行,在调研章节我们已经介绍了公众分类对于公关策略流程的重要意义,这里不再赘述,需要强调的是,公关运动的目标公众不只是消费者或者服务的使用者,还可能包括员工、投资者、社区居民、媒体、选民,甚至竞争对手。

这三个要素是公关运动策划需要注意的三个重要方面,也是界定、区隔不同公关运动的关键变量。

公关运动的类型也主要由上述三个因素决定。主要类型包括:

a.商业运动:以营销、广告、公关为目的;

b.社会议题运动：以倡导某一社会议题为运动目标；

c.政治公关运动：以争取选民或促进某一政治议程的推广为目标。

这里需要区分的是，商业运动中的公关运动和社会议题运动有时往往难以做到界限分明，比如，宝洁旗下的护舒宝品牌推出的"向女孩一样"行动（见图7-9），既是抛出一个重要的社会议题：社会的刻板印象是否约束了女孩们的发展，而女孩们应该如何面对这些束缚发展自我？又是护舒宝针对目标女性消费者展开的组织形象塑造的公关运动。

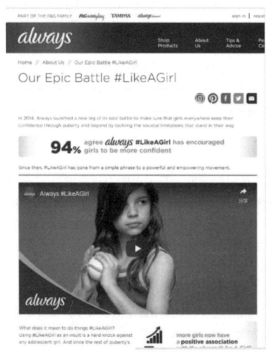

图7-9 "像女孩一样"公关运动网页　　　　"像女孩一样"公关运动视频

为什么组织喜欢运用社会议题运动来联结组织形象？我们从媒介事件一节可以管窥一二——社会议题具有新闻价值，能够引发媒体和公众的社会讨论；另外，也会使企业的盈利目标得到淡化，更好地产生"潜移默化"的说服效果。

接下来，我们从公关运动模型的三个要素来分析一下这个案例：

宝洁旗下的护舒宝品牌其消费者群体自然是女性，但这一运动的前摄情境在于面对更具竞争力的行业对手、同质化愈加强烈的女性卫生用品市场，护舒宝决定聚焦伴随着社交媒体时代成长起来的千禧年一代的女孩们，她们身上所呈现的更加独立、更加追求自我实现的社会文化思潮铺设了这一运动的文化情境。

通过公关运动与社会议题运动的结合,这一运动的主题定位在为女孩们赋权上。Always ♯LikeAGirl campaign(总是像女孩一样)巧妙地运用了 Always(护舒宝)品牌符号与修辞符号,"总是"凸显了女孩们自我实现、突破性别"刻板印象"的持续努力和追求。♯标签的运用意味着从这一场运动从一开始便被设计为旨在发起社交网络的话题讨论,通过携带这一标签,目标公众群体被卷入、参与进对话中。

为了让这一运动更加具象化,护舒宝邀请了好莱坞著名导演,以纪录片的方式拍摄女孩们如何描述生活中遭遇的"偏见",如何在"偏见"中挣扎,试图校正自我的行为(例如放弃某种爱好和追求),最终如何重新找回自我,坚持自我梦想的过程。视频的最后,以女孩们踢倒、踩碎写着"世俗偏见"的纸箱这一极具象征意义的行为场景收尾。

媒介事件与公关运动的一个重要区别是后者是一系列信息传播、媒介事件的综合运用,在纪录片式主题视频(见图 7-10)投放在社交网络上后,♯LikeAGirl 运动顺势推出了社交媒体表情包系列活动(见图 7-11)。与此同时,这一公关运动在为女孩赋能的主题下,进一步聚焦在女孩与体育运动上,提出"always keep playing"(持续运动)口号和宣导视频(见图 7-12)——"女孩要持续运动,因为运动可以让女孩自信"。

图 7-10 女孩踢倒写着"不勇敢"字样的纸箱

图 7-11 ♯像女孩一样表情包

图 7-12 ♯像女孩一样持续运动   ♯像女孩一样持续运动视频

从战略思维去创建数字事件营销应注意避免陷入以下常见误区：

(1)欠缺一致性思维，即总体战略与数字事件营销方案不匹配；

(2)欠缺开放意识，即不能动态地根据情境变化对方案进行调整，或不愿意接受策略的调整，或过度保护品牌而不能接受受众对品牌意义的共创性输入；

(3)欠缺对受众的洞察，如未能了解国际公众的文化差异，或不了解某一网络社群的偏好等；

(4)欠缺大数据意识，没有意识到对活动期间的实时数据抓取与分析，未能基于数据分析结果去调整策略；

(5)欠缺对数字媒体的了解，如仍然以传统媒体的方式对待数字媒体平台的事件推广，或欠缺将在线与线下媒介渠道进行整合运用的思维；

(6)欠缺事后完整的、立足长远的评估机制，如仅关注测量点击率、转化率等指标，而忽视了更深层次的用户心理变化、组织与公众关系的变化研究等。

【思考题】

1.案例分析(案例介绍来自搜狐①)

2018年3月,天猫联动RIO鸡尾酒、六神、周黑鸭、御泥坊等一众国民品牌进行脑洞大开的跨界合作,开展天猫国潮主题活动。其中,老字号品牌六神选择了同为玻璃瓶身、同为酒精产品、同样具备清凉关联度的RIO展开深度产品合作,定制了一款"六神风味的鸡尾酒",一时间成为极具话题性的爆款单品(见图7-13)。

首先,RIO六神鸡尾酒跟随天猫亮相全球最大的酒展Vinexpo,猎奇的口味和出人意料的合作引起了消费者的关注。其次,联合Vogue拍摄时尚大片,塑造产品和品牌的年轻化形象。再次,通过两家品牌的官微互撩,助力网络CP推广,并且在线下开设酒吧快闪,借助头部KOL及媒体放大声量。最后,通过专业的UGC味道评测视频和持续的话题营销,撩动大众对六神风味鸡尾酒的好奇心。

图7-13　六神风味的鸡尾酒

---

① 廖秉宜,金奇慧,姜佳妮.2018年度中国最具影响力的十大数字营销传播案例[EB/OL].[2022-09-02].https://www.sohu.com/a/287775411_120051662.

据六神官方数据，在产品亮相半小时后即引来 4 万＋围观，新客占比高达85％。6 月 6 日零点一开售，17 秒内，2500 瓶瞬间秒光。其后两次发售也都被一抢而空，并全面带动整体销量，天猫国潮活动期间六神花露水售出累积超 40万瓶，稳居类目第一。

了解以上案例，从数字事件营销的角度来分析这一案例为何会产生上述效果？讨论诸如六神与 RIO 的品牌联动事件是否会影响品牌意义？如果让你进一步借助数字媒介平台推广这一事件，你会如何进行创意？

2. 找到一个近年来发生的、你认为失败的数字事件营销，从本章介绍的理论内容中去分析其失败的可能原因。

第八章
让公众深度
卷入：社交
(小)游戏

【本章提要】

1.了解电子游戏的进化史；

2.了解社交(小)游戏的概念,社交游戏的用户特征、两个核心层；

3.掌握社交小游戏设计的要点；

4.结合案例了解社交小游戏在战略传播实践中的应用,并思考其未来可能。

【先导案例】

2018 年 3 月 2 日,微信"跳一跳"小游戏内上线了印有耐克商标的基座(见图 8-1),引发了行业关注,玩家跳到耐克基座上就可以加 20 分——这类加分设计在"跳一跳"中还出现在唱片机、下水道井盖、便利店等基座上,据称耐克花2000 万买到了在"跳一跳"呈现三天的机会。

微信"跳一跳"作为 2018 年现象级的国民游戏,数据显示,春节期间小游戏同时在线人数最高达 2800 万人/小时。不少品牌也开始与"跳一跳"进行合作。当玩家跳到标有耐克的盒子上时,盒子的颜色会由橙色变成白色,并出现"Nike React"的字样。"Nike React"是耐克最新研发的泡棉技术,主要应用于篮球鞋和跑步鞋的缓震,正与"跳一跳"跳跃的感觉不谋而合。

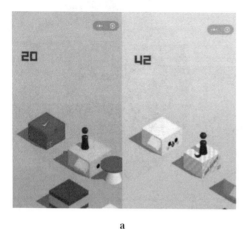

a   b

图 8-1　微信"跳一跳"与耐克的合作

第一节　社交(小)游戏的出现

先导案例中耐克的广告投放与传统的在游戏中插入广告有何区别？

其实，游戏里面放入广告并不新鲜，谷歌专门收购了一个公司 Adscape 来做游戏内的广告，不过至少三个原因使游戏内的广告市场并不繁荣：

第一，从游戏公司来看，游戏公司通过收费或者道具就可以获利，没有动力去促进游戏内广告业的发展；

第二，从玩家来看，游戏的主要用意在娱乐或流畅的游戏体验，插入传统的广告很可能影响这种体验而产生广告回避或者负面评价。想象一下，一个弹出广告强制中断游戏，将会如何影响玩家的体验？

第三，从广告主来看，广告主一般更在意广告的转化率，即点击广告形成购买，而游戏内广告跟普通网页不同，用户在玩游戏的时候几乎不会点击广告，进而形成转化。这样看来，广告主也不太有动力向游戏场景投放广告。

不过，我们回到微信"跳一跳"和耐克的这次三天的合作上再来看一看：首先，对于广告主耐克来说，根据微信的数据显示，小游戏同时在线人数最高曾达2800万人/小时，耐克的曝光量应该不小，更重要的是，与"跳一跳"的合作成了大家都在讨论的话题。另外,从品牌或产品的契合度来看,这一次合作是为了强调耐克主打的"跑起来像弹簧一样",显然"跳一跳"与这一理念是契合的。[①]

那么,"跳一跳"与人们脑海中传统的电子游戏有何不同? 为了回答这一问题,我们要从电子游戏的发展历史说起。

一、从电子游戏进化史理解社交(小)游戏的出现

游戏体验离不开体验的场景,而从场景的变化来分析游戏的发展变化可以为我们获得一些超越技术本身的视角。

从场景来看,电子游戏的发展大体经历了如下阶段(见图 8-2):

第一阶段:"客厅场景"游戏,以 X-BOX 为代表,往往是一家人或一群朋友一同聚在客厅,通过手柄、屏幕感应等形式捕捉玩家的动作进行游戏;

第二阶段:PC 电脑端与"网吧场景"游戏,以 MMO(大型多人在线)、MMORPG(大型多人在线角色扮演游戏)为代表;

第三阶段:"公交车场景"游戏,以 PSP (Playstation Portable)、NDS (Nintendo DS)等掌机设备端逐渐开始走入人们的生活为代表,这些游戏设备的便携性使很多玩家开始在公交、地铁等交通工具上游戏;

第四阶段:"脸书场景"或"办公室场景"游戏,伴随着社交网络平台的出现与发展,植入脸书、腾讯 QQ 等社交媒体平台的社交(大)游戏开始风靡,如人人网的"开心农场"。

第五阶段:"等红灯场景"游戏,基于手机端、平板端,甚至基于应用端、微信小程序的,更加轻量型的社交(小)游戏的出现代表了我们正在经历的新阶段。正如先导案例中微信小程序的"跳一跳",人们在等红灯的短短几十秒间就可以玩一局(当然考虑到安全我们不推荐这样做)。

除了从场景的视角来看电子游戏的发展演变,还可以从用户的角度来看。

第一阶段:单人游戏时代(1980 年至 2000 年),指称以电脑为主要媒介的单人游戏。玩家画像被描述为由富裕的青少年硬核宅男构成,年龄在 23 岁左右。

第二阶段:多人游戏时代(2000 年至 2010 年),随着大型多人网络游戏的流行,人们发现和线上其他人(包括网络上的陌生人)一起玩游戏远比独自玩更好,

---

① 罗超频道. 耐克 2000 万拿下微信跳一跳的处女广告,只有 3 天,钱花得冤吗? [EB/OL]. [2022-09-02]. https://36kr.com/p/1722312638465.

因此玩家的年龄范围逐渐扩散，女性玩家加入，但仍以男性为主。该时期的游戏的痛点是"同时在线"，例如在游戏中需要组队完成任务，那么以"网吧"作为场景便能够满足多人同时在线的要求。盈利模式（货币化方式）主要为购买软件、光盘等一次性消费、订阅费，以及虚拟商品购买（包含购买武器等功能性消费与购买服装配饰等非功能性消费）。

第三阶段：社交与手游时代（2010年至今），社交游戏和基于移动端的游戏出现，用户群体无论在性别还是年龄上分布更加多元。玩家们在"被连接"的基础上，发展着异步游戏的功能（即并不要求玩家同时在线）。游戏的货币化方式主要以应用商店购买付费和虚拟商品消费等微交易为主。

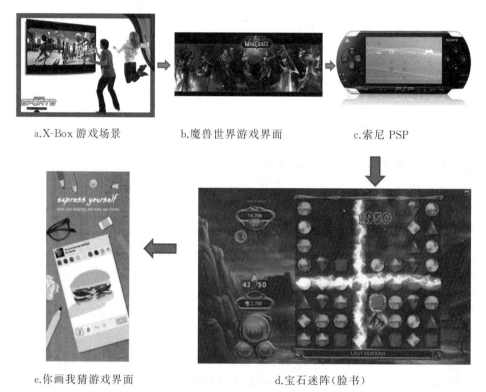

a.X-Box游戏场景　　　　b.魔兽世界游戏界面　　　　c.索尼 PSP

e.你画我猜游戏界面　　　　　　　d.宝石迷阵（脸书）

图8-2　电子游戏进化的五个阶段及其代表性游戏和媒介

以"跳一跳"为代表的社交轻量级（小）游戏的出现，使广告主找到了新的战略传播模式。微信平台的基础是社交，同时实现了与诸多服务的打通（参看本书第十一章），既可以发红包、代金券等，也可以直接进入商店模式进行消费，这些整体生态性的结构模块使得微信小程序游戏内部可以做出与单纯点击的广告策略不一样的互动效果。仍以先导案例来看,当玩家跳到一个基座上,微信可以直接给玩家发放一个品牌的优惠券或现金红包,等一局游戏结束后,进行累计进而促进消费转化,这样不仅回避了传统插入式广告的干扰性,也在品牌与效果上具有了双重价值。

对于微信这一平台,"跳一跳"与耐克的合作其实也是在释放一个信号,让广告主看到小程序或者小游戏的商业潜力。微信的战略是通过小游戏带动小程序生态的繁荣,那么通过类似"跳一跳"的小游戏可以向商家们展示新的玩法和新的变现策略,因此,这次短暂的三日合作,对于广告主耐克、微信、享受到娱乐体验又拿到优惠券的玩家,便可以说是一次共赢。

上面我们通过简要回顾电子游戏的发展历史,结合"跳一跳"与耐克的合作案例,引出了社交游戏和社交"小"游戏两个概念,那么这两者到底有什么区别呢?

二、社交游戏与社交小游戏的区别

社交游戏(Social Game)是指"游戏中的用户与其玩家的互动有助于推动游戏的普及、有助于留住玩家,并且通过特定的外部社交网络来实现这一目的"[①]。

上述定义不仅强调了依托游戏世界发展的社交、互动功能,也强调游戏外部既有社交网络的作用,如借助社交网站平台(如脸书、微信生态圈等)现存的社交网络,使社交游戏获取更多用户、留存更多用户。前者主要通过创建游戏自己的社交网络(如论坛),而后者则是指利用已有的社交网络的力量来驱动用户流量。其实后者格外重要,特别是对于一个新的社交游戏诞生和推广的早期阶段而言。因为前者需要足够的用户规模来创建"网络",创建一个生态系统往往需要数十万计的玩家,需要这个游戏世界足够大;另外,一个新的游戏想要吸引那些最初对游戏不感兴趣的人很困难,开发内部网络本身也存在很大的挑战。

需要注意的是,这些存有海量用户的社交平台并不局限于我们脑海中固有的平台形态,如脸书、QQ或微信等;其实诸如美团网、滴滴打车、哔哩哔哩、虎牙直播、知乎等平台都有培育社交网络的机会(见图8-3),那么嵌入社交游戏后亦可能变换出战略传播的新玩法。

---

① 蒂姆·菲尔兹.手游与社交游戏设计——盈利模式与游戏机制解密[M].谢甜甜,译.北京:电子工业出版社,2016:8.

移动游戏获取渠道多元，以线上渠道为主　

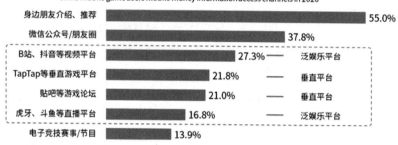

图 8-3　2020 年中国移动游戏用户手游资讯获取渠道

（来源：艾媒咨询）

当然，传统社交媒体平台的强大和对社交网络建构的系统性，使得很多早期的社交游戏都是嵌入在脸书、QQ、人人网等传统社交媒体平台上。如 2010 年，宝开（PopCap）公司开展了一项研究，调查美国和英国的游戏玩家，这项研究就将社交游戏玩家定义为："每周在 Facebook 等社交网络上至少玩一次游戏的用户。"[①] 该研究还表明，典型的社交游戏玩家为 43 岁女性。宝开公司认为，呈现这样的用户画像可能的原因是：这类社交游戏较为自由，容易掌握和提高，没有太多暴力元素（见图 8-4）。

然而，游戏产业网站（GamesIndustry.com）也曾于 2010 年针对 13000 名年龄 8 岁以上的玩家进行调查，结果却显示，美国社交游戏玩家的平均年龄为 29.2 岁，国际玩家更年轻一些，平均年龄 26.8 岁，但调研发现的玩家画像在性别上与宝开的调研结果相一致，女性数量多于男性，60% 的社交游戏玩家为女性。女性玩家是否在社交游戏时代已经超过男性？ CNN 在 2010 年开展的调查数据中提

---

① 蒂姆·菲尔兹.手游与社交游戏设计——盈利模式与游戏机制解密[M].谢甜甜，译.北京：电子工业出版社，2016：80.

a."疯狂水族馆"游戏界面（宝开出品）　　　b."乡村度假 2"游戏界面（Zynga 开发）

图 8-4　代表性社交游戏举例

示我们，无论玩家的平均年龄还是性别，不同游戏差别均较大。

与依托于社交网络平台的社交游戏相比，当我们强调社交小游戏的"小"时，则更多是在突显其轻量型、碎片化体验的特点，从媒介载体来看，这类"小"游戏因为经常嵌入手机、平板等移动端，或者以应用或小程序的面貌出现，也经常会与"移动游戏""手游"等概念混用。其实命名只是为了人们在沟通时能够节省解释的成本，当我们理解了社交"小"游戏的核心在于社交、互动以及轻量，就足以和其他类型的游戏进行区分了。那么有的同学经常会问一个问题，类似 QQ 斗地主一样的游戏，算不算社交小游戏呢？这个问题其实反映了同学们的两个困惑：

第一，如果构建游戏的平台非常庞大，这种游戏到底小不小？

第二，我看起来只是在跟自己"玩牌"，甚至没有发生任何社交类型的互动，到底算不算"社交"？

首先我们来回答第一个问题。"小"或者轻量，更多是从玩家端强调体验的"轻便性"，这一游戏是否能够在上文提到的"等红灯"场景中，利用碎片化的时间随时开启和中断游戏？也不需要呼朋引伴，"攒一个局"才能开始游戏？那么从这个意义上来看，斗地主这类卡牌游戏就可以被称作"小"游戏，而不论它是腾讯旗下的 QQ 斗地主，还是阿里巴巴的淘宝斗地主。我们进一步从数据来看，11％的手游玩家在卫生间玩游戏，31％的玩家在床上玩；57％的手游玩家每天都玩某种游戏；54％的玩家每天玩游戏的时间多于 1 小时。

第二个问题，社交小游戏也好，社交游戏也罢，都离不开社交二字，从定义上我们看到，这类游戏首先必须依托社交网络，也就是通过某种关系连接起来的一个个用户构成社群空间（参见本书第四章）。但是社交网络中的每一个用户并不一定必须与他人发生互动，或者说社交网络并不依赖于互动行为而发生，只要连接和节点存在，就构成社交网络。手游或者移动游戏，或者说社交小游戏的魅力或许也恰在于此，人们喜欢在一起玩，却不必要进行实时的互动（注意这与此前的多人在线游戏的区别，玩家需要实时聊天，形成宗派、公会或其他形式的社交组织以达成共同的任务或使命）。在社交（小）游戏中，即使人们没有发生互动，令人兴奋的是，他们也处在一个社群之中，自觉或不自觉地成了社群的一部分。

由于社交游戏与社交小游戏的概念在很多时候重叠在一起，当大家理解了"社交"和"小"的含义之后，我们就没有必要再强行区分这两个概念，因此，后文我们采用社交（小）游戏的方式或者社交游戏的方式来指代这两种游戏形态。

第二节　社交（小）游戏的两个核心：社交层与游戏层

手机游戏开发公司 Scvngr 的首席执行官塞思·普瑞巴什（Seth Priebatsch）在 TED 演讲《打造一个世界之上的游戏层》（见图 8-5）中将社交游戏的结构概括为两个核心层：第一层为社交层，即包含人们之间的关系链，将用户连接起来；第二层为游戏层，即以游戏的方式，从更深层次上影响用户行为。

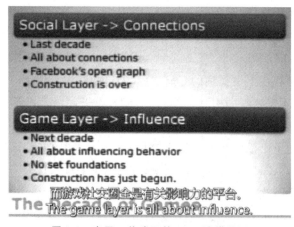

图 8-5　塞思·普瑞巴什 TED 演讲界面

演讲视频二维码

一、社交层

社交游戏的目标是实现用户的互动,通过用户的互动获得新用户并实现新用户的留存,它不一定是实时、同步的互动,但没有任何交流、援助或者阻碍其他玩家的途径的单人游戏产品,是不能被定义为社交的。社交游戏令人兴奋的点并"不是大家在一起做什么,而是自己成为社群的一部分这一观念"[①]。从这一点来说,尽管QQ斗地主从定义上属于社交游戏,却不是社交层得到充分发展的社交游戏。

星佳(Zynga)创始人马克·平卡斯(Mark Pincus)提道:"优秀的社交游戏就像一场盛大的鸡尾酒派对,为了吸引派对上的所有人,你必须提供丰富的内容,让所有人都乐在其中。"[②]这强调了用户的多元性,要求设计者考虑游戏是否足够方便、足够丰富。例如,吸引女性玩家的加入,并不意味着游戏应该设计出分享、鲜花、动物等元素,或者到处运用粉色,与其让"女性应该喜欢什么"的刻板印象误导,不如思考哪些共性的、普世化的主题能够迅速吸引多元用户,跨越文化、性别与年龄的界限而引起共鸣。换句话说,成功的社交游戏需要有一个价值内核,它能使游戏更具持久的生命力。

对此,提姆·菲尔兹(Tim Fields)给出了以下三点建议:

第一,社交游戏应该很方便邀请朋友来玩,特别是希望抢夺用户碎片化时间的小游戏,要保持这种简单,因为在移动社交领域,人们寻求的是一种快速、方便的短暂乐趣;

第二,设计引流方式和社交元素使游戏能够在用户的社交网络中扩散,并增强老玩家的黏性。简言之,为玩家提供动机促进用户基数的维系和增长。比如在一些游戏中会出现"轮到你了""等你出牌""给你好看"等语句,能提示用户正在与其他人同时进行游戏,并在等待你的回应,同时与其他用户之间也存在一定的竞争关系。通过社交互动激发用户能够定期回到游戏平台,即使不是进入游戏本身。例如,淘宝平台采用淘宝金币的奖励方式,来促进用户使用每日打卡的

---

① 蒂姆·菲尔兹.手游与社交游戏设计——盈利模式与游戏机制解密[M].谢甜甜,译.北京:电子工业出版社,2016:11.

② 蒂姆·菲尔兹.手游与社交游戏设计——盈利模式与游戏机制解密[M].谢甜甜,译.北京:电子工业出版社,2016:82.

方式,通过浏览商品、玩一局斗地主或消消乐等换取一定数量的淘宝金币;

第三,游戏应该在社交层面与用户真实的社交生态系统或框架相互促进,即仿真性,这一点在将社交游戏与战略传播进行结合时尤为重要,毕竟我们并不只是单纯地为了开发一款游戏,而是希望能够借由游戏激活和发展真实世界中人与人之间的社交关系。

接下来我们看看一家冰球俱乐部是如何通过开发一款社交小游戏回应现实问题的——由 Hockey Club Davos 出品的"Rink Bingo"小游戏(见图 8-6),是冰球俱乐部开发的应用程序,当观众到线下观看冰球比赛时,可以通过这个应用对冰球的结果进行预测,预测成功就能够获得食品、纪念品的优惠券。通过这样的方式,一方面能够带动周边商品的销量,另一方面也组建了一个基于冰球游戏和爱好的社交网络,成员们不仅能够玩游戏,还能够获得有关冰球运动或比赛的最新资讯。这一应用在 2016 年荣获全球广告业界最受推崇的国际性广告大奖赛之一——克里奥国际广告奖(Clio Awards)金奖[①]。

图 8-6　"Rink Bingo"小游戏

玩法介绍视频二维码

① Clio awards. Hockey club davos rink bingo[EB/OL].[2022-09-02]. https://clios.com/awards/winner/13215.

二、游戏层

塞思·普瑞巴什的 TED 演讲中提到了四种能够驱动玩家的游戏机制:约定机制、影响力与身份、进度与奖励、社群机制。

1.约定机制:是经济学原理在游戏世界中的体现。强调利用资源的有限性来增强游戏的乐趣和动力。让用户能够通过战术和战略最大程度地利用有限的资源来进行游戏。比如在"植物大战僵尸"中,游戏对场地、时间、阳光等资源进行约束,并将时间与阳光进行联结,其实正是真实世界中"时间就是生命"的反映。有的游戏也会通过这种资源的有限性和约束感来刺激用户继续玩或以充值、购买道具等方式突破这些限制。

2.影响力与身份:游戏既观照现实,又超越现实,用户能够在游戏中实现自己的梦想、完成现实生活中不(可)能完成的事。例如在"上古卷轴"(Elder Scrolls V: Skyrim)这款角色扮演类游戏中,依靠宏大而完整的世界观设定、精美的游戏画面和细节设计吸引了大量玩家——既能打败现实中不存在的怪兽,也能在潜行时听到脚踩落叶的声音。

现实与超现实的融合是很多游戏需要平衡的关键点,另外一个代表作是 2018 年出现的一款"恋与制作人",这款游戏的定位为"专为女性用户打造的全新超现实恋爱经营手游"。"超现实"不是脱离现实,而恰恰是指既有贴近现实生活的游戏剧情和细节设定(例如发短信、打电话、朋友圈等),也能以第一人称的形式体验与游戏角色发展恋爱关系的"理想"情节,而如果想要尽快解锁剧情、获得角色卡牌,与游戏角色建立更为深刻的羁绊,便需要用户支付一定的费用。

值得注意的是,作为面向女性受众的一款游戏,"恋与制作人"曾被指没有摆脱对女性的种种刻板印象,其春节期间上线的宣传广告中,被指称游戏官方不尊重用户。她们认为自己并未模糊现实与虚拟的边界,更不会认为自己真的在谈这场恋爱。而广告中的女性玩家在面对父母催婚时,回答出"我男朋友叫李泽言"。有分析指出:"姑娘们是沉迷于李总裁、许教授的魅力没错,但是她们并没有模糊掉现实与虚拟的边界,更不至于真的认为自己在谈这场恋爱。恋爱游戏之所以吸引姑娘们,不是因为她们妄想虚拟的感情甚至不能自拔,而是她们注重情感参与。"①

因此，在游戏中做好真实与虚拟的平衡也十分关键。

MMORPG（大型多人在线角色扮演游戏）常常作为用户寄托精神情感的虚拟世界，而现实世界中的悲剧也会让玩家走到一起。2020年4月，"最终幻想14"的一位玩家Ferne因感染新冠病毒去世，她所在的游戏社区以及游戏好友决定组织一次送殡游行来寄托哀思。穿着黑衣、撑着伞，上百名玩家加入了这场十分具有仪式感的游行，它展现了游戏能够在线上集结起生活中可能毫无交集的人，为需要的人们传递温暖与支持（见图8-7）。

图8-7　一群玩家为新冠肺炎疫情中逝去的公会伙伴送葬（"最终幻想14"游戏中的界面）

而在Steam平台上发售的"漫长等待"（The Longing）游戏的一个核心机制就是与真实世界等长的时间，它要求玩家在度过真实的400天后才能通关游戏。在游戏设计中，仅有一个环节能让时间变快，那就是读书，这里便嵌入了一个核心价值：在与书的对话中，时间是会变快的。

3.进度与奖励：如何在游戏中让用户体验到进程感也很重要，游戏可以通过各种小任务的不断累积和完成达到一个大目标。"我的世界"（Minecraft）通过一砖一瓦建出自己的城市。还有不少游戏会在其中加入"成就""累积进度""图鉴"等功能。在具有卡牌收集功能的游戏中，"全图鉴"是很多用户玩游戏的目标，也会因此充值以获得更多抽取机会或限量版卡牌。与要求开通会员观看

① 游戏葡萄.从《吃豆人》到《恋与制作人》，我们或许仍没读懂女性玩家[EB/OL].[2022-09-02].https://www.gameres.com/797716.html.

高清版本的视频网站不同,人人视频(现更名为多多视频)的"原画勋章特权"可以通过完成一系列任务获得,如下载一些游戏应用或者参与答题等。通过与人人视频的合作,游戏空间本身也成了新形态的广告位。

4.社群机制:游戏中常常设置一些需要团队协作才能达成的目标。基于团队的竞争和合作可以产生很多乐趣,用户不再仅仅为了等级或者经验(进度与奖励)而玩,而是必须和朋友一起玩(获得影响力与身份位阶),从而成为团队的一部分(社群机制)。开心网凭借"偷菜"游戏风靡一时,2009 年 12 月初开心网注册用户已经接近 7000 万,页面浏览量超过 20 亿,每天登录用户超过 2000 万,不少用户都有过半夜偷菜、定时偷菜的经历。但由于开心网团队低估了域名的重要性,拒绝花费 3.5 万美元购买 kaixin.com 这个域名,导致不少用户在真假开心网之战中流失,从而惨淡收场。或许在用户心中,"偷菜"并不是他们玩这个游戏的原因,"与朋友在一起""被朋友关注到"才是。当用户被不同的偷菜游戏分流后,与陌生人的互动则显得不够有吸引力了。

社交层和游戏层具有它们各自的特点,如何将这二者有机结合起来则需要大量的技巧和经验。在社交游戏中,需要将游戏层中强调的娱乐体验、经济刺激、社交体验与社交层中的社会连接、相似性、信任、社会规范的影响融合起来。下一节我们从社交(小)游戏的设计角度具体谈谈这些要素的联结与整合。

第三节　社交(小)游戏的设计原则与要素

一、社交游戏设计的原则

第一,学习经典,尝试一点小小的改变。很多时候我们都在浪费时间尝试发明新东西,结果兜兜转转才发现,那个"新东西"早就已经存在那里了。在设计游戏之前,我们要回顾已有的优秀作品并向它们学习,然后发出自己的声音,而我们做的这些小小的改变——特别是如何将社交游戏与战略传播巧妙地结合在一起,或许才是我们最需要花费心力的地方。

第二,让社交游戏易于上手,这要求游戏的启动成本低,前端设计流程流畅而简洁,拥有简单明确的引导教程,或者采用一些经典的游戏玩法(例如运用跑酷、俄罗斯方块、拼图等用户已经了解的游戏形式），从而让用户尽快熟悉游戏。同样需要简化游戏结束流程，社交游戏之所以被称为"等红灯"游戏，就是因为它们能够可以立即开始、立刻停止，而且能够将游戏轻松融入繁忙的生活中。

第三，突显游戏的社交性，让游戏更便于与好友同玩。人们在一起玩过游戏之后，会更加喜欢对方、相信对方、愿意和对方一起工作。你会找十分靠谱的人一起玩游戏，因为他们要和你共度时光、遵守相同的规则、完成同样的目标。这并不代表一定要在游戏中加入用户相互交谈的功能，而可以包括找到好友、邀请好友、观察好友进度、向好友分享游戏进展等，例如：

（1）允许用户创建虚拟角色，为他们提供线上的可视化形象；

（2）允许用户看到好友正在玩的游戏，使用户感觉到平台都属于一个社区；

（3）增加游戏外奖励（也称成就），这种奖励能够增加玩家总分，鼓励玩家尝试好友们正在玩的游戏，并开展比赛决出获胜者；

（4）设置社交标杆，通过排行榜的形式鼓励用户间相互竞争，可以将单人游戏转变为真正的社交体验；

（5）加入其他信息（如玩家最后登录时间等），或部分语音聊天功能；

（6）不仅提供游戏，而且为热爱这款游戏的用户建立社区，创建一个社交空间，这个空间大到可以容纳所有想要参与的游戏玩家，又小到有利于成员彼此熟识，你可以选择游戏论坛，也可以选择微博超级话题，或是该游戏依赖的原有的社交平台。

第四，谨慎处理游戏的货币化方式，懂得逐步获得用户。

（1）让用户自己决定花费的金额，提供购买按钮，但不要"贪婪"，不要让用户感到"花钱买成功的耻辱感"；

（2）游戏的货币化方式有很多种，比如有偿下载、订购：按时间付费、出售时间（付费加快游戏进度）、出售虚拟产品、付费下载内容、免费等。这里的免费并非指毫无盈利，很多时候可以通过流量赚钱，包含弹出式广告、植入式广告等方式；

（3）为用户提供多种价位的购买选项，例如大部分游戏都会有1～3元的新手充值和首次充值奖励翻倍的设置，又称为破冰消费，以及非功能性的消费（如皮肤、时装等），以体现用户在游戏中的地位；

（4）通过双货币系统："金币/钻石"（硬货币）和"银币"（参与币），平衡游戏中的努力与金钱；

（5）社交游戏的玩家大多是休闲玩家（见图8-8），在充值的金额和频率上并不如硬核玩家和鲸鱼玩家，因此，如何让社交游戏的货币化设置得更巧妙、更潜移默化，还需要设计者做更多的考虑。

移动游戏玩家整体以轻度氪金为主
艾媒咨询
iiMedia Research
2020年中国移动游戏用户月均流水情况
China mobile game users monthly average flow in 2020
53.4%
17.2%
22.3%
4.6%
2.5%
50元以下
50-100元
100-500元
500-1000元
1000元以上
样本来源：草莓派数据调查与计算系统（Strawberry Pie）
样本量：N=1274；调研时间：2020年3月
数据来源：艾媒数据中心(data.iimedia.cn)
艾媒报告中心：report.iimedia.cn ©2020 iiMedia Research Inc

图 8-8 2020 年中国移动游戏用户月均消费情况

（来源：艾媒咨询）

接下来，我们通过两个经典案例来解释上文提到的几个关键原则。

“你画我猜”是一款画图猜单词的小游戏（见图 8-9）。玩家安装手机客户端后，根据软件提示，以速写的方式画一张图片来描述某个单词，如“猫”“汽车”等；随后这幅图片会被发送至另一个玩家，后者将根据图片猜测并拼写单词。如果解答正确，两位玩家均会获得“金币”奖励。Zynga 的数据显示，自 2012 年 2 月 6 日推出以来，这款游戏的下载量在一个月内超 3500 万次，玩家们已经画了超过 10 亿张图片。这是一款画面和玩法都很简单的游戏，甚至在拼写环节都仅需在屏幕上选择字母，为何能吸引如此巨大的流量？况且开发这款游戏的团队此前甚至濒临破产。游戏开发者丹 · 波特（Dan Porter）说道，这款游戏的确无比简单，因为部分创意源于他儿子玩的一个小游戏：如果儿子和朋友来回抛接球 100 次而没有落地，波特会给两人买冰激凌作为奖励。“那时我突然意识到，这就是游戏的本质。”波特说，“这款游戏与抛接球类似，因为玩家需要一起努力以取得成就。”①

---

① 腾讯科技. 你画我猜崛起之路：1.8 亿美元成功是熬出来的[EB/OL]. [2022-09-02]. http://www.81.cn/jsyx/2012-04/05/content_5500142.htm.

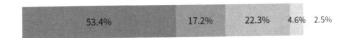

图 8-9 "你画我猜"社交小游戏界面

不过，"你画我猜"没有时间限制，也没有实质上的输赢。因此在设计游戏的过程中要实行精简主义，完美并不是指无物可增，而是指无物可减，例如将用键盘打字转变成选择已提供的字母这样的小细节可以让人们的社交游戏体验变得简单而优美。

为了体现社交性，可以考虑在积分系统和排行榜上体现一些有趣的设计，而非仅仅是冰冷的分数或排名。在"世界街头赛车"游戏中，一旦好友在某个赛道或赛事中取得好成绩，这个消息就会像新闻一样在你的主界面下方播报，而根据你的好友的最佳得分行驶轨迹，系统将会创造一个灰色的"幻影"，跟你一起比赛。

前文我们提到的手机游戏开发公司 Scvngr，这家擅长把手机游戏和现实生活结合在一起的公司，2010 年在 TechCrunch 上公布了公司内部的游戏开发"红宝书"，里面列举了 47 种不同的游戏机制①，其中不仅提到了塞思·普瑞巴什在 TED 演讲中提到的四种游戏机制：约定机制、影响力与身份、进度与奖励，以及社群机制，还列举了免费午餐、虚拟物品等概念或机制，感兴趣的同学可以去看

① SCVNGR 游戏开发"三十六计"（全）[EB/OL].[2022-09-02].https://blog.csdn.net/u010054015/article/details/83800875.

看这些设计中需要注意的要点或元素,就像搭积木一样,通过糅合、叠加、更新,我们就可以尝试设计出各种不同的游戏。

二、几款入门级游戏设计工具简介

在设计游戏的开始,需要对这个游戏的整个流程做一个计划,包括但不限于游戏的故事背景、核心玩法(如移动＋攻击:王者荣耀;成长＋体验:角色扮演类游戏;收集＋消费/交换:大富翁、社交互动类游戏),以及游戏规则等。为了更好地明确其中的逻辑关系(如因果关系、时间先后、必要条件、输入输出)等,对这些元素进行图形化展示是很重要的,也就是我们所熟悉的流程图(见图8-10)。

思维导图的制作可以利用在线工具 Process On[①],它可以在线画流程图、思维导图、UI 原型图、UML、网络拓扑图、组织结构图等。Process On 的操作很简单,可以直接通过鼠标拖拽完成操作,并且具有多人协作功能,方便团队成员共同操作。同时,有很多模板可供用户选择,制作后的流程图也能以多种格式下载。

另一个在线工具是亿图图示在线(Edraw Max)[②],它的操作与 Process On 类似,拥有更精美的模板,但需付费使用。在客户端方面,Visio、PPT、Word 都能很好地完成流程图的制作。

完成了游戏流程的基本设计后,以下几个工具能够帮助你将游戏设想变为现实:

1.橙光游戏(橙光文字游戏制作工具)[③]:以制作角色扮演类游戏为主,具有快速、可视化、人性化、无编码的操作过程,适合初次制作游戏的新手;

2.微信小游戏制作工具[④]:游戏制作快速上手、无需代码,拥有丰富的官方组件,能够实时预览分享小游戏并标准化发布到 MP 平台。在网站中提供游戏示例、视频教程等资料,并且打开演示游戏便能看到该游戏的详细设置,可自行更改创造新游戏;

3.RPG MAKER MV:是一款专为制作角色扮演游戏而生的制作工具,Windows 和 Mac 版本皆有,最终以 HTML5 格式输出。

---

① 免费在线流程图思维导图[EB/OL].[2022-09-02].https://www.processon.com/.

② 亿图图示专业办公绘图软件[EB/OL].[2022-09-02].https://www.edrawsoft.cn/ad/ytts-maker-edrawmax.html? channel＝baidu.

③ 橙光制作工作[EB/OL].[2022-09-02].https://www.66rpg.com/redirect/doDownload.

④ 微信小游戏制作工具[EB/OL].[2022-09-02].https://gamemaker.weixin.qq.com/#1.

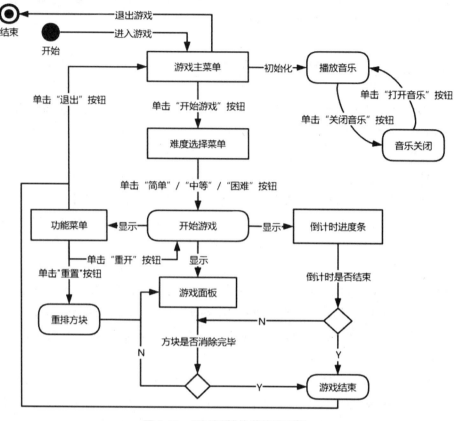

图 8-10　"连连看"的游戏流程图

第四节　社交游戏与战略传播的接合

运用于战略传播领域的社交（小）游戏不一定要复杂，却要凸显出游戏层与社交层之外的第三层：价值层，如何能够在耳熟能详、似曾相识的游戏中突出蕴含的价值内核是接合的关键所在。

接下来，我们以微信小程序游戏"灯山行动"等案例为例，尝试思考社交小游戏应用在战略传播中的价值内核。

"灯山行动"是一款障碍闯关类微信小程序游戏（见图 8-11），是腾讯社交广告"创益计划"的孵化产品。游戏开场是一段入场动画,讲述孩子们上学之路的艰难,天还黑着就出发了,路上有遇到狼或蛇的危险,需要跨过各种小河、陡峭的悬崖,才能到学校。动画播放完毕后出现两个按钮,一个是"开始冒险",另一个是"灯山秘密"。点击"开始冒险"就跳转到游戏界面,一个山娃娃小人自动跳动,单击屏幕可以改变小人的运动方向,游戏需要玩家拿到照明道具,维持游戏亮度,并避开各种障碍。游戏结束后,会出现本次前进步数和授权好友排名。

"灯山秘密"则展示了江西逐川山区孩子真实的故事和照片,如四年级的叶振芳小朋友每天上学要走 6 公里山路。孩子上学的路途是如此艰难,但每个孩子都表现出了超乎他们年龄的无畏和乐观的精神。玩家也可以进一步了解到这个公益项目的执行情况,并为其捐款。"灯山行动"在投放后三天内累计访问次数达 128.5 万次,累计捐款超 33 万元。

图 8-11 "灯山行动"小游戏界面

与传统公益项目不同,"灯山行动"通过让用户体验游戏中上学路的艰辛,再现这些孩子生活的场景,保持了社交游戏的游戏层;借助微信小程序平台的入口和游戏中的分享、好友排名功能,体现了社交游戏的社交层;在"灯山秘密"和"捐款点亮灯山"环节中从信息卷入和对话卷入方面,进一步将价值关照落地。

从符号载体上,作为公益项目的关键词"路灯"通过游戏图标、道具等被反复提及,除此之外,用户在游戏中购买的道具的金额也会成为捐献的一部分,有创意、有互动、有趣味、有温度。

与"灯山行动"相似的公益小游戏还有以"交互剧情＋找碴"玩法传播阿尔兹海默症相关知识的"忆忆海海"、以"记忆＋装扮"玩法呼吁关心山区儿童的"旧室白白"等。同学们可以通过搜索小程序来体验一下这些游戏，并谈谈你在体验中获得的感受。

在三八妇女节来临之际，人民日报推出的 H5 小游戏"历代女装图"上线（见图 8-12），除了能够在游戏中给自己"穿"上历代的服饰，还能了解对应服饰背后的历史文化故事，例如头上戴的发簪、造型的来源等。穿上不同服饰的照片是吸引用户参与的原因，而这些背景故事的加入则使游戏变得更有厚度。

图 8-12　人民日报客户端"历代女装图"小游戏截图

2020 年 3 月 3 日是世界野生动植物日，明日方舟与世界自然基金会（WWF）、深圳市一个地球自然基金会（OPF）以及哔哩哔哩游戏，联合开展长江江豚及雪豹保护公益活动"万类共生"，共同呼吁关注野生动物保护，关注自然生态的平衡发展与和谐共生。本次活动中上线的角色以江豚为灵感，名为"清流"的她是一位具有范围治疗性的角色，治疗特效宛如水波一般，符合江豚"微笑天使"的治愈定位。购买角色组合包的收益将全部捐赠至 OPF 和 WWF。另外，明日方舟中还有许多以濒危动物或已灭绝动物作为原型的角色，如诗怀雅（华南虎、国家一级保护动物）、拉普兰德（纽芬兰白狼、1911 年灭绝）、艾雅法拉（盘羊、濒危物种红色名录 ver3.1——近危）等。

【思考题】

1.2020 年 7 月 20 日至 8 月 2 日，肯德基联合"恋与制作人"打造线下主题店，消费者可在郑州、北京、杭州、宁波等城市门店实地打卡。请对这一案例的有关资料进行收集，并谈谈这一合作中主办方想要传递的价值内核、游戏内核以及社交内核是什么？

2.请针对某种产品或某个理念，设计一个可以将该产品/理念融入其中的社交小游戏，你可以考虑参考一些经典小游戏的创意，例如"你画我猜""跳一跳"等。

3.请结合本章社交小游戏的设计要点，思考在以下案例中，设计这个大众参与的游戏时需要注意哪些问题？

美国宇航局 NASA 曾呼吁玩家和感兴趣的人游玩一款名为"NeMO-Net"的应用程序（见图 8-13），以帮助他们对于珊瑚种类和分布的研究。在过去几年，硅谷的 Ames 研究中心一直在开发利用"流体透镜"拍摄技术观察海洋的新方法。所谓"流体透镜"，即通过安装在飞机或无人机上的镜头来记录海面以下的情况和细节。这项技术在应用后从各个国家和地区搜集了大量海洋的 3D 图像和数据。在理想状态下，这些海洋数据会在名为"Pleiades"的超级计算机的处理下自动分门别类，无需投入人力资源；但这项技术依旧需要改进和完善，目前机器无法准确地分辨珊瑚的特征。在这个时候，"人"就成了最好的老师。这个游戏正是通过大量玩家提供的分类结果，间接教会机器识别海洋生物。据 NASA 的研究人员表示，玩"NeMO-Net"的人越多，系统最终的分析结果和图像就越精确，最后可以根据这些机器生成的结果绘制出最为精确的世界珊瑚分布地图，并根据分布和种类开展下一步研究。一直以来，脆弱的珊瑚都是海洋生态的晴雨表，它不仅为微生物和鱼类提供生存环境，珊瑚的衰退通常也会导致海水酸化、水温上升、污染等一系列环境问题。这也正是这项研究受到关注的原因。"NeMO-Net"的带头人韦德表示："NeMO-Net 利用了这个星球最强大的力量，不是超级相机或者计算机，而是人。"[1]

图 8-13 "NeMO-Net"的应用程序

---

[1]　游研社.通过这个游戏，你可以帮助 NASA 拯救濒危的珊瑚［EB/OL］.［2022-09-02］.https://baijiahao.baidu.com/s? id=16639119261887782848&wfr=spider&for=pc.

第九章
关注的背后是
关切：视觉创意
营销与信息图

【本章提要】

1.从视觉创意营销的角度了解信息图的重要性；

2.了解信息图的含义，通过一些经典案例了解信息图的运用场景；

3.了解信息图的制作要求和常用工具。

【先导案例】

1854年,英国的约翰·斯诺(John Snow)医生制作了一张霍乱地图(见图9-1)。

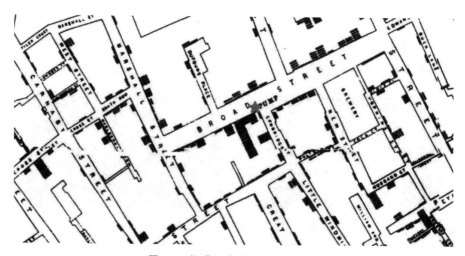

图9-1 斯诺医生绘制的霍乱地图

(来源:简书)

图中用黑色条形标记出了城市街区内伦敦每个家庭中死于霍乱的人数,条形越长代表死亡人数越多。这张图通过条形图的集中程度和长度反映出城市街区的病例集合程度,旨在试图查明该地区的死亡率高于其他地区的原因。约翰·斯诺说:"我从病发现场发现,几乎所有的死亡案例都发生在宽街(Broad Street)水泵附近。除了饮用宽街水泵的居民外,霍乱在伦敦其他地方并没有明显爆发。鉴于宽街水泵附近发生的61例死亡,我认为死亡原因是其生前饮用过宽街水泵的水,无论是直接还是间接。"[①]

关于霍乱的传播方式,当时流行的观点是空气传播,而约翰·斯诺医生则通过创作这张信息图发现问题出在一口被污染了的水井上。因此,阻止、预防霍乱的方法就是建立饮用水的排污系统,从而保护水井不受污染。这张图揭示了霍乱产生的根本原因,并提供了解决问题的思路,启发当时的人们找到了解决方案。

第一节　视觉创意营销

在上一章中,我们讲到内容营销是为受众创造有价值的信息,并以对受众有用的方式分享这些信息。视觉创意营销具有相似的目的,只是它通过另一种呈现信息的方式实现上述目的。视觉创意营销或传播在今天的重要性尤为突出,视觉呈现是目前社交媒体平台的首选内容形式。借助多样的在线设计工具,完成视觉创意营销的门槛降低了,只要拥有好的想法,即便没有受过专业训练,也能创造出精美的图像来讲述组织的故事。

一、什么是视觉创意营销

视觉创意营销是结合视觉设计元素,如图形、照片、信息图或视频等创意手段来讲述品牌故事的营销方法。与艺术创作不同的是,视觉创意营销不只是为了审美,而更多的是为了营销。因而,视觉创意营销的重点是有效地表达信息。视觉文案必须首先吸引人注意,而更关键的是能够让人看得懂、看得完。创意是

[①] 闫金强.经典信息图-1854年伦敦霍乱爆发[EB/OL].[2022-09-02].https://www.jianshu.com/p/55c23bed9152.

路径，而不是目的，视觉创意营销不是为了创意而创意，而是化繁为简，传递对公众有价值的、有用的信息。

初学者往往在创意和信息两个维度上偏向于创意，过于注重形式的美感，认为只有繁复的、模糊的表意才是高级的、才是艺术的，这与战略传播的方向背道而驰，也恰好与视觉传播所强调的"自明性"背道而驰。因为视觉创意营销是通过视觉呈现吸引对该主题感兴趣但又不想阅读冗长的以文本为主体的故事的受众。正如一句常言，一张图片胜过千言万语。所以在进行视觉营销创意的时候，我们要问自己一个问题，你的图形或图像可以让受众一目了然地获得与一千个字等价的信息吗？如果还需要配合大量的文字才能解释清楚，那么你很可能需要返工了。

再从视觉创意营销的应用场景来看，我们做好一张图表，往往要将它嵌入博客文章中，或放到微博、知乎等社交媒介平台上，这一传播情境也要求信息简单、明了，同时视觉创意还肩负着一个任务——实现病毒式传播，即在受众浏览之后，促发他们将图片或视频转发分享出去，这也要求它们要更容易让大众理解，更有可能通过社交媒体分享"体验"。

二、视觉创意营销为何如此重要

为了最大程度地提高内容的吸引力，为观众创造视觉体验必不可少，社交媒介营销专家唐娜·克拉沃塔（Donna Cravotta）指出，一些营销人员估计信息图表和图像的读取量是纯文本信息的 30 倍以上，她还归纳了视觉创意的几点重要意义[①]：

1.人是视觉导向的动物——创意视觉营销将设计元素、图形、照片、信息图和视频相结合，这在讲述品牌故事中十分重要。使用具有视觉效果的营销材料，有助于信息的病毒式传播，因为人们更有可能分享看起来很棒的东西。当今的消费者被诸多缺乏说服力的营销策略所淹没，并为此而苦恼。因此，与内容相关的视觉创意营销正逐渐成为企业建立品牌意识、增加消费需求最有效的方式之一。

2.信息图之类的图像与信息相结合的方式比提供相同信息和数据的纯文本信息更容易被阅读。部分潜在消费者或许并不具备从一篇两千字长文中处理信息和数据的意愿或能力，信息图等图像的形式则增加了接触和了解品牌的渠道。图 9-2 中展示的 2021 年春节前夕，中国新增本土确诊新冠感染病例再次清零的

---

① CRAVOTTA D. Creative visual marketing[EB/OL].[2022-09-02].https://www.linkedin.com/pulse/tell-your-story-creative-visual-donna.

信息图,而这一信息图是根据国家卫生健康委员会官网公布的数据整理绘制的,你可以找到这组数据,然后感受一下,你更愿意读取数据还是信息图?

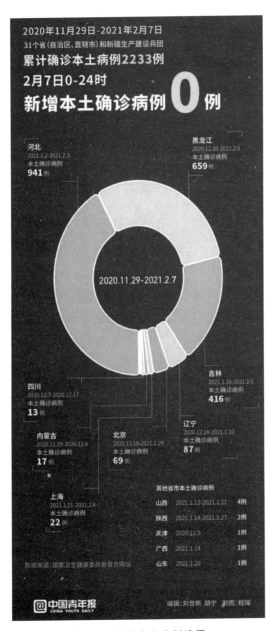

图 9-2　新增本土病例清零

3.在广告文本、微博页面和网络销售页面等中使用图像或视频时，一定程度上是在为访客创造一种体验，这样的形式也更容易、更有可能促进人们通过微博、微信等社交媒体分享这种体验。

4.在图片、视频中可以添加"标签"，有利于搜索引擎进行检索，因此有助于品牌信息的脱颖而出。在第二节中我们将重点介绍视觉创意营销的策略要点。

第二节　视觉创意营销的策略要点

我们如何生产或选择能够产生吸引力并进行销售的视觉创意营销方式呢？以下几个方面或许能为你带来灵感。

一、用视觉创意讲一个好故事

为了使视觉营销达到效果，这个故事需要做到：

（1）迅速：观众停留的时间很宝贵，需要在短时间内抓住注意力；

（2）可分享：借助社交媒体让更多人看见这个故事；

（3）令人难忘：增强品牌记忆和停留度。

视觉内容也可以唤起情感，讲一个好故事可以帮助品牌与观众进行个性化、情感化的沟通。通过图片和短视频分享品牌故事，人们可以凭借一种更加人性化的方式了解品牌。企业借助品牌故事与受众建立联系，提高品牌知名度，以更易懂的方式向公众展现信息。

二、用视觉创意吸引受众注意力

引人注目的图像能获得更大的影响力。在流量过于拥挤、信息超载的时代，抓人眼球的图片配以短而清晰的标题作为图像的补充，是吸引观众注意力、提高竞争优势的好方法。要做到这一点，还可以从以下方面进行优化：

（1）注重细节：针对不同平台，对图像的大小和格式进行调整，以达到最佳显示效果；

（2）注重相关性：与核心信息相联结，运用通用的图片或许更容易，但对吸引目标观众的注意力却没什么作用；

　　智慧烹饪(Cooksmarts)网站便是一个运用视觉营销理念增强其内容传播效果的案例。它们通过简单易懂的信息图形式,提供每周的烹饪膳食计划、食材指南及有关烹饪和健康的信息,并补充了详细的文章和操作视频。例如,网站上的"食用油指南"就包含了关于这个主题的详细信息和解释,并结合了视觉效果和信息图(见图 9-3)。

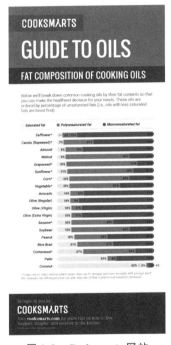

图 9-3　Cooksmarts 网站　　　扫描二维码可登录网站

　　扫描图中二维码,请你仔细观察智慧烹饪的网站,你觉得哪些地方值得我们学习呢? 在这个网站上,每个信息图都链接到详细且内容丰富的资源页面上;信息图表根据季节、主题等进行分类,方便访客根据不同需求查找;受众可以通过邮箱订阅以接收信息图(还包括可用 A4 纸打印的版本,为家庭厨师提供了很大的方便),用户还可以通过社交媒体分享这些信息图;网站还会将信息图同时投放到其他网站,让这些网站可以发送给注册会员以吸引更多的关注。

　　(3)注重色彩运用:运用品牌标志颜色以帮助受众识别和记忆,强化色彩与品牌的联想。当你想到爱马仕(Hermès)这个品牌时,你会首先想到什么颜色?

三、恰当运用表情包

表情包是传播观念或文化符号的一种交流方式，通常以图片和文字相结合的方式在网上传播，它们可以成为视觉营销创意的重要来源。要创造一股表情包潮流，可以参考以下建议：

（1）关注最新流行的表情包，它们可以为视觉创意营销提供灵感，例如，疫情防控期间，包括麦当劳在内的一些品牌将标识与表情包文化结合起来，创造了新的流行文化（见图 9-4）；

图 9-4　麦当劳因应新冠疫情宣布：暂时更改品牌标识

（2）留意社交媒体上的新趋势，请注意哪些表情包最能获得响应和模仿，而在以娱乐为主题的创意下，可以注意什么样的表情包能够使人快乐，有大量实证研究表明，人们更容易在快乐的状态中被说服；

（3）表情包上的文字和图片需要简短易懂，从而让受众在短暂划过时快速地明白表情包的含义；

（4）确保视觉效果与要传达的信息的情绪相匹配；

（5）宁缺毋滥，不要为了使用表情包而使用，有时反而会显得杂乱无章，降低了文案的"高级感"。

四、注重体验感和互动性

体验感和互动性体现在：

（1）让受众知道图表是如何来的，特别是对那些对信息来源、准确性有要求

的受众来说,告知来源可以让他们有安全感,更能促进他们的转发,例如,对于新闻记者而言,查证来源是专业性的体现;

Movoto(http://www.movoto.com/)是一家房地产公司,公司网站包含了大量与房地产相关的交互式信息图表。例如,根据压力、失业、家装、园艺、装饰等标准对美国的州和城市进行排名,用户可以根据自己所在地理位置选择获取相关信息(见图9-5)。Movoto网站利用内部研究和数据分析来制作信息图,免费提供给有需要的受众,他们还会向受众展示创建信息图的数据来源,这些数据和图表为新闻记者撰写文章提供了详细的资源。

图 9-5　Movoto 网站　　　　　　　　扫描二维码可登录该网站

(2)满足受众更具个性的信息需求,例如,按照浏览者的地理位置、兴趣爱好等个性化需求提供数据;

为了呈现2019年的电影票房收入分布,凯文·弗拉格(Kevin Flerlage)创作了一张互动式信息图。图中圆点代表2019年上映的电影,圆点的大小代表该电影票房收入的高低,圆点越大则票房收入最高。下方的彩色柱状图代表2019年每个月发行的电影数量。图中最大的圆点是2019年4月由华特迪士尼公司发行的《复仇者联盟4:终局之战》,该电影创造了8.58亿美元的年度票房纪录。结合下方的柱状图可以发现,在《复联4》上映的前后两个月(3月和5月),是2019年月度电影发行量最多的两个月份。这也许是因为其他电影公司有意避开《复联4》对票房的包揽,提前或延后了各自的电影发行。

互动式信息图中可以通过选择在"月度"与"制片公司"间切换数据分析角度。点击切换按钮至"制片公司",信息图左侧为按票房收入排序的电影,右侧为按票房收入排序的20家电影制片公司,二者通过连线表示发行关系。我们可以看到，2019 年票房最高的 20 部电影由票房收入最高的 5 家制片公司发行。其中票房排名前 6 的电影皆通过连线汇至华特迪士尼公司，因此华特迪士尼公司成为当年票房收入最高的公司①。

扫描二维码尝试"互动"

（3）可以插入动态小游戏，获得用户的反馈等。

这两小节中我们多次提到了一个词"信息图"，下一节我们将聚焦在这个词语，跟大家一起探讨信息图的应用场景和创意制作的要点。

第三节　信息图

信息图是视觉创意营销中最常见的形式之一，也是最能够承载数据信息的视觉呈现形式之一。信息图是一种将信息与设计结合起来的图片，有利于个人或组织简短有效地向受众传播信息②。既然信息图也属于视觉营销中的一种方式，自然也要遵从前两节中我们讲到的基本原则。这一节我们将从应用场景和制作要点两方面介绍信息图的创意制作和传播策略。

一、信息图的应用场景

马克·斯米克拉斯（Mark Smiciklas）在书中归纳了信息图的三种应用场

①　FLERLAGE K. Movie money[EB/OL]. [2022-09-02]. https://public.tableau.com/app/profile/kevin.flerlage/viz/MovieMoney_15813400492150/MovieMoney.

②　马克·斯米克拉斯.视不可当：信息图与可视化传播[M].项婷婷，张东宁，译.北京：人民邮电出版社，2013：3.

景:对数字与概念的可视化;对事物运作、流程和关系的可视化;以及对时间、地点、人物的可视化。以下我们将通过案例对上述应用场景逐一进行解释。

(一)对数字与概念的可视化

数字和概念是最常见的两种信息类型。人们大多喜欢用数据说话,却缺少阅读时间。大脑对图像的处理相较文本和数字更为高效,因此经过可视化处理的统计数据更易于理解。另外,比起单独使用数字,可视化可以帮助人们了解数字背后蕴藏的含义和概念内在的逻辑关系。也就是说,可视化能让我们更好地传递信息,发现数据里的规律。

澎湃新闻记者前后去了人民广场相亲角6次,收集了874份相亲广告(征婚启事),制作了多张信息图呈现调研到的数据(见图9-6)。

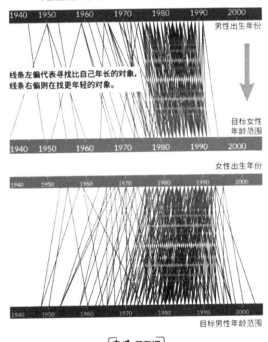

图 9-6 "男女方期待的对象年龄有什么特点"

扫描二维码

(来源:澎湃新闻)

在图9-6中，向左偏的线条代表相亲者想寻找比自己年长的对象，向右偏的线条则表示相亲者想寻找比自己年龄小的对象。从这张流线图中可以看出，男方图表（上）的线段汇聚部分形成了一个向右倾斜的"四边形"，而女方图表（下）中的直线则呈现上窄下宽的"梯形"。通过观察数据的可视化呈现可以直观地发现，相亲角的男性普遍希望相亲对象年龄比自己小，而女性的要求则比较宽松[①]。

（二）对事物运作、流程和关系的可视化

信息图可以帮助人们了解业务流程和关系结构（见图9-7），不仅有助于提高组织内部沟通效率，也有助于外部公众更好地理解组织的行为活动和运作原理，更方便他们参与到组织的各种活动中。

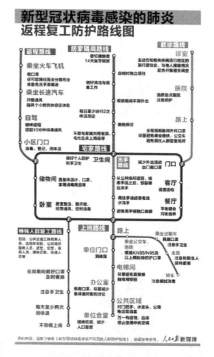

图9-7　新冠肺炎复工路线

（来源：人民日报新媒体）

---

① 澎湃新闻.我们去了相亲角6次，收来了这874份征婚启事［EB/OL］.［2022-09-02］.https://www.thepaper.cn/newsDetail_forward_2351635.

（三）对时间、地点、人物的可视化

时间线和信息地图是构成信息图的两个重要的结构元素。前者通过可视化呈现组织的产品、服务和历史的时间脉络，后者则通过绘制地图展现地理位置和范围。当然，你也可以将两者结合起来呈现更为丰富的信息。

为了庆祝星巴克在意大利的第一家旗舰店，Accurat 设计了一个巨大的视觉信息可视化装置来装饰门店的地板、天花板和墙壁，图 9-8 中展现了星巴克的历史和星巴克咖啡的发展历程，并且还开发了 AR 交互体验程序，顾客通过手机可以观看三维动画等附加内容，该案例获得了 2017 信息之美金奖。除了震撼的装饰艺术吸引目光，更重要的是以时间线与地图相结合的方式介绍品牌的历史和价值，展现品牌形象，通过 AR 科技增加互动感，提高参与度。

图 9-8　AR 互动体验式信息

（来源：accurat.it，扫描二维码阅读这一案例的详细介绍）

二、信息图的制作要点

（一）明确目的

制作一张可视化的图，首先要想清楚这张图想要解决一个什么样的问题，这个问题能够让读者感觉实用、惊喜或有挑战。我们不仅希望这张图呈现数字，更重要的是呈现数字背后的信息和意义，一张好的信息图应具有价值内涵。

（二）了解受众

在将数据进行可视化呈现之前，需要思考一个问题：谁将看到这张信息图？

了解你的受众非常关键。尽管数据可视化更常作为一种简化数据的呈现方式，但针对不同知识水平、教育背景的受众，面对不同的图表、数字、用词理解水平，仍需要使用不同的呈现方式。如果你的受众具有专业知识，那么使用一些专业术语来呈现数据或许更能高效地传递信息。但如果是面对普通受众，则可能需要用另一种更清晰易读的解释方式。

了解受众的另一个重点是需要知道受众对数据的预期，也就是对于这张信息图，他们想了解的关键问题和答案是什么。这需要信息图制作者清楚呈现到数据中。一般来说，需要在信息图中突出一两个核心、与受众最相关的重点信息，从而让受众免去庞杂的理解数据过程，迅速了解关键点。

（三）选择合适的呈现形式

信息图是信息与设计相结合的展示，虽然可以在信息图中添加文字说明等书面信息，但信息更多的是通过图表和图片传达给观众。因此，在明确了制作信息图的目的和受众之后，需要思考并选择一个合适的展现形式。这里需要画一个重点，信息图的目的在于使复杂的数据变得简单易懂，而不是将原本就很简单的数据复杂化。以下我们将常用的图表按照使用场景归类如下：

1.时间类

以时间为展示维度，通常用于表现数据在时间维度上的趋势和变化。图表类型：折线图、流程图、面积图、卡吉图、螺旋图、层叠面积图、堆积柱形图等。

2.地图类

使用地图作为背景，通过图形的位置来表现数据的地理位置，展示数据在不同地理区域上的分布情况。图表类型包括：热力图、带气泡的地图、分级统计地图、点描法地图等。

3.比较类

通过两个或以上对象各项指标间的对比来展示信息，使用图形的长度、宽度、位置、面积、角度和颜色来比较数值的大小，通常用于展示不同分类间的数值对比，不同时间点的数据对比，显示值与值之间的不同和相似之处。

图表类型包括：柱状图、不等宽柱状图、双向柱状图、气泡图、子弹图、漏斗图、凹凸图、直方图、雷达图、玉玦图、南丁格尔玫瑰图、螺旋图、层叠面积图、层叠柱状图、矩形树图、词云图、蝴蝶图等。

4.占比类

显示一个或一组数据在同一维度上的占比关系。图表类型包括：环图、马赛克图、饼图、层叠面积图、层叠柱状图、矩形树图、词云图。

5.趋势类

使用图形的位置表现出数据在连续区域上的分布,通常展示数据在连续区域上的大小变化规律。图表类型包括:折线图、面积图、卡吉图、回归曲线图、层叠面积图等。

(四)获取可靠数据,如实呈现数据

信息图的数据获取一般有以下三种途径:

1.采用现成的数据,例如其他研究已公开的数据;

2.使用原创研究中得出的数据,例如调查问卷、深度访谈、实验中获得的数据;

3.通过各种公共或私人数据源获得的数据,例如行业指数、政府网站数据库、数据分析的博客与微博等。

在采用合理合法的方式获得数据后,需要确认数据的正确性,确保信息图的受众不需要再对数据进行检验。在信息图中,需要确保数据以一个简单的方式呈现,但这并不意味着对数据的简化和删改,不能因为某些信息的在创作者看来显而易见便进行省略,受众仅能看到最终呈现的数据,而非原始数据,这就需要设计师更加忠于原始数据,完整、清晰、如实地呈现数据。

(五)设计美观

1.字体:一般来说,一张信息图上使用1~2种字体为宜,过多地变换字体会使整张图显得杂乱、主次不分。同时,字体的风格也需要和信息图的整体风格保持一致。

2.配色:选择令人观感舒服的配色十分重要,可以在配色网站上选择已经搭配好的色板作为参考,尽量避免一些不合适的配色方案,例如,如果你的信息图呈现一些由于特定的疾病而导致死亡的信息,此时使用色彩鲜艳的配色便不太合适。如何做能够让你制作的信息图在众多图像中脱颖而出?营销专家特别强调了留白、配色和对比的重要性。

3.注释:有些时候出于制作图表的需要而无法将某些文字同时在图表中展示,此时,添加一条简单的注释便可以提高用户体验,确保受众了解数据中的关键信息。例如,对于交互式信息图,可以让受众通过移动鼠标至信息图上关键点时显示注释信息来实现。

　　全食超市（Whole Foods Market）是美国一家著名的以销售有机食物为主的连锁超市。在全食超市的网站中提供了很多家居、烹饪的技巧、小窍门，以增强和受众的黏性，特别是家庭主妇。另一类公众则是对有机食物有兴趣、爱好，甚至执着的人群，他们关心食物从哪里来，如何被生产加工出来，如何与我们的生活相关。所以无论呈现如何多元化的信息，全食超市的核心公众、目标公众都是那些对生活品质有较高追求、关心食品安全的人群。当然这也跟他们的产品消费价格息息相关，这个超市售出的产品价格都要比普通超市更贵一些。在形式上，配色以绿色为主，与有机食物的主题相关，也是品牌的代表颜色，有助于品牌识别。另外，网站有大量留白，简洁明了、设计美观。图片以新鲜、鲜艳的食物照片为主，重点突出，与背景形成对比，更能抓住眼球。结合时事，展现对顾客和员工的关爱，在新冠疫情期间，他们也推出了相应的信息，从而塑造健康、良好的品牌形象。详见图 9-9。

图 9-9　全食超市官网截图（扫描二维码浏览网站）

（六）善于借助设计资源，但请尊重知识产权

一些常用的图表制作网站包括：
花火 hanabi（http://hanabi.data-viz.cn/index）
flourish（https://flourish.studio/）
Piktochart（https://create.piktochart.com/）
Infogram（https://infogram.com/）
Venngage（https://venngage.com/）
　　以花火 hanabi 为例，花火是由数可视开发的中文版在线图表制作工具，操作简单，拥有许多免费图表模板，可以从数据和功能角度出发，为制作者推荐适合表达的图表。Flourish 则为英文版图表制作工具，同样拥有大量免费图表可供制作者选择。这二者的使用方式比较相似，大致分为选择图表类型、导入

Excel 数据创建图表、对图表的细节(例如图标大小、柱状图宽度、柱状图间距、字号大小、颜色等)进行调整、导出四个步骤。Piktochart、Infogram 和 Venngage 同时也包含信息图模板可供选择。

另外,还有一些特殊图表的制作可以借助以下网站实现:

1.地图

如高德地图开放平台(https://lbs.amap.com/):该网站可以选择地图模板后自定义地图的样式,从最基础的改变颜色到添加纹理、制作 3D 效果等。创建各种地图图表同样需要上传 Excel 中的数据,该网站含基础教程可供参考学习。

2.词云图

如 Tagul-Word Cloud Art(https://wordart.com/):该网站虽为英文网站,但支持中文字体的导入选择,也支持将图片导入成为词云图的形状,能够自由调整文本大小、颜色、角度、字体等细节。

3.时间线

如 TimeGraphics(https://time.graphics/):该网站可以创建时间线,通过鼠标点击和键盘方向键编辑,支持插入视频、文本、照片等,可以调用和兼容多个平台,如谷歌地图、YouTube、谷歌分析、谷歌搜索、谷歌日历、世界银行数据等等,同时可以一键保存为图片、文档、ppt、pdf 等格式。

4.图片制作网站

制作一张信息图,仅靠图表还不够。除了我们所熟悉的 PPT、PS 等软件,还有许多在线网站提供免费模板给我们选择。

Canva(www.canva.com):该网站已上线中文版,免费模板比较多,操作便捷快速。当然,上面还有很多元素模块是可以付费购买的,可以用来丰富你的设计。该网站还有团队协作的功能,方便进行团队合作。

创客贴(www.chuangkit.com):这是一个中文在线设计平台,拥有各类不同品类设计的模板,也具有简单的图表编辑功能。

【思考题】

1.案例分析:阅读下面的信息图案例及背景,思考以下问题:

(1)通过这张信息图(见图 9-10),你能获取什么样的信息?

(2)这张信息图有什么优点? 又存在什么样的缺点呢? 可以通过什么样的方式改进?

案例背景:奶茶与火锅人流恢复情况,可以看作城市人休闲消费信心恢复的一个信号。从新一线城市商业数据库中，新一线城市研究所（微信公众号）提取了海底捞、小龙坎等 7 个连锁火锅品牌及喜茶、一点点等 11 个奶茶品牌旗下约 1 万家门店进行统计。根据维智科技提供的门店人群到访数据，计算出了每家门店的"客流恢复指数"。

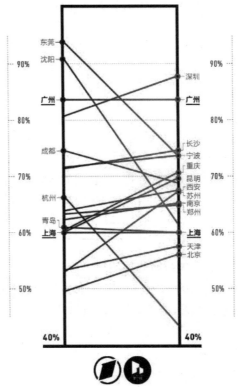

图 9-10　客流恢复指数

2. 设想你所在的学校马上要庆祝百年校庆，你将如何运用这节课学到的知识，为百年校庆进行视觉创意营销？

第十章
以战略思维
创意移动视频

【本章提要】

1.了解与移动视频概念相关的重要细分领域,如短视频、视频号以及移动端直播等;

2.了解短视频带来了怎样一场文化变革;

3.了解短视频运营和制作的原则;

4.了解直播的"人""物""场",并尝试从战略思维超越"买卖思维"理解直播的仪式化元素与意义。

【先导案例】①

2015 年,糖豆广场舞应用程序发布,口号是"咱百姓的舞台"(见图 10-1)。糖豆应用瞄准的用户痛点是中老年群体获得广场舞教学视频难度大、配乐获得难度高的问题,依托于糖豆应用的前身 CC 视频中的大量教学视频、提供大量广场舞配乐并简化了操作界面,降低了首批用户使用的难度。此后,糖豆加入了视频发布功能,并匹配视频模板和自动合成视频等一键功能,吸引了大量用户进入,发布各自的广场舞视频,甚至可以相互之间斗斗舞。糖豆应用为了鼓励使用者生产内容而制定机制,不同等级的达人可以享受不同的专属特权,如专属展示推荐位、开通直播、免费舞蹈服的试穿和赞助机会等。在 2017 年,糖豆在众多"中国舞造型"的投票选举中选出了一位舞者,将其作为平台的代言人登载于美

---

① 中国企业家. 中老年捧场短视频:正成为短视频领域新的增长点[EB/OL].[2022-09-02]. https://finance.china.com/tech/13001906/20180820/33626286_1.html.

国的纳斯达克巨屏，这其实也是一次众包活动，成为糖豆应用用户数量增加的新的增长点。糖豆抓住中老年群体渴望被关注和认同的心态，为用户刻画了一个未来——只要你跳，你也有可能成为达人，获得大家的称赞和认可，你也能登上纳斯达克巨屏。

图 10-1　糖豆应用介绍

（来源：《中国企业家》）

内容的移动化、视频化，以及移动视频化已是大势所趋。它不仅抢占了人们大量的时间（不只是碎片化的时间，碎片化累积起来的时间长度也非常惊人），为占市场份额巨大的商业巨头们获得了可观的营收，也为小微企业、创业企业乃至个人商家提供了新的展示机会。随着 5G 技术的发展，移动化的视频内容将迎来更广阔的空间。移动视频是包括在线视频、聚合视频、短视频、娱乐直播、游戏直播、电视直播、视频播放器、VR 视频和视频工具等细分领域的总概念。我们可以将移动视频的主要媒介形态划分为短视频、直播以及新兴的 VR 视频三种类型。

这一章我们将主要介绍短视频、视频号和直播。这里需要首先明晰的一点是，短视频尽管是这一章的核心，但并不意味着我们讲的短视频仅在移动端播发，而是为了呈现移动视频理论与实践的系统性。有的时候业界还会将短视频与在线视频区分开来，这里的短视频就更多的是指移动端的短视频，例如，QuestMobile 数据显示，短视频快速增长，行业 MAU 已经达到 8.52 亿，在线视频则持续下跌至 8.57 亿，同时，短视频的时长已经占据总时长份额的 20%，仅次于即时通信①。因此,我们将短视频纳入移动视频这一章,主要也是为了呼应目前越来越多的短视频是以移动端作为平台进行播发的,并与视频号、直播一起来梳理讨论,形成一个整体的图景。

第一节 短视频的界定与特征

2016 年,抖音短视频、梨视频等短视频产品上线,短视频类应用爆发式增长。也因此 2016 年被不少人称为短视频元年。经过了 2017 年的用户规模和使用时长的大幅增加,至 2018 年我国短视频行业进入发展成熟期,市场格局渐趋稳定,呈现抖音、快手两大短视频平台并驾齐驱的局面②。截至 2019 年 6 月,短视频的用户使用时长已经超过综合类视频(8.3%),占据人们总上网时长的 11.4%,成为即时通信之外的第一大应用类型③。根据极数报告,短视频用户的使用时长在 2019 年 6 月正式超过综合类视频,成为仅次于即时通信的应用类型,可见其火热程度。根据 CNNIC 第 46 次《中国互联网络发展状况统计报告》数据,截至 2020 年 6 月,我国网络视频(含短视频)用户规模达 8.88 亿,其中短视频用户规模为 8.18 亿,占网民整体的 87.0%。

在学术研究领域,短视频作为一种新兴媒介在新闻传播学界也引发了普遍重视,截至 2020 年 1 月 8 日,在中国知网数据库中以"短视频"进行主题检索,2019 年有相关文章 3388 篇,2018 年有 1714 篇,2017 年有 666 篇,2016 年 229 篇,研究数量呈倍数增长。短视频成为 2018 年新闻传播学研究的十大新鲜话题之一④。

那么短视频多短才能算短呢?

---

① Questmobile 研究院. QUESTMOBILE 中国移动互联网 2020 半年大报告[EB/OL].[2022-09-02].https://www.questmobile.com.cn/research/report-new/118.

② 中投投资咨询网.2020 年短视频行业格局或将定盘抖音快手谁将"棋高一着"?[EB/OL]. http://www.ocn.com.cn/keji/202001/dxkni07205022.shtml,2020-01-07/2020-01-10.

③ 前瞻产业研究院.2019 年中国短视频行业研究报告[EB/OL].http://www.sohu.com/a/339928307_204078,2019-09-09/2020-01-10.

④ 陈力丹,夏琪.2018 年中国新闻传播学研究的十个新鲜话题[J].当代传播,2019,204(1):17-22.

对于短视频这一移动互联网时代的新兴事物，目前学界并无统一定义，但基本上都以时长和传播渠道作为界定的主要维度，如赵昱等人借用 SocialBeta（社会化商业网）网站对短视频的定义：短视频是一种视频长度以秒计数，主要依托于移动智能终端实现快速拍摄与美化编辑，可在社交媒体平台实时分享和无缝对接的一种新型视频形式。① 汪文斌认为，短视频的时长一般短于 20 分钟，大部分时长短于 5 分钟，主要依托在移动智能终端上进行传播，因其较高的信息密度、低廉的收视成本、快捷的传播速度，所以适合在社交媒体平台扩散分享②。华昱认为，移动短视频主要指的是应用在网络社交中、利用智能手机拍摄且时长通常为几秒到几十秒的视频③。王小龙指出，短视频主要以社交媒体平台为传播渠道，其中短视频 APP、微博和微信是其主要的传播途径④。短视频的时长被认为要远短于传统视频，这与受众的注意力变化紧密相关，与用户的碎片化信息消费习惯相适应，其传播渠道主要是社交媒体平台⑤。根据"前瞻产业研究院"的定义："短视频是指在各种新媒体平台上播放的、适合在移动状态和短时休闲状态下观看的、高频推送的视频内容，时长则一般短于 5 分钟。"⑥

从以上定义中我们可以看到，在 2019 年以前，视频时长在 5 分钟内就算是短视频了。但如果放到今天，人们或许会认为 5 分钟已算得上是"长视频"了，当下几秒到十几秒不等的视频比比皆是。关于视频"短与长"的界定是在不断变化的——似乎总有更短的。

我们能否从特征上界定短视频呢？

第一，短视频依托移动端和社交媒介平台作为主要的播放平台。据《短视频用户价值研究报告 2018—2019》，有 83.4％的用户对短视频的时长喜好在 5 分钟以内；短视频主要基于新媒体平台特别是社交媒体平台进行传播⑦。借助我们正在经历和即将迎来的 5G 大爆发，入局短视频的从业者越来越多，他们需要

① 赵昱，王勇泽. 短视频的传播现状分析[J]. 数字传媒研究，2015(5)：54-58.

② 汪文斌. 以短见长——国内短视频发展现状及趋势分析[J]. 电视研究，2017(5)：24-27.

③ 华昱.移动短视频的发展现状及趋势研究[J].新媒体研究，2017，3(15)：87-88.

④ 王小龙. 社交时代移动短视频的传播特点探析[J]. 科技传播，2017(14)：79-80.

⑤ 张天莉，罗佳. 短视频用户价值研究报告 2018—2019[J]. 传媒，2019(5)：8-14.

⑥ 前瞻产业研究院.2019 年中国短视频行业研究报告[EB/OL].http://www.sohu.com/a/339928307_204078，2019-09-09/2020-01-10.

⑦ 张天莉，罗佳. 短视频用户价值研究报告 2018—2019[J]. 传媒，2019(5)：8-14.

更努力地争取用户的注意力,不少人便选择了让视频尽量短的方式来提高自身的"完播率"。在短视频平台上切换视频只需要滑动屏幕,不再有搜索、点击、关闭等环节,这也使得制作者需要不断压缩视频时长,在尽量短的时间内抓住用户的注意力。在技术层面上使视频能够更迅速地传播和发展,大家可以随时在手机上欣赏视频,这在十几年前是很难想象的情况。

业界人士对短视频的分发平台有很多不同的划分方式,从线上与线下角度来看,线上的渠道包括自媒体、微博、微信、QQ等;各类视频网站,包括基于个人电脑端的传统视频平台、梨视频等短视频应用,以及以抖音、快手为代表的更轻量级的小视频平台;一些生活、新闻类的综合资讯类平台也开始嵌入短视频或运用短视频进行资讯播发;聚焦于某一类用户群体的垂直类应用及购物平台中也逐渐开始出现以短视频为形式的内容。之前章节中我们提到过"众包"(crowdsourcing)的概念,很多短视频平台都类似于众包平台,平台上的信息来自用户生成的内容。同时,短视频还有很多线下的播放环境,如公交、地铁、飞机等交通工具上的屏幕、楼宇屏幕和户外大屏,甚至电梯间广告屏、丰巢快递柜上的屏幕也正在成为短视频的重要播发媒介,可以说我们生活中充满了屏幕,也充满了短视频。

第二,从短视频的内容来源来看,主要分为两类:一类是平台化的专业生产(Professional Generated Content,PGC),指发布在新闻门户、视频门户网站的资讯类短视频,内容的专业性较强,最开始出现的时候长度并没有严格的限制;另一类是用户生产的内容(User Generated Content,UGC),指依托于抖音、快手、微视这一类短视频社交应用平台,以用户生产为主要来源并在社交平台上分享的短视频内容,这种短视频的时长往往会受平台要求和产品功能的限定被严格控制在15秒至1分钟[①]。独立的短视频应用在美国最先出现,而国内出现独立短视频平台的时间稍晚。然而,短视频内容其实在国内很早就有。在我国网络视频行业发展的早期,短视频其实是作为综合长视频的补充而存在的,一类主要是为长视频导流的剪辑片段,另一类则是个人的UGC分享。

第三,从短视频的内容风格来看,从诞生伊始短视频便沿袭着"新媒体"的"草根"基因。短视频作为新媒体时代全新的信息传播方式,在内容和形式上具

---

① 白皓天."七秒"营销——浅谈短视频营销[J].新闻传播,2016,279(6):50-51.

有非专业媒体的灵活性和人情味①，承袭着新媒体的"草根性"基因（参见本书第四章）。那么这种"草根性"基因如何在短视频的内容和形式上得到体现？我们从以下几个方面来看：

（1）从技术手段来看，早期的视频技术发展于传统的电视系统，视频不仅仅是传达信息的基础手段，也是一种表达电视艺术的基本方式。它强调符合经典摄影理论和电视播出要求的专业镜头，要求完整且顺畅的叙事逻辑，其画面的选择也要由电视台相关人员"把关"。而依托于移动智能终端发展起来的短视频，具有制作门槛较低、生产流程简易的特点，且要求视频要针对移动端相对较小的屏幕收视方式而进行调试，并强调通过视频播发刺激用户的强参与。此外，国外有研究指出，有些看起来粗糙的图像和"非专业"的视频剪辑反而会使内容更加贴近普通受众，从而增进其感染力和说服效果②。而与传统视频相比，短视频在时间上的严格把控，使其力求短时间内就要通过图像吸引受众，因而在内容创意上往往直接取自生活，营造与受众的天然亲近感，"影像表达开始从高高在上的专业殿堂走入了寻常百姓中"③。

（2）从接收场景来看，短视频适应了碎片化、原生态的接收情境。短视频依靠的主要平台是移动端，例如抖音，移动媒介凸显了信息消费场景的简洁、快捷以及社交化。付玉辉引入"召唤结构"的文学理论，指出新媒体凭借内容的非专业性、灵活性和人情味召唤了公众④。与传统视频相比，短视频在移动终端、使用场景以及受众的阅读收看习惯等方面实现了契合⑤。短视频的随时开启也意味着可以随时停止，这样的伴随状态贴合现代人普遍的孤独心态，短视频扮演了陪伴和依托的角色。另外，工业时代以来追求效率的最大化、多线程式的生活和工作模式，也给予了短视频蓬勃发展的时代文化情境。

---

① 付玉辉. 论移动互联网微传播的双重召唤结构和偏向叠加效应[J]. 浙江传媒学院学报,2015(3):11-14,150.

② CASSELL M M, JACKSON C, CHEUVRONT B. Health communication on the Internet: an effective channel for health behavior change? [J]. Journal of Health Communication,1998,3(1):71-79.

③ 王晓红,包圆圆,吕强. 移动短视频的发展现状及趋势观察[J]. 中国编辑,2015(3):10.

④ 付玉辉. 论移动互联网微传播的双重召唤结构和偏向叠加效应[J]. 浙江传媒学院学报,2015(3):11-14,150.

⑤ 张庆. 传统电视媒体进军短视频的误区与着力点[J]. 现代传播（中国传媒大学学报）,2017,39(12):158-159.

（3）从短视频的内容来源来看，传播者的"草根性"体现在与接收者的"感知相似性"上。有研究将传播者区分为普通人和专家，依据其与受众感知相似性的差别，来研究传播者的类型是否会对信息传播效果产生不同的影响。如国外学者朴惠贞（Hye-JinPaek）等通过对 YouTube 上公益广告的实证研究，来比较普通人与专家作为创作者对视频是否存在说服效果的差异。他们发现短视频的"草根性"可以给受众带来"传播者大部分都是像我一样的普通人"的收看预期，因此当说服性信息提供了符合人们期望的适应性信息提示时，人们会更容易接受该信息，说服就更有可能发生[①]。还有研究从传播者"草根"身份的显露来判定传播者与受众感知相似性的关系，他们发现当传播者显露出其自身也是普通人的特征时，会正向影响受众感知的相似性，进而提高传播效果[②]。

除了感知的身份相似性，视觉传播的相关研究还从视觉形象的角度，将"草根性"操作为一些表示亲近的肢体语言，这些肢体语言表征了传播者的亲和力和接近性。短视频中的出境者，如主播，可能会采用更多表达亲近的肢体语言；短视频中的场景设置也可能更加灵活，例如采用"更接地气"的代表"草根性"的原生态的生活类场景等。因此，如何提取短视频的"草根性"元素，并将它们与传播效果联结起来，将是当下与未来的一个值得深入探索的领域。

在种种变化过程中，更深层次的是一场由短视频带来的文化变革，严格意义上说，这场文化变革并不是因为短视频的出现而导致的，而是我们内在的某种习惯与短视频媒介形态的出现是相契合、共生共变的。而我们需要重点探讨的是如何站在这样的时代背景下感受一场文化的变革。

---

① PAEK H J，et al. Peer or expert? The persuasive impact of YouTube public service announcements producers[J]. International Journal of Advertising，2011，30(1)：161.

② PAEK H J，HOVE T，JEON J.Social media for message testing：a multilevel approach to linking favorable viewer responses with message，producer，and viewer influence on youtube[J]. Health Communication，2013，28(3)：226-236.

第二节　移动视频带来的文化变革

2012年，有一则短视频突然间跃入大众视野，而且在全球范围内掀起了一股大众转发、分享以及创作的热潮。这个视频就是"江南 style"，各种肤色的人们都开始在各种场合跳起了"骑马舞"，或独舞或群舞，可谓一时间"红遍大江南北"，也因此有人称2012年是国际短视频元年。

如果我们把文化看作知识、情感、习惯和艺术（或高雅或低俗）的总和，那么生活在数字世界的我们无疑是最大的文化变革力量之一。我们使用 YouTube 的独特方式影响了我们的生活和其他方面……YouTube 不仅仅是一个可以观看视频的地方，它还是一个巨大的文化引擎，平台的用户在不断损坏、改进、替换这个引擎的零部件。[①]

为什么"骑马舞"这类短视频可以如此迅速地"走红"？接下来我们从几个方面探讨一下移动视频时代的文化变革，探讨移动视频的新技术如何让个体成为改变文化、成为文化本身的影响力；公众又如何通过转发、评论、点赞等回应互动方式进一步发挥集体对文化的影响力，并成为文化的一部分；以及这种移动视频技术如何使人们摆脱物理空间的束缚，如地理位置或政治经济文化等地位的限制，去自由表达自己、传播自己的思想。

一、让你感受我的感受，或许我说不出来

前文我们已经提到了移动视频的"草根"基因，还原生活原貌，这里还需要补充一点，生活体验中那些令人"惊奇"的部分却构成了病毒式传播和裂变的关键。我们先来看一段视频（见图10-2），尝试理解这种记录生活中的"惊奇"。

---

① 凯文·阿洛卡.刷屏——短视频时代的疯传法则[M].侯奕茜，何语涵，译.北京：中信出版集团，2018：XII.

图 10-2　后院双彩虹视频截图　　　　　　后院双彩虹视频二维码

看完这段视频,你能够理解为何这段无人出镜、只有画外音、无剪辑,画质也不够清晰,持镜也不够稳的三分钟短视频能够在 2010 年,一经出现在 YouTube 上就引发了一股转发和评论热潮吗?

这三分钟短视频尽管"不专业",却记录了一位男子在自家后院发现双彩虹后从激动到喜极而泣的过程。你或许会发现,当你试图用语言描绘这段视频时很无力,用"喜极而泣"或"崩溃"等词似乎都没有办法还原视频带给人的情感体验。或许这正是视频不同于文字表达之所在。

视频的拍摄者保罗·瓦斯克斯说:"通过视频你经历了我所经历的一切。"[①]

保罗将难以名状的、复杂的情感体验通过这则视频传递给观者。人们在观看的过程中,不仅经历了别人所经历的,感受到了他人的状态,也投射了自身的情感,唤醒了自己曾经感受"惊奇"却难以名状的记忆,并通过转发再将这样的情绪通过视频为载体传递给他人。有网友说,他们曾经通过这段视频治愈自己,每当心情不好的时候就会重新打开这段视频。

二、二次创作,接合新的意义

在短视频带来的文化变革中,混音也是值得关注的一个现象。混音这个词最早来源于音乐的剪辑和再创作,指将不同的音乐混在一起,创造出一段新的旋律。数字短视频拍摄制作技术使混合多段视频成为可能。不同视频和音频的编

---

① 凯文·阿洛卡.刷屏——短视频时代的疯传法则[M].侯奕茜,何语涵,译.北京:中信出版集团,2018:VII.

辑叠加，为原视频注入了再创作者的观点和想法，赋予其新的意义，这个意义可以是恶搞的、诙谐的、幽默的，甚至是反转和颠覆性的。

接下来请观看视频混音历史上的一个经典案例：彩虹猫（Nyan Cat）（见图10-3）。

图10-3 "彩虹猫"视频截图　　　　"彩虹猫"视频二维码

Nyan 诞生于 2011 年 4 月 3 号。当时一个策展公司请一个年轻人来创作一个可爱的小图像，要求主体是一只小猫，其余部分的形象可以自由发挥。于是这么一只 2D 像素风格的饼干小猫拖着一道彩虹的形象就诞生了。后来，一个女孩以她好朋友最喜欢的歌为背景音乐，将小猫与这首歌结合到一起，饼干猫拖着彩虹配着"魔性"曲调的组合"彩虹猫"就正式诞生了。这个视频形象在网络上线后便一发不可收，引起海量用户不断进行混音式地再创作——饼干小猫和彩虹以及配乐被不断更换、叠加不同的元素。

以这只拖着彩虹的小猫和全程只有"喵"作为歌词的音乐所衍生的"周边"产品，如手机铃声、小游戏等也相继问世，并同样获得大量关注。有意思的是，当认真追问起人们为什么如此为这个短视频着迷时，得到的答案大多是"一只猫飞过太空，划出一道彩虹，让人看了就高兴啊"。是不是这只小猫，是谁拖着彩虹似乎也并不那么重要，或许重要的是新的媒介技术让我们可以参与其中，成为界定意义，给予小猫或者任何飞过太空的符号以新的生命的机会，通过这只小猫似乎在宣告，我曾经来过，并留下了什么，尽管看起来如此"无聊"甚至"不值一提"，而这种参与本身在许多人眼中就足够具有意义了，不是吗？

人们通过二次创作，哪怕只是转发，寻找着自己的意义。

这样的二次创作有时还会让原来非常"正统""正经"的视频产生"反转"的意义。下面这个案例即是如此：

老香料（Old Spice）是宝洁（P&G）旗下一个专注于男士护肤沐浴系列产品并有着七十多年历史的老品牌。从品牌名称上我们就可以看出这一点。然而，也正是这个名字,让如今的宝洁头痛不已。宝洁发现,现在的年轻消费者似乎不那么愿意再与"老"连接在一起,一旦品牌有了"老"的含义,就会失去很多年轻消费者,因为他们觉得这是自己的爸爸或爷爷才会用的牌子。

于是2019年,老香料决定在美国"超级碗"期间,启用前美国橄榄球大联盟的球员以赛亚·穆斯塔法作为新的形象代言人,并让他裸露上半身,通过镜头的快速切换,穆斯塔法一会儿在浴室,一会儿站在邮轮上,一会儿又骑上一匹白马手捧钻石,穆斯塔法全程自信地展示着自己的身材,视频还配以这样的文案主题:"你男人的味道也可以像他一样性感"(The Man Your Man Could Smell Like)。这一品牌传播视频(扫描图10-4左侧二维码观看)一经上传到社交网站,在获得众多关注后却引发了一股恶搞风潮。例如,在中国出现了方言版的视频(扫描图10-4右侧二维码观看);杨百翰大学(Brigham Young University)还修改了文案:"看看你的衣服,再看看我的,被人小看就要充实自己,你在什么位置? 到图书馆,帮你提升自己的等级",以此来激励学生努力学习。

老香料广告片二维码　　　　图10-4　老香料广告片截屏　　　　老香料广告片
恶搞视频二维码

三、以视频为媒,引发深度卷入

如果说在长视频时代,视频的创作主要是为了审美的功能,人们坐在电影院里体验一场大片带来的两小时的沉浸感,尽管观影之后也会有与人讨论的想法和行为,但是一般而言,了解、欣赏、学习、体会等构成了长视频的主要功能。而短视频,从一降生就具有"对话性"的目标。长视频的体验大多是安静的,但短视频的体验大部分是喧闹的、人群中的,即便只是一个人刷着手机,人们或许也仍希望能够通过点亮在看、分享到朋友圈,让其他人看到并一起卷入其中。

2005 年，耐克为推出新款 Tiempo 足球鞋，在社交平台上发布了一段视频（注意这并不是传统意义上的广告，见图 10-5，可以扫描下方二维码观看）。视频以纪录片的拍摄手法，运用手持镜头和长镜头，记录了小罗纳尔多在训练场地的一段写实的训练过程：从接到工作人员递来的新球鞋，到穿鞋的过程，再到踢球全过程，看起来"一镜到底"，全片时长不到 3 分钟。但令人惊奇的是，在换上新球鞋后，小罗纳尔多连续四次踢球，全部击中了球门的横梁。

视频一经上线就引发了一场关于其真实性的讨论，有些人不相信小罗纳尔多会如此厉害，竟然连续四次远距离击中横梁，坚信这是后期制作，但是从视频上又的确看不到任何剪辑的痕迹。于是人们纷纷写信给耐克询问"这是真的吗？"但耐克官方与小罗纳尔多均始终不出面回应，绝口不提视频是真是假，这一则视频通过引发讨论的方式达到了预期中的传播效果。

图 10-5　小罗纳尔多换上新鞋四次击中横梁的视频截屏　　扫描二维码观看视频

以引发公众讨论的方式作为视频创作的动机，这种例子不胜枚举。Blendtec 是美国一家售卖搅拌机的公司，它做了一系列视频（注意也并非传统意义上的广告），视频的内容是把各种各样的东西丢进搅拌机中，看看这个搅拌机会把这些产品变成什么样，丢进去的东西竟然还包括当时刚刚上市的苹果手机第四代（iPhone 4）。就是这样一个搅拌机搅拌 iPhone 4 的视频在 YouTube 上累计有 2 亿次的观看。更有趣的是，Blendtec 公司还将 iPhone 4 被搅拌以后的"残骸"碎片放在易贝（ebay）上进行公益拍卖，吸引了 21 万人浏览并拍出 800 多美金的价格。为了让公众卷入的热度持续，Blendtec 公司还发出邀请，只要你想换一台新的 iPhone 4，就可以将旧手机用搅拌机搅了后的视频上传，获胜者将会得到一个新的 iPhone 4 和两年的通信合同费用。

第三节 若论战略，则不得不提视频号

讲到移动视频，就不得不提到微信生态圈中一个重要的新兴媒介产物：视频号。张小龙在微信公开课"微信之夜"上讲到，视频化的表达可能是下一个十年内容领域的重要主题。视频号的意义，与其说是视频，不如说是"号"。因为有了一个公开的号，意味着每个人都有了一个公开发声的身份。视频号的初衷就是人人都能够通过视频化的方式去公开表达微内容。在这个平台上，视频号希望人们可以用一种全新的方式与朋友交流，也可以用它来记录自己的心路历程、悲欢喜乐。甚至还希望未来人们可以将视频号关联到个人的微信名片，向别人介绍自己时，不是通过微信二维码，而是通过视频号①。那么，从战略思维去理解视频号，有哪些值得我们思考的方面呢？

第一，视频号是一种平民化的微表达。

依照张小龙的表达，微信制造视频号的目的之一是弥补之前在微信公众号上"犯的错"，即"忽略了人人都有的表达欲"。张小龙认为，制造微信公众号的初衷是满足大家的表达欲，但没想到公众号的文章越来越专业化、篇幅也越来越长，这其实无意中抬高了普通公众参与公众号写作的门槛，正如当下，公众号更多地变成了企业或个体商家的营销号、相关组织或部门的宣传号。设想的"平民写作"并没有成为现实，于是视频号即孕育于这样的缺憾中。

第二，视频号是沉淀私域流量的空间。

要理解私域，我们首先要理解这个概念其实是与"公域流量"或"大平台"相对的。公域流量，即大平台上汇集流量的公共空间，它虽然对所有商家开放，但如果要使用这些流量，就必须以某种方式向大平台购买，每次导流都需要付出成本。典型的公域流量空间包括淘宝、京东、微信、抖音、今日头条等在内的平台。私域则被认为是包括微博账号、微信账号、微信朋友圈，以及微商相册在内的以"个体面貌"建立与用户之间的、服务于商业目的的人际交流空间。很多商家会认为，属于平台的流量并不稳定，因而希望能够将平台流量导入一个个私域中去

---

① 2021"微信之夜"张小龙演讲全程回顾［EB/OL］.［2022-09-02］. https://www.bilibili.com/video/av801181703.

沉淀稳定的、可靠的流量。于是我们发现,很多商户希望消费者或者粉丝添加商家的个人微信账号、微博账号、抖音账号、加入 QQ 群或微信群等,使平台上的公域流量转变成自己的无形资产。

微信一直以来都是沉淀私域流量的重要场所,而视频号挂靠整个微信生态圈,从前端内容展示到后端服务,一系列无阻碍、顺滑到底的操作,让人们对视频号在私域运营上的潜力更加期待。表 10-1 中我们梳理了目前私域流量的代表性场域,并整理了它们各自存在的优势和局限性,进一步指出视频号的补偿优势。

表 10-1　私域流量空间的优势与劣势

私域流量空间	优势	劣势
微博	老牌平台,大部分企业都有运营	过于依赖意见领袖进行流量分发,小微企业进行私域流量空间运营效果存疑
QQ 群	文件管理和成员管理等群功能强大;群人数上限高,适用于以用户交流讨论或文件分享为主要需求的企业,如线上培训机构或者组织较大规模粉丝群的文化娱乐公司	主要功能还在于聊天而非分享传播
公众号	提供私域流量的基础设施,可以发布图文内容或者 H5 营销活动	服务号每月只能发四篇内容,订阅号信息被折叠,打开率低。触达用户的效率并不高,且基于公众号与用户进行互动并不方便
微信群	群内互动效果好,基于强连接关系的互动群内成员间的信任度相对较高	其他支撑性功能较弱,如果没有长期的运营策略,可能变成"沉寂群"或令人生厌的"广告群"
小程序	功能丰富,拓展性较强,可以用来进行流量变现,如提供电商服务	即用即走,用户的留存率低,用户习惯仍有待培养
个人微信	一对一的体验相对更好;可以通过发朋友圈实现私域流量运营	当客户群体比较庞大时,一对一的沟通效率较低
垂直社交平台(如小红书、斗鱼、快手、游戏、抖音等短视频平台)	平台具有自己的风格,容易聚拢兴趣一致的用户群体,易形成社群	适用的企业范围有限,不符合平台调性的企业较难进入

相比于表 10-1 中罗列的私域流量空间,视频号的优势主要体现在:依托微信生态中的相对"强连接",信任积累有先天优势,借助短视频声画一体的传播优

势,生动、有效地补强文字所不能表达的意义,也正因如此,视频号被认为是沉淀私域流量的重要阵地之一,为"碎片化""个体化"的商业模式创造了新的空间。特别是当互联网进入"下半场"①,如何深耕用户的需求,在用户自己的社群圈层里找到用户的需求,基于圈层的需求专注于打造独特的产品或服务,私域空间自然尤为重要。此外,相比于抖音、快手等平台,视频号还有一套独特的推荐机制,也在一定程度上促进了视频号的优质内容生产。

我们接下来将重点讨论这一点:

第三,视频号的双重推荐机制都在向内容的"质"而非"量"上倾斜。

促进人们购买的真正动力是什么? 我们在前述章节中已经论及,包括人格化、情境化,促进组织与公众之间的卷入体验、信任以及对话感。无形的品牌也好,有形的产品与服务也好,其实都是一种与用户身份发生连接的媒介。人们通过购买寻找自己的意义,在购买中找到自我的群体身份,通过购买确认自我与他人的相似与不同。

因此,正如张小龙所说,与其认为视频号的侧重点在视频,不如说视频号的重点其实在"号"。这是一个给予个体、商家、组织以立体化展示自我、持续生产内容的微平台,那么如何确保内容的优质性呢? 如何避免向趋同性、低质性、媚俗化发展呢?

张萌在《引爆视频号》一书中写道:

> 刚刚看了一个微信短视频,感觉拍摄者不易顺手点赞,然后一秒钟果断取消。没别的,就是感觉虽然不易,但是内容上真的差点意思。因为微信短视频的规则是点赞即传播,只要我一点赞我的好友就能看到,就会以为这就是我喜欢和欣赏的。但是这个内容确实还没有到让我忍不住想要跟朋友嘚瑟的程度,我不愿让朋友们误会这就是我的欣赏水平。总不能跟朋友们解释,我这是鼓励性点赞吧。②

---

① 2016—2017 年,很多互联网重量级人物都断言"互联网已经进入下半场",其中美团点评网首席执行官王兴被认为是最早提出"互联网下半场"观点的人,他提出这个说法是基于这样一个判断:从互联网到"互联网+",意味着一个时代的结束,另一个时代的到来,并认为中国互联网进入下半场,O2O 行业将进入精耕细作阶段。上半场被认为是利用了互联网流量红利而诞生了几大巨头平台,而下半场被认为结束了上半场"野蛮圈地"的局面,开始转向精耕细作,产业升级。

② 张萌.引爆视频号[M].北京:北京联合出版公司,2021:35.

这段心理历程其实折射了视频号的推荐法则对优质内容生产的作用机制：我知道我的朋友会看到我的点赞，于是我的点赞势必更加谨慎，而反过来，人们在创作内容时就势必要考虑社群的整体水平。

优质内容生产的动力还来自"出圈"的可能。在本书的第四章"面对新情境：社交媒介的技术与文化特征"中我们介绍了"六度分隔"理论，其实视频号的推荐机制也在尝试打通一度连接、二度连接，进而穿透三度以外的连接，实现一个"小世界"。

我们来看视频号的设置：视频号的页面上方有"关注""朋友""推荐"三个菜单项。

首先来看"朋友"这里，为什么你的"朋友"这里会有红点呢？为什么你从来没有点赞过任何一个朋友的短视频这里也会出现红点呢？因为只要你的朋友点赞或评论了一条视频，你的"朋友"这里就会显示出红点，红点就是在向你推荐"你朋友的推荐"。换个角度来看，如果你发布的视频被你的朋友点赞或者评论了，你的朋友的视频号"朋友"这里就会出现红点，表示你的朋友在向其朋友推荐你的视频，尽管他的朋友可能完全不认识你。注意这里正在实现内容从第一度连接（你的朋友）跃迁到第二度连接（你的朋友的朋友）。

那么三度连接如何实现呢？如果你的朋友的朋友（你的二度连接）也点赞或评论了你的视频内容，那么他已经向其朋友进行了推荐。你的内容就这样实现了三度连接的跃迁。在现实中，你的朋友和你属于同一个兴趣圈、阶层圈的可能性很高，即我们第四章中提到的"同质化现象"，但是当跃迁到第三度空间，你和你的朋友的朋友的朋友之间的同质化程度将大幅降低，这也意味着你的视频内容很可能在跃迁到第三度时实现了"出圈"。

我们再来看视频号页面上方的"推荐"。这里是由算法而不是社交关系决定视频号向你推荐什么样的视频。

视频号算法推荐的核心是点赞率这个指标。点赞率就是为你点赞的好友数除以你的好友总数。例如你的微信好友有 500 名，为你某条视频的点赞好友数为 25，那么你的这条视频的点赞率就是 0.05；而 A 拥有 1000 个微信好友，某条视频的点赞好友数是 40，从绝对值上，你的视频的点赞好友数并没有 A 的这条视频多，但是你的这条视频的点赞率却超过了 A 的这条视频。因此，在视频号的算法逻辑里，你的这条视频被推荐的可能性将高于 A 的这条视频。

综上，通过社交关系和平台推荐这两大工具，视频号提供了更多的"出圈"机会，促进优质内容的生产，并且通过相对公平的算法，为"草根"凭借优质内容而不是凭借资本考量取胜提供了机会。无论是社交推荐还是算法推荐的逻辑，其实都在向对"内容本身"的强调倾斜，鼓励创造者将精力放在如何持续性地生产"对朋友圈"有价值的内容上。

以上就是我们从战略思维重新理解视频号的内在逻辑，战略思维有助于我们超越单纯的买卖关系，从内容的质量和关系的长久性考虑，去开拓并维系组织与公众的信任关系。然而，当企业品牌纷纷入驻视频号后，微信私域流量被激活，一个微信生态圈被更加完整地建立起来：视频号＋公众号＋个人微信/企业微信＋社群＋小商店＋小程序，统一的账号体系和交易闭环，外加社交信任作为基础，往往会让运营者或者战略决策者迷失在"买卖关系"之中，而忘记了优质内容的持续输出、关系的长久建设始终是微信生态圈的核心要义。

第四节　从战略传播的思维理解直播

直播是移动视频价值的放大。

直播相对于常规的移动视频，更具原生性。在张小龙看来，直播无需准备，就像日常聊天，是一种轻松的表达[①]。人们可以随手架起手机开始与用户闲话家常，可以随走随播，一个没有任何团队、不依赖于任何公共流量平台的"素人"也可以借助视频号，开启人生第一次直播（带货）。直播还催生了电商在特殊情境下的火爆态势，特别是在 2020 年持续至今的全球疫情中。

据 CNNIC 第 45 次中国互联网络发展状况统计，截至 2020 年 3 月，电商直播用户规模为 2.65 亿，占网民整体的 29.3％。艾瑞咨询《2020 年中国直播电商生态研究报告》显示[②]，2019 年直播电商整体成交额达 4512.9 亿元，同比增长200.4％，占网购整体规模的 4.5％。预计 2020 年直播电商规模将突破万亿，到2022 年预计达到 28548.3 亿，将占网购整体规模的 20.3％。电商直播能拥有如此广泛受众群体的原因，一方面是平台加以引导，增加用户从被动消费向主动消

---

① 2021"微信之夜"张小龙演讲全程回顾［EB/OL］.［2022-09-02］. https://www.bilibili.com/video/av801181703.

② 艾瑞咨询.2020 年中国直播电商生态研究报告［EB/OL］.［2022-09-02］.https://report.iresearch.cn/report/202006/3606.shtml.

费的转化；另一方面，信息爆炸、用户时间碎片化，粉丝效应与从众心理等因素导致其倾向于做出快、准、稳的消费决策。对于短视频平台用户来说，用户对内容趣味性的追求越来越高，以唱歌、跳舞、聊天加打赏为主要模式的娱乐直播行业已从眼球经济进入疲软期，购物已经变成直播用户主要的消费方式，点击第三方电商平台购物的用户高达 51.6％，在平台内置电商中购买商品的用户达 48.0％，产品内嵌的直播功能使得用户"打赏主播"的消费习惯发生转移。

在直播的主要平台中，我们先介绍日均活跃用户数（DAU）位居前茅的抖音和快手。

抖音，是 2016 年 9 月上线的一款音乐创意短视频社交软件，这个 15 秒的短视频平台无疑是目前最火的应用之一。根据巨量算数 2020 年 2 月发布的《2020 年抖音用户画像报告》①，抖音用户日均活跃用户数在 2020 年 1 月超过 4 亿，较 2019 年同期的 2.5 亿增长 60％。在移动视频行业的日均活跃用户规模方面，抖音继续保持行业领先，DAU 位列第一位。其后依次为快手、爱奇艺、腾讯视频、优酷视频、西瓜视频、抖音火山版、芒果 TV、哔哩哔哩以及微视。

在抖音整体人群画像中，男女较均衡，19～30 岁占比高，新一线、三线及以下城市用户占比高。抖音省份/城市 TOP10 分布中，广东、河南、山东省占比高，郑州、西安、昆明市占比高。抖音男女人群画像中，男性 19～24 岁、41～45 岁的用户占比高，女性 19～30 岁用户占比高。抖音高低线城市人群画像中，高线城市 19～30 岁的用户偏好度高，低线城市中 19～35 岁用户偏好度高。抖音不同年龄段人群画像中，"95 后"人群男性占比略高；"90 后"人群女性占比高；"85 后"人群女性占比高，低线城市占比超 6 成；"80 后"人群男性占比高。

在抖音平台上用户的偏好视频类型中，演艺、生活、美食类视频播放量较高，观看情感、文化、影视类视频增长较快。男性用户对军事、游戏、汽车偏好度较高，女性用户对美妆、母婴、穿搭偏好度高。"00 后"对游戏、电子产品、时尚穿搭类视频偏好度高。"95 后"对游戏、电子产品、穿搭类视频偏好度高。"90 后"对影视、母婴、美食类视频偏好度高。"80 后"对汽车、母婴、美食类视频偏好度高。

综上，抖音平台最初是一个专注于年轻人的 15 秒音乐短视频社区，用户通过选择歌曲，配以短视频，形成自创作品，并利用年轻人喜欢的拍摄速度、视频剪辑、特效等技术让视频更具有创造性，逐渐发展为当下各种兴趣群体活跃，甚至

---

① 广告营销圈.2020 年抖音用户画像报告［EB/OL］.［2022-09-02］.https://www.sohu.com/a/380017567_441449.

具有直播功能和电商功能的综合性移动视频平台。

再来看快手,快手诞生于 2011 年,前身叫做"GIF 快手",最初是一款用来制作、分享 GIF 图片的手机应用,在 2012 年转型为短视频平台和社区,用户记录和分享生活,通过直播与粉丝实时互动。快手也有较为强大的视频剪辑功能,如自带特效、视频美化、滤镜和相框等功能,自带剪辑,可以用照片、视频制作视频。

一、直播的特点与发展简史

网络直播是由网络主播提供的不经过录音或录像,依托互联网和手机或电脑等直播媒介在直播平台上同步进行实况播送,多方展示,与受众通过弹幕或评论实时互动的网络内容服务形态。[①]

根据 QuestMobile 研究院 2019 年 11 月的报告[②],直播具有以下特点:

(1)即时性:信息可以及时传播,因此降低了信息损耗,增强了信息的可信度;

(2)双向性:主播与观众能够实现实时互动、双向互动,二者共存共享;

(3)参与性:由于直播能够满足观众及时反馈的需求,观众有了更强的参与性,并强化了他们的认同感与归属感;

(4)去中心化:直播打破了传统传播的中心化,全民皆可直播,更加平等开放。

从 2005 年开始,电脑端的直播诞生,并逐渐为众人所知。2005 年至 2015 年是直播的发展期,这一阶段的直播以秀场直播和游戏直播为主。随着电竞游戏的发展,在大量游戏玩家的推动下,网络直播蓬勃发展。除了语音聊天的社交需求外,还产生了学习、提升游戏技能的需求、观看游戏视频的需求,从而催生了以斗鱼、虎牙、战旗等为代表的游戏直播平台。

2016 年又被称为"中国网络直播元年",随着技术驱动进入移动直播时代,各网络直播平台井喷式发展。依托移动手机的便捷性,直播开始渗透到人们生活的方方面面,各行各业纷纷开启"直播＋"的模式,例如教育直播、美妆直播等,直播成了各个领域宣传的重要渠道之一。

---

① 谭畅,贾桦,杜港,等.浅析网络直播的定义、特点、发展历程及其商业模式[J].现代商业,2018(19):165-168.

② QuestMobile 2019 直播＋X 洞察报告[EB/OL].[2022-09-02].https://www.quest-mobile.com.cn/research/report-new/73.

2018年，随着短视频平台的兴起，直播和短视频的结合成为媒介策划中的重要成分，以映客、花椒、抖音、快手等平台为代表，添加了明星、演唱会等元素，直播内容更加泛娱乐化和多元化。2019年，电商直播进入爆发期。淘宝自2016年率先发起电商直播后，拼多多、京东等各个平台也纷纷开启直播功能。

直播的关键词仍然是"连接"。

首先，是人与人之间通过即时互动而达成的连接。即时互动的连接可以使观众与主播的情感联系更加紧密。

其次，是人与信息的连接。文字和图片可以被篡改、视频可以被剪辑，而直播可以使信息的呈现更全面，更接近观众心目中的真实，观众也会更相信这样"亲眼所见"的事物。

最后，是人与物的连接。电商直播可以使购物模式从传统的人找货转变为如今的货找人，主播、商品与消费者之间的关系越来越紧密，"货找人"模式需要品牌更加了解消费者的需求满足现状及变化趋势，从购买、交易、反馈的线上化闭环，实现用户数据的收集，形成用户画像，而直播正可以通过实时的互动完成这一闭环。

随着直播用户消费能力的提高与各平台在直播领域投入的增加，用户的消费决策路径缩短，非计划性购物增加。根据尼尔森数据[①]，非计划消费在1万元以下消费中占比76%，在3万元以上消费中占比则高达89%。而电商直播便是要撬动这百分之八十的非计划性消费市场，更进一步来说，直播就是要成为产生非计划消费的最核心因素——经周围好友推荐的一种形式，这也从一个侧面展现了信任机制的重要性。

在连接了用户后，直播可以通过优质的内容、建立社交关系、提供娱乐消遣、提供有价值的物品等方式吸引用户进行消费。

二、直播的现状

按直播的形式可以将直播分为图文直播、音频直播和视频直播。图文直播比较容易理解，通过图片和文字进行直播，而不插入音频或视频；这里主要解释一下当前音频直播和视频直播的产业格局。

---

① 新浪网. 网红向左，MCN向右：再无第二个李佳琦？[EB/OL]. [2022-09-02]. http://k.sina.com.cn/article_3237743254_c0fc0a9601900usu7.html? from＝tech.

（一）音频直播

音频直播相较于视频直播的场景限制少，制作成本和门槛更低，能够弥补视频在移动场景下的不足，例如我们常常能够在公交车、出租车上听到音频直播的电台。由于声音媒介独有的伴随性特征，能将用户的注意力集中在内容本身，获得更高的信息传播效率。易观整理了《音频直播的产业生态图谱》（见图 10-6），从内容提供方、音频直播平台以及第三方服务三个主体对当前中国音频直播产业进行了梳理。

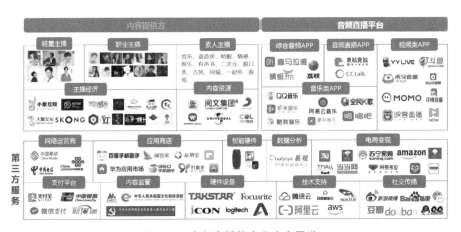

图 10-6　音频直播的产业生态图谱

（来源：易观数据：《2019 中国音频直播市场专题分析》）

（二）视频直播

视频直播从受众的角度可以分为针对企业开通的直播，例如视频会议等；以及针对个人的直播。从直播关系的角度可以分为一对一直播，如在线外教学习；和一对多的直播。一对多的视频直播产品包括秀场直播，电子竞技（游戏）直播，移动直播（移动全民直播、社交软件直播、电商直播、手游直播），体育直播，活动直播，摄像头（监控）直播。其中活动直播指针对演唱会和大型商业活动的直播，相较于其他直播，活动直播对主办方的拍照要求更高，进入壁垒也更高，更接近传统的电视直播方式。

那么为什么电商直播开始逐渐受人追捧呢？从偏经济学的角度来理解，电商直播的所有参与者都能够达到正和博弈的效果，都能从中获益。对于电商平台,如前文所说,能够撬动百分之八十的非计划性购物市场,突破电商平台增长的天花板。对于主播来说,可以通过自身的带货能力、社交货币的转化和粉丝的消费能力来换取收入。对商家来说,可以借助网红打造爆款,获得更多流量。对于消费者则是获得了娱乐感和打发时间的满足感、购买到相对优质低价的产品。而对于直播平台,通过打赏、广告、游戏等方式可以实现流量的变现。当然,所有参与者都获益的正和博弈只是理想状态,实际情况并非如此乐观。

直播电商相较于传统电商的优势在于引入了社交,构建了信任关系。社交关系的建立可以减少消费者理性评估的时间,降低消费决策成本。传统电商需要消费者主动搜寻产品信息,消费者处于理性判断时期,会整合多方信息进行评估。而消费者在进入直播间时往往没有明确的购物需求,是"货找人"的模式,由于消费者与主播之间建立的信任关系,消费者往往基于感性判断做出购买决策。直播电商正是借助网红主播的号召力和影响力,把粉丝对主播的信任转化为对产品的认同,从而实现社交资产的货币化。直播电商也是一个高效的在线批发业务,具有去渠道化、去中介化的特点。

三、对直播产业的反思

2021年12月26日,经济参考报发表文章《网络直播规范自律方能行稳致远》,并获得新华社的转发[①]。这篇文章指出了网络直播的两个潜在风险：

第一,对主播个人的倚赖,可谓"成也主播,败也主播"。尽管网络直播生态是由商家、主播、平台以及用户共同构成的生态(见图10-7),但是主播却在这个生态环境中处于至关重要的角色,主播行为的规范紧密关系到直播行业的健康发展;

第二,直播带货经历了不到5年的"野蛮生长"(见图10-8),如今已进入强监管时期,而其生态结构的复杂性,也意味着这是一项长期而艰难的社会治理工作,需要"政府监管、行业自律、平台自治、主播自觉、社会监督共同发力,构建社会共治格局"。

[①] 经济参考报. 网络直播规范自律方能行稳致远[EB/OL]. [2022-09-02]. https://xh-pfmapi.xinhuaxmt.com/vh512/share/10487294.

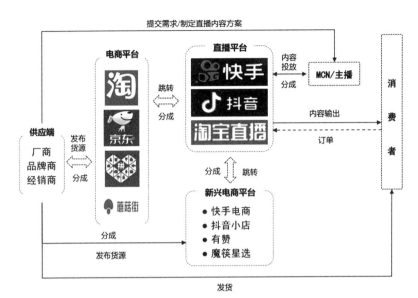

图 10-7　直播电商产业链及视频直播平台生态

（来源：前瞻研究院：《2020 年中国直播电商研究报告》）

2016年 萌芽期	2017年 起步期	2018年 成长期	2019年至今 爆发期
• 电商平台与短视频平台陆续上线直播功能 • 短视频开始进行电商、付费等多种商业模式的尝试	• 主播身份多元化，从明星网红向素人拓宽转移 • 直播品类多元化 • 行业角色分化，MCN机构出现	• 直播频道在各内嵌平台的重要性逐渐上升 • 各大平台转型并推出"内容补贴"战略，扶持内容创作 • 内容平台建设自有供货平台	• 行业进入爆发期，交易额高涨，电商直播标配化 • 精细化运营，供应链建设得以强化 • 主播的身份更加多元化

1月：快手上线直播功能

3月：淘宝直播试运营，5月正式推出淘宝直播平台

3月：蘑菇街开启直播电商

9月：京东上线直播

7月：苏宁APP正式上线直播功能

11月：抖音上线直播功能

11月：淘宝直播单日直播场次规模上万，单日累计观看破亿

3月：亚马逊开始尝试网络直播服务

2018年3月，抖音正式试水直播电商，开始在大账号中添加购物车链接；12月购物车功能正式开放申请

6月，快手与有赞合作推出"短视频电商导购"，并新增快手小店，同时推出"魔筷TV"小程序

5月：抖音上线了店铺入口

8月：京东时尚在"京星计划"中推动直播带货

4月：微信试运营直播电商

4月：小电铺正式接入"腾讯直播"工具开发接口

5月：拼多多与快手完成后台系统打通

5月：蘑菇街建立第一个全球美妆供应链池

7月：京东宣布至少投入10亿资源，孵化不超过5名超级红人

8月：网易考拉上线直播功能

11月：天猫双11淘宝直播引导成交额近200亿，参与直播的商家已经超过50%

2020年2月：小红书上线直播

图 10-8　中国直播电商发展历程

（来源：艾瑞咨询.2020 年中国直播电商生态研究报告［EB/OL］.［2022-09-02］.ht-tps://report.iresearch.cn/report/202006/3606.shtml.）

第五节　从战略思维理解移动视频创意

我们如何创意移动视频？首先，我们需要思考一个战略性问题：组织为什么要进行移动视频传播？这与其战略方向有何关联？

另外，移动视频传播也蕴含着风险，一旦扩散开来，其意义的解读就已经不被"生产者"所控，那么组织做好迎接风险的准备了吗？组织对可能成为"病毒式"传播的短视频的容忍度怎么样？

要回应上述问题，我们需要从以下四个战略性方向对移动视频的创意进行深入的理解：

第一，从全局来看，项目的传播目标与传播方式是否与即将创意的移动视频相符合，还是仅因视频是热门形式而使用？在策划移动视频前，我们还要考虑短视频与直播的区别，是选择某一种类型，还是多种类型的组合传播策略？

短视频与直播都属于视频类信息流，直播具有更强的即时性和互动性，而短视频则可以通过二次创作和剪辑提升传播效果。短视频的特点是短小精悍，这意味着它只能展现关键信息，而直播虽然能完整呈现信息，但信息密度较低，适合伴随状态观看（表 10-2 呈现了两者的主要区别）。进行媒介策划时可考虑将二

表 10-2　短视频与直播的主要区别

	短视频	直播	直播为何需要协同短视频
信息层面	二者都属于视频类信息流		丰富平台的内容
即时性		√	
二次传播效果	√		后续传播，获取更大热度
内容创作	内容时长与创作空间受限，只展示核心内容	创作门槛较高，专门策划，内容丰富但信息密度较低	降低主播创作门槛
对主播的要求		√	短视频引流到直播平台，发挥直播平台互动优势，将用户转化为粉丝
互动效果		√	
场景形式	人与内容	人与人	

者结合起来，取长补短。对直播的二次创作形成的短视频，可以丰富直播平台的内容，有益于后续传播，也能将用户从其他社交平台引流至直播平台，将用户转化为粉丝。电商直播、游戏直播中的精彩片段均可以通过剪辑成短视频的方式在社交媒体上进行二次传播。

第二，是否具有足够的时间和人力成本来运营以视频为主要载体的战略传播项目，注意在很多时候视频制作与传播只是整体战略传播中的一环。以直播电商的产业链为例，包括平台、用户、主播、MCN（Multi-Channel Network）机构、供应链、品牌方、内容电商整合营销机构和服务支持等，可以进一步整理为人、物、场三个要素①：

人：包括主播和MCN机构，主播如果按照三个定位方法，即文化类、创意类以及社交类（图10-12），那么对主播的选择首先要符合直播的整体战略方向。

物：我们这里没有使用"货"这个概念，其实也是想强调超越"买卖"的关系去看直播这种内容生产形式不止于营销的潜力，"物"不仅是要卖的东西，还包括要呈现的价值、要构建的关系，以及要提供的优质内容。

场：即情境，从目前直播电商的类型来看，有三大类平台：电商平台（淘宝、拼多多、京东等）、内容社交平台（抖音、快手、微博等）、种草类平台（小红书、B站）。直播平台的选择也需要匹配战略方向，不同平台的原生用户量、平台调性等都有差异。此外，直播的场不仅仅指"平台"，还包括直播的物理场所。我们来看下面这个案例。

安徽快餐龙头老乡鸡的创始人束从轩，在2020年被称为"最会玩营销的企业家"②。他的受欢迎程度可能出乎很多人的意料。在2020年餐饮危机爆发之初，据称他花了200元钱，在农村一块简陋的场院召开了一次发布会（见图10-9），这场发布会选择在哔哩哔哩全程直播，在网络爆红之后，束从轩在采访中揭开了这次发布会的创意由来，他说："疫情防控期间本来就有损失，不适合大操大办。要开会怎么办？那就在我家乡找个地方搭个台子吧……没有策划团队，没花什么钱，连围观的老乡都是我们养鸡场的农户。"束从轩透露，本来有部分员工不赞成这样"简陋"地开发布会，但在他的极力坚持下办成了，"我跟他们说，我要是网

① 艾瑞网：深度解读：直播带货中"人货场"到底是什么意思？［EB/OL］．［2022-09-02］.http://column.iresearch.cn/b/202004/887471.shtml.

② 国民网红"老乡鸡"是这么逆势而上的［EB/OL］．［2022-09-02］.https://xw.qq.com/cmsid/20201129A0BBND00.

友,我肯定爱看"①。其实这并不是束从轩第一次选择视频的方式进行传播,疫情最严重时,束从轩"手撕员工信"的视频也引爆了一次流量。视频中束从轩拒绝了员工的"降薪"请求,并表示"就算卖车卖房,也要千方百计地确保 16328 名员工有饭吃、有班上"。

a   b

图 10-9　老乡鸡董事长束从轩的两次"发布"

可扫码观看视频

第三,是否做好了准备迎接病毒视频可能带来的风险。借助网络进行的项目往往存在许多不可控的风险,因此需要为可能到来的批评做好准备,或将批评作为前进的动力。从内容架构上看,这类流行(病毒)视频往往包含三个要素:

a.参与感:能否创造一种权力反转的感觉,能否通过制造互动让你的观众有代入感?

b.惊奇感:我们一直提到的短视频元素就是"惊奇",你的视频中能否超出观众原有的认知,让观众看到他们原本没有想到的事?

c.催化剂:能否运用一些时间节点或事件进行"借风"和联动,而不仅仅局限于自身的单打独斗?

---

① 智能视角.老乡鸡"200 元的发布会"走红背后是怎样的[EB/OL].[2022-09-02].https://baijiahao.baidu.com/s? id=17185865444913412847wfr=spider&for=pc.

第四,组织是否已经准备好采用更简单、不花哨的视频风格,我们在之前的案例中可以发现这类视频的共性,那就是它们可能并没有那么精致,视频的病毒性更强调其中的"草根性",它们粗糙、不完美,与我们所认知的商业广告片是截然不同的,而组织能否接受这样的风格呢? 以下我们以直播为例,列举其主要的策略方式:

一、以直播激活互动

直播中的互动方式有很多种,常见的包括:道具互动、多人小游戏互动、主播连麦互动、直播歌曲互动等方式。

2020年2月12日到15日新冠肺炎疫情防控期间,小米和B站联合推出"休想打败我的生活"72小时超应援直播(见图10-10)。在这么长的直播时长中,每小时抽送出1台小米10的玩法吸引了大批用户参与直播互动。而这次直播的目的是为小米10的上市铺垫一场新品发布会,通过主题新颖、有趣味、有互动的直播形式减弱营销痕迹。

图10-10 小米与B站72小时超应援直播

(来源:叶子栋.品牌内参.小米联合B站推72小时起应援直播:特殊时期如何做营销?[EB/OL].[2022-09-02].https://www.sohu.com/a/373007893_661836.)

二、沉浸式直播突出伴随感

2020 年年初，中央广播电视总台央视频 5G 新媒体平台创新推出《疫情 24 小时》慢直播产品（见图 10-11）。1 月 26 日，央视频全网独家上线第一路火神山医院建设慢直播；1 月 27 日，上线雷神山医院建设高清慢直播。系列慢直播先后共上线 7 路镜头，其中包括两路 VR 镜头，从医院建设到投入使用，24 小时不间断直播一共持续了 117 天，累计在线直播超过 6000 小时。该慢直播作品记录了火神山医院、雷神山医院的建设全过程，向全球报道"与疫情赛跑的中国速度"[①]。人民网研究院对这一慢直播发表了如下评论：

> 这是一次媒体融合的全新探索，我国首次在突发公共卫生事件中应用慢直播。该慢直播将疫情报道由"及时"报道变为"实时"直播，24 小时不间断、客观真实、全程记录了火神山和雷神山两家抗疫医院争分夺秒抓紧建设的情况，具有重要的影像价值和史料价值。引导受众将关注点放在国家防疫重要举措上，全国亿万网民变身为"云监工"，为抗击新冠疫情聚人心、暖人心、稳民心营造良好舆论氛围，第一时间在网上构建正面舆论场，创新了社会治理与舆情共识形成方式。相关正能量话题多次登上微博、百度等热搜榜。以润物无声的方式传播我党"以人民为中心"的理念，是党和政府信息公开透明、尊重民众知情权的现实体现。
>
> 该慢直播得到中央领导和中宣部领导的表扬和肯定。作品被 BBC、FOX 等众多国际主流媒体和社交媒体平台大量转载，生动展示了中国形象、中国速度、中国自信。很多外国国家领导人成了"火神山、雷神山医院建设慢直播"的粉丝，在此期间每天观看，各国各类政党普遍认同中国的疫情防控工作。[②]

---

① 人民网研究院：2020 内容科技应用典型案例：央视频《疫情 24 小时》慢直播产品［N/OL］.2021-06-10,http：//yjy.people.com.cn/n1/2021/0610/c244560-32127852.html.

② 人民网研究院：2020 内容科技应用典型案例：央视频《疫情 24 小时》慢直播产品［N/OL］.2021-06-10,http：//yjy.people.com.cn/n1/2021/0610/c244560-32127852.html.

图 10-11　央视频《疫情 24 小时》慢直播火神山医院、雷神山医院建设

（来源：人民网研究院.2020 内容科技应用典型案例：央视频《疫情 24 小时》慢直播产品
[N].2021-06-10.http://yjy.people.com.cn/n1/2021/0610/c244560-32127852.html.）

三、网红直播提升类社交感

国外学者将进入短视频/直播领域的网红分为三种类型（见图 10-12）[①]：文化类，传统的文化内容创作者，接受过专业训练，曾就职于传统媒体。通过将已有的社会资本带入网红经济领域。生产的内容也会相对严肃和专业。一些社会名人也会参与到短视频/直播中。创意类，相对"草根"的，但逐渐专业化的网红。他们并没有接触过专业化的表演训练，但是内容本身随着个人的品牌建立已逐渐走向专业化，例如，开箱视频主播。社交类，这是一类更为"草根"的网红，其生产的内容不在于内容本身，而在于互动方式。依托于短视频/直播，不在于创意、文化或内容生产，而侧重于如何与粉丝建立关系。通过一些拉近关系的语言符号，如"老铁""家人""宝贝"等；通过秒杀、抢红包、截屏抽奖送礼物等具有强烈情感感染力的互动活动；通过施加强烈个人态度和戏剧性张力的话语，如"我的女孩儿们，买它买它买它！"；以及一些小游戏玩法等来强化主播与用户之间的"同步感、即时感和在场感"[②]。

---

① 　CRAIG D，LIN J，CUNNINGHAM S. Wanghong as social media entertainment in China
[EB/OL]. [2022-09-02]. https://doi.org/10.1007/978-3-030-65376—7_4.

② 　肖珺，郭苏南.算法情感：直播带货中的情绪传播[J]. 新闻与写作，2020(9)：5-12.

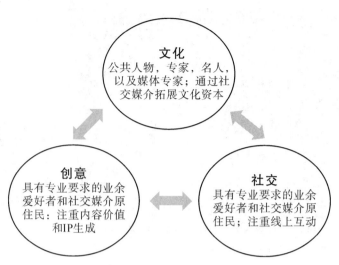

图 10-12　网红的三种类型：文化、创意与社交（根据原文翻译）

第五，组织是否愿意投入精力在创意短视频之前做好前提调研呢？在前述章节中我们多次强调，战略传播活动的"战略"体现在数据的输入和分析上，为传播方案的制订提供依据。例如，目前有一些评估短视频传播效果的数据平台，以免费或付费的资源为传播方案提供依据。又如，抖音全场景 AI 数据平台[1]涵盖了创意素材、带货效果分析等数据。

【思考题】

1.以小组为单位，运用"人、物、场"作为切入点，选择某一品牌或某一产品策划一次直播，形成一份直播脚本。需要注意以下方面：

（1）在主播的选择上：与谁合作，如何合作；

（2）在平台的选择上：平台调性与受众和该产品/品牌的契合度；

（3）在内容选择上：是否考虑直播带货，或知识分享、货品展示、游戏、抽奖活动等形式；如果需要销售商品，需要考虑哪些方面？

（4）直播过程中可能出现什么问题？如何解决这些问题？

2.请对老乡鸡近年来运用视频方式进行传播的活动进行分析，探讨这些形式的选择如何与其战略定位，特别是如何在维系与公众的关系目标上相匹配？

---

①　抖音数据平台［EB/OL］.［2022-09-02］.https://xd.newrank.cn/.

第十一章
以战略传播
思维理解微信
生态

【本章提要】
　　1.对微信的使用场景和功能有基本了解；
　　2.能够理解订阅号、服务号以及小程序在功能和应用场景上的异同；
　　3.能够根据应用需求在 APP 和小程序开发中进行选择。

【先导案例】

　　"故宫口袋工匠"游戏是一款由腾讯联合故宫博物院制作推出的微信小程序（见图 11-1）。在"口袋工匠"中，玩家扮演一名在故宫驻守百年的骑凤仙人，通过收集各种材料，为建设故宫做出卓越的贡献。游戏玩法很简单，通过控制仙人的行动，寻找建筑材料，然后将故宫一步步打造成当代故宫最辉煌的模样。游戏设置如建楼、答题（通过图鉴、拼图和剧情等方式介绍故宫的文物特点和作用）等，这款游戏简单却又充满挑战的玩法不仅有助于帮助人们了解故宫的历史，在故事的世界里探索一切的起源，也通过寓教于乐的方式让用户拥有了对故宫更深刻的印象和理解。

图 11-1　故宫博物院和腾讯联合出品的"口袋工匠"小程序截图

第一节　微信生态及其发展节点

你从什么时候开始使用微信？你为什么使用微信？

带着这两个问题，我们先来看看微信的应用场景：

一、微信的应用场景与生态

社交场景，微信从一开始就致力于打造一个社交平台，聊天和朋友圈是微信的基本功能，也是它致力于建构的社交场景。

知识场景，通过订阅号，可以获取新闻和资讯，订阅这些公众号就像订阅一份报纸、一本杂志，用户还可以通过朋友圈和"在看"功能了解微信好友在阅读什么。

娱乐场景，在腾讯游戏基础上产生的微信游戏也种类繁多，小程序、视频号，甚至朋友圈也都具有一定的娱乐属性。

服务场景，企业和商家可以借助微信的服务号、企业微信等功能完成线上的客户服务。

支付场景，微信支付是由社交场景延伸的功能，满足"用户之间相互转账的社交需求",之后的抢红包功能更使微信支付的用户增长形成新的高潮。

可以说,致力于打造一个生态王国的微信一直围绕着两个点做文章:入口和连接。前者是指创造各种吸引流量的接口,通过引流的方式将人们吸引到这个平台上;后者是指通过它所积累、建构的庞大社交网络,实现人与人之间的连接,从早期的强连接(熟人关系),到后来的弱连接(同事、交易关系),再到各种微信群中存在的"潜在连接"(即技术性存在着,可能处于休眠状态,随时具有激活连接的可能的一类连接,比如那些你从来没有互动过的群好友)。通过建构多元的连接关系,微信不仅提供信息和互动服务,同时也在打造商业交易的闭环从而实现转化。

基于对微信使用场景的了解,我们回过头来看看微信的诞生与发展过程中的关键时间节点。

二、微信的诞生与发展节点

微信自 2010 年诞生后,在 2011 年便登上了中国移动互联网即时通信工具软件的第一名,几乎成为中国每台智能手机上必被安装的应用,它的发展之路中有几个时间节点值得我们注意:

(1)第一个节点是微信的"语音聊天"功能让它区别于 QQ,开拓了新的用户群体。

2016 年 10 月 22 日,马化腾在清华管理全球论坛上提到,对微信最初的设想就是一个邮箱,是个快速的短邮件,"只是它快到让你以为不是邮件",连名字都是马化腾随便定的。在微信项目立项的时候,其实有几个团队在同时做,广州的 QQ 邮箱团队、无线事业群都在做,名字都叫微信,但是他们互相不告诉对方研发进度。最后邮箱团队做了出来,这让无线事业群团队很郁闷,他们的产品后来只好改名叫 Q 信[①]。

而微信真正的启航是"语音"功能的上线,马化腾说:

按了就可以讲话,录音就出去了。这是国外同类产品没有的功能,包括像 WhatsApp 也没有或者功能藏得很深。我发现有这个功能之后,迅速就火爆了。它把很多不习惯手机打字的高管变成了微信用户。还有就是跟手

---

① 赵凯.马化腾:微信最初就是个邮箱,名字随便起的[N/OL].2016-10-23,https://www.lanjinger.com/d/23501.

机通讯录的整合，QQ 用户数据的导入，你一看通讯录好友装了微信，就赶紧也装上了，这是社交链的能量。①

尽管目前很多年轻群体对贸然发语音和动辄接收到长达 60 秒的语音等诸如此类的行为表示"困惑"，但不可否认的是语音交流符合很多中国人的沟通习惯，也方便了那些对手机操作不甚了解、视力不佳甚至文化程度较低的用户。

因此许多分析文章中都指出，语音版是让微信活下来的重要因素。但活下来之后，微信还需要解决活得更好的问题。

（2）第二个节点是 2011 年微信 2.5 和 3.0 中新增的"附近的人"、"摇一摇"和"漂流瓶"功能。这些功能的增加使微信从熟人之间的社交走向了陌生人之间的交友，也因此微信新增好友数和用户数第一次迎来爆发性增长。作为社交平台，微信必须使自己的用户处在不断增长中，微信逐渐发展着用户间的弱关系及其转化。

一个值得注意的问题是微信在弱关系拓展过程中遭遇的伦理问题。前文我们提到，为了让微信活得更好，微信上线了"附近的人"、"摇一摇"和"漂流瓶"功能，但现在如果你打开微信的"发现"页面，也许会看到这些功能已经"消失"了。微信是在 2018 年年底做出了改动，以因应公众舆论批评和相关管理部门的要求。

微信"叫停"了这些功能吗？事实上，"叫停"是不太准确的，微信的确叫停了"漂流瓶"，但是并没有叫停"附近的人"和"摇一摇"，只是把微信的初始设置进行了改变，换句话说，如果需要使用"附近的人"或"摇一摇"，需要用户在"设置-通用-发现页管理"中进行主动选择。初始设置即默认设置，就是软件或者程序默认使用的设置。一般手机上叫做出厂设置。很多软件的功能可以自己定制化功能，也可以恢复初始设置。在进行初始设计的时候，让哪个板块浮现，让哪个板块退后，这其中不仅有商业的逻辑，也有道德的逻辑。从法律意义上来说，并不能认为微信拥有"附近的人"这个版块是违法的，但它的确在一定程度上会引起很多人在道德、安全层面的担忧和质疑。作为研发者，微信便将选择的权利交给用户，由用户决定是否使用这个功能。微信平台还在"摇一摇"进入界面上加上了提示信息"不要轻信陌生人"。

微信没有选择直接下架"附近的人"功能，或许是因为这个功能是微信曾经获得大量用户的重要原因，但它也必须考虑到道德和社会规范的问题。这一系列问题也让微信必须在"野蛮增长"的同时考虑多一条腿走路。"微信红包"或许

---

① 赵凯.马化腾：微信最初就是个邮箱，名字随便起的［N/OL].2016-10-23，https://www.lanjinger.com/d/23501.

就是在这样的背景下应运而生。

（3）第三个节点则是前文提到的"微信红包"。"微信红包"功能的出现让微信支付一跃成为支付宝的最大竞争对手，也使腾讯内部的产品出现了真正意义上的区隔。一些用户在回忆放弃 QQ 转而使用微信时，提到更多的就是 QQ 所不具有的支付功能。

2014 年春节期间，微信的"抢红包"呈现出惊人的扩散力，据腾讯官方数据，除夕夜参与红包活动的总人数达到 482 万，最高峰出现在零点时分，瞬间峰值达到每分钟 2.5 万个红包被拆开。

腾讯财付通产品总监吴毅表示，"红包"功能受宠主要有以下三方面原因：一是正值中国农历春节，用户对红包有心理需求；二是微信强调人际关系和社交属性；三是"抢红包"流程的设计增加了娱乐性，提高了参与度[1]。

当然，支付宝也在不断发力，与微信支付形成两相竞争的局面。根据易观、艾瑞发布的数据，2019 年第三季度，在中国第三方支付移动支付市场中，支付宝占 58.3% 的份额，腾讯金融占 39.53% 的份额[2]。2020 年第二季度，移动支付市场前三名位次依旧没有改变，支付宝仍以 55.39% 的市场份额保持行业第一[3]。但是值得注意的是，腾讯金融交易规模保持稳健增长，得益于微信社交优势，微信小程序商业交易模式逐渐清晰，小程序内的商业交易不断提高。此外，腾讯金融科技服务对交易场景的深入渗透使得支付生态体系更为完善，叠加摇一摇、红包、代金券、卡包等模块的开展，线上和线下场景的商业支付交易金额均有所增长。

互联网产品常常在 5 年或 10 年后便出现新的代替品，在微信已然迈入它的第 10 年后，不少人也在猜测，对于微信来说这个红利期已经够长了，微信的红利期什么时候结束？会不会有新的产品正在萌芽并即将取代微信呢？微信还有什么动作延长红利期呢？为了回应上述问题，微信小程序出现了。小程序或许可以被视作微信生态王国扩张过程中的第四个关键节点。

---

① 腾讯科技.财付通产品总监吴毅：请理性看待微信红包［N/OL］.2014-01-28，http://m.techweb.com.cn/news/2014-01-28/2002404.shtml.

② 易观分析.移动支付行业数字化进程分析—易观：2019 年第 3 季度中国第三方支付移动支付市场交易规模 518886 亿元人民币［EB/OL］.［2022-09-02］.https://www.analysys.cn/article/detail/20019613.

③ 艾瑞、易观 2020Q2 第三方支付报告：支付宝稳居市场第一［EB/OL］.［2022-09-02］.https://www.mpaypass.com.cn/news/202009/30170515.html.

(4)第四个节点是微信小程序对订阅号与服务号的整合和补强。马化腾在讲到小程序诞生的理由时提道：

> 在接近操作系统的层面,我们要思考,你的场景是什么？凭什么大家会拥护、拥抱这个生态？会不会现在很火,到最后一年就看笑话了？我觉得大家还是要有很清醒的认识。我们内部也讨论他们的流量入口问题,他们怎么持续留住用户？对企业来说,会有一些问题要解决。

> 应用号更多是把长尾的东西简化,不用 APP 了,可以即用即来,用完就走,这样的体验有社交性。于是就把应用号变成"小程序",利用社交网络传播。过去大家没有公众号,所有阅读习惯在门户网站,现在大家打开微信,很简单就能在公众号里完成阅读。刚刚开始的小程序有很大的社交性,包括企业可以为自己的用户提供更加轻便而且便于分享的一种应用环境,这也帮助企业能够更好地使用移动互联网工具。①

第二节　微信的战略思维：关注（订阅号）与关系（小程序）

登录微信的主网站,可以看到微信的生态环境由服务号、订阅号、小程序和企业微信这几大板块构成,服务号和订阅号常被我们统称为公众号。2019 年,微信开始布局视频号,通过内测的形式让少部分满足条件的申请者首先体验该功能,同时必须遵守仅发布原创内容的规则。事实上,腾讯曾经推出腾讯微视等多达 10 款与短视频有关的 APP,那么它为什么还要在微信中布局视频号这样的应用？对于这个问题,我们已经在第十章中进行了探讨。

本章我们将聚焦微信订阅号与小程序的战略思维差异,从本书的战略传播"关注-关系-关切"的框架来看,订阅号的思维更侧重于关注维度,即以优质内容引流,稳步建立用户的信任;而小程序则是在关系维度发力,形成从引流到消费的商业闭环。以下我们将分别进行解释。

---

① 赵凯.马化腾：微信最初就是个邮箱,名字随便起的[N/OL].2016-10-23,https://www.lanjinger.com/d/23501.

一、订阅号思维:从关注到信任

从微信的官方介绍来看,订阅号致力于为媒体或个人提供一种新的信息传播方式,主要功能是在微信端给用户传达资讯。适用人群是个人、媒体、企业政府或其他组织,一天内可以群发一条消息。

在订阅号上线早期,每个订阅号发布的内容是不会被叠加的,并且按照订阅号发布的时间顺序出现在用户个人的消息列表中。此后,微信对订阅号的功能进行改版,最大的变化之一是将所有订阅号的信息折叠到"订阅号"这个栏目下,只有点开它才能看到每一个关注的订阅号所发布的信息,并且呈现方式以用户喜好和使用次数等算法逻辑进行排序式推荐。

如果大家想要尝试或正在运营一个订阅号,线上有很多公开课资源供我们学习。这些资源中一个具有代表性的案例是 B 站 up 主"张君",他以公众号运营者的身份讲授了很多"干货",30 讲的内容详尽但不冗长,每一讲时长在几分钟到十几分钟不等(见图 11-2),他甚至给这一系列教程取名为"微信公众号实操(全是干货)"。通过吸引受众观看,形成黏性,最后引流至他的付费营销课程中。

图 11-2 微信公众号实操课程界面截图

(来源:哔哩哔哩)

如果回忆此前我们学习到的"内容营销"章节，就会理解，其实"张君"正在运用内容营销的思维，将免费提供的课程和相关资源作为一个吸引流量的入口，积累稳定的关系，进而沉淀信任——这其实也正是运营订阅号的战略传播思维。

订阅号通过稳定而持续的内容输出，让用户产生亲近感、陪伴感和依赖感，从而增加用户黏性。这样的内容往往是那些可以为用户提供便利的，例如关于某个行业发展的总结、资料库、数据库、行业内参等。更重要的是，优质的订阅号文章能够提供一些结构化的知识和路径，代替用户将海量的信息进行结构化，提炼知识的框架和脉络。尽管很多订阅号依靠耸人听闻的标题创造出超过10万的阅读量，但优质的内容因其往往具有普世的价值内核而可以更长久。优质的订阅号一般具备以下三个特征：

第一，稳定。板块设置稳定，内容更新稳定。

第二，便捷。提供结构化的知识和路径，站在用户的角度提供可以节省其时间、有助于其社交互动和印象管理的资讯和观点。

第三，价值。优质的订阅号是有态度的，不仅提供的内容具有高质量的特点，还应该传递出业界良心，提供行业内权威、专业、及时的信息，并观照"普世价值"。

也正因如此，一些优质的订阅号可以实现从免费到付费的跳跃。有学者将免费的内容输出视为"友谊关系"的建设，而微信订阅号其实就是将"友谊"注入冷冰冰的、距离感的商业关系中[①]，这其实也是微商、微店、小程序的底层逻辑。

较早通过运营"友谊关系"进行营销和培养消费者的社交媒体平台是微博，代表性案例如"日食记"（见图11-3）。

作为微博知名的美食视频博主和微博签约的自媒体，"日食记"上线于2013年，其微博以视频和图片形式的美食教程为主，以视频主人公姜老刀的视角出发，视频中包含厨房、餐具、猫等元素。在日食记的视频呈现中我们几乎看不到商业的痕迹，就好像一个好朋友在分析色香味美的美食是如何制作的，他的日常生活中有着怎样的感悟。此外，"日食记"也会与网友进行互动和抽奖，网友们也积极地在微博下方"交作业"、分享感悟。"日食记"逐渐培养起用户对它所描绘的生活方式的认同和憧憬，将"享受文艺厨房"的观念嵌入用户心中，随后用户便开始购买其周边开发的文创产品以及商品，如面条、酱料等。

上述提到的研究发现，将商业关系与友谊结合起来的商业模式特别适用于

---

① YANG S, CHEN S, LI B. The role of business and friendships on we chat business: an emerging business model in China[J]. Journal of Global Marketing, 2016, 29(4): 174-187.

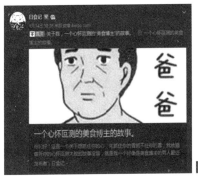

现在的我，仍争取做着导演中做饭最好的那一个，在我喜欢的场所，跟我喜欢的猫和人们一起吃喝聊天、写字拍片、睡前想想梦想完成了多少，没有狂奔，但也没有彷徨。

有句话说得很好，得到太少会心有妒恨，得到太多容易厌倦。

我喜欢现在这样。

好了，这就是一个有着导演梦想的美食博主的自我介绍。

@姜老刀
2016.1.14

图 11-3 "日食记"微博账号内容举例

（来源：微博）

发展新顾客。也就是说，账号中呈现商品购买的方式时，也进行一些友谊关系的展露，如分享个人体验、生活感悟等，这样的组合方式更容易促进新顾客从关注行为转化为购买行为[①]。

与微博不同的是，微信订阅号还可以运用入口的价值，来实现线下引流。

来自湖南的黄蜂在重庆商业圈的一条小巷子里创办了一家实体咖啡店，名字叫"野兽花园咖啡馆（BG 咖啡）"。不到两年时间，BG 咖啡已成为重庆年轻人心中的新地标。

其实这家咖啡店并不是一下子火起来的，在尚乏人问津的时候，黄蜂开始在微博上运营"野兽花园咖啡"的账号，经常分享一些好看的艺术图片、店里的咖啡和简餐等，塑造了一个具有艺术情怀、很有生活仪式感的博主形象。

2014 年，微信红包带来了微信支付的火爆，消费者使用微信支付的消费习惯开始出现。而微信支付也打算从餐饮业入手打造 O2O 的小额、高频使用场景。在这样的机遇下，BG 咖啡的第二家店加入了"微信扫码点单"的功能，点餐、服务、付款全部流程一体化集成到微信里，"在不同门店、不同餐桌推出定制二维码，顾客到店消费，没有收银台的排队点单过程，直接落座、微信扫码点单、支付，还能让不在店里的朋友帮忙买单，自助完成收银。这种自助的线下创新方

---

① YANG S，CHEN S，LI B. The role of business and friendships on we chat business：an emerging business model in China[J]. Journal of Global Marketing，2016，29（4）：174-187.

第十一章 以战略传播思维理解微信生态

221

式，让野兽花园咖啡馆节省了人力，有效降低了其店铺的装修及经营成本"①。

不仅如此，一次插曲也让黄蜂更加意识到微信的连接力。BG 咖啡某个门店因周围施工被围了起来，很多顾客以为施工暂停营业，导致咖啡店业务下滑了50%。BG 咖啡便从订阅其公众号的粉丝中筛选出 3000 个在附近的粉丝，定向发出买一杯送一杯的促销信息，引来了不少顾客。在整个楼群进行装修的时候，他的咖啡厅的营业不仅没有受到影响，还保持了不错的销售额。

从这个时候起，以黄蜂为代表的小商业者开始意识到微信作为流量入口对于一个产品、一个企业的价值所在。

2014 年，"BG 野兽花园"的点单系统成为腾讯年度的经典案例。黄蜂受微信官方的邀请，做了公开课的演讲分享：

> 我们用微信将整个流程进行再造，一共分五个模块。我们内部分为两个部分，第一个是功能端的，包括总控、服务员、厨房。每个地方业务接点都进行了业务记录，什么时候出菜、接到服务响应都可以记录。再下面是 CRM 和财务，我们对顾客什么时候来、什么喜好，甚至于坐哪张桌子都很清楚。②

更特别的是，点单系统还附带一个"树洞"，等餐的间隙顾客之间可以聊天互动，也可以给"BG 野兽花园"留言评价。通过这样的业务流程改变，"BG 野兽花园"与顾客达成了持续的关联和反馈机制。除了产品、服务，"BG 野兽花园"也在持续进行挖掘，为此组建了专门的策划团队，持续经营微信公众号和微博以及策划各种各样的线下活动（见图 11-4）。

睡衣趴、快闪展、"漂流主厨"、市集、萌宠派对、工作坊、夏令营、野外烧烤……类型很多，也有很多跨界，有些活动甚至可以说是"稀奇古怪"。比如，"BG 野兽花园"把农庄搬进了店里，造了一个小小的"BG TEIKEI"，还请来松鼠做店长，把山上的鲜食送到咖啡馆的餐桌，来宣扬咖啡店的理念"From Farm to Cafe"（从农场到咖啡店）。顺势应季推出自制的鲜食，比如梨膏、蓝莓、草莓、南瓜等，并着力发掘本地资源潜力，BG 在渝北区茨竹镇上建设了自营农庄，聘请茨竹镇的农民种植蔬菜、养殖家禽。

讲到这里，你是否发现，其实这已经超越了一家传统咖啡店的业务范畴？

---

① de 野兽花园 互联网化的咖啡馆［N/OL］.2016-02-23，https://www.sohu.com/a/60220494_383808.

② BG 野兽花园：棚里喝咖啡，农庄开起城，重庆最不务正业的咖啡馆［EB/OL］.［2022-09-01］.https://www.sohu.com/a/319978592_479130.

图 11-4 "BG 野兽花园"咖啡的线下活动:农场日(左)和农庄庄主(右)

黄蜂说:"我一直梦想有一天能把 BG 的咖啡干到免费。"什么意思呢？如果不靠卖咖啡,那要依靠什么来赚钱呢？就是依靠"野兽花园咖啡"订阅号这个平台。黄蜂在 2014 年 6 月之后开始进行转型,他一直持续输出与品牌理念相一致的内容,积累了很多认同其价值观、有购买力的消费群体,积累了声誉与信任。咖啡店面的物理空间永远是有限的,但粉丝群和线上的空间则是具有无穷潜力的。

通过微信订阅号积攒了用户数据后,便可以对消费者进行画像。之所以黄蜂运营的 BG 咖啡在当地受到商圈内其他商家的青睐,也是因为他们所寻找的消费群体与 BG 咖啡的粉丝群是重合的,将广告投放到 BG 咖啡上所期待的就是精准投放到目标消费者中。于是可以看到商圈内的一些小店开始寻找野兽花园咖啡的合作,在咖啡厅的订阅号中投放自己的广告,而这样的方式也使野兽花园咖啡获得了售卖有形产品之外的收入。

将线下的粉丝转移到线上,有了粉丝基础后的自媒体就可以开始将商业模式进行转化,可以进行跨界和联动,依赖粉丝基础,可以实现更快、更多元的变现。

其实越来越多的组织,无论是企业还是政府部门都开始注重微信的入口思维。订阅号将广告平台、虚拟空间、互动平台的概念整合成了一种建立、维系信任关系的入口。比如当游客要购买景点的门票时,往往需要关注某个公众号,而这个公众号就成为一个平台,有景区的旅游攻略、景区商店打折的信息和优惠券等。某些大型商场也采用智慧停车场的概念,扫码支付停车费的入口也是流量的入口。此时这个订阅号便可以实现商场门店的电商化,推送该商场的优惠信息,将线上和线下联动起来。再比如,智慧医疗订阅号,不仅包括线上挂号,也可以接入线上取报告、问诊、结算、办理医保报销等,节省患者时间,降低医患沟通成本,提高就诊效率。

二、服务号思维：立足商业关系建设

对照官方定义来看，服务号为企业和组织提供更强大的业务服务与用户管理能力，主要偏向于服务类的交互，适用人群是媒体、企业政府或其他组织，它一个月内可以发送 4 条群发信息。尽管发送频率比订阅号低，但服务号的消息不会被折叠，而是直接出现在用户聊天界面中。

通过"北京协和医院"和"东单九号院"来对订阅号和服务号进行对比，我们看一下两者的区别（见图 11-5）。"北京协和医院"是一个服务号，功能有预约挂号、科室介绍、专科专病体检、套餐检验查询等。而"东单九号院"是北京协和医院的一群年轻医生创办的订阅号，用容易被公众接受的形式来科普有关医学的知识。

图 11-5 "北京协和医院"与"东单九号院"公众号截图

服务号强调的是终端体验,致力于将移动的营销平台、官方网站、电商渠道、用户体验调研,以及客户关系管理等功能整合于一体,即服务号中。

三、小程序思维:整合关注与关系

随着小程序的上线,我们发现原本已经有订阅号、服务号的账号又做了小程序。从形式上来说,订阅号和服务号都是以"聊天界面"为基础的,它的功能受到一定的局限。而小程序可以整合内容和服务,还增加了一些娱乐性,营造一对一的服务体验场景。小程序中可以加入游戏、直播等形式,支付界面也纳入其中,消费体验的转换过程流畅,让用户在不知不觉中成了服务的体验者或产品的购买者。

我们将在接下来的一节中重点针对小程序的特点和应用场景进行介绍。

第三节 小程序的特征与应用场景

一、小程序的特点和应用

从产品角度来说,小程序的定位是一个轻应用,无需安装和卸载,不占用手机内存,只需搜索就可以找到并使用,操作便捷,并且小程序的开发程序简单、运行快。它最大的"靠山"便是依托微信世界,有丰富的延展性,逐渐整合录音、视频、支付等方面。

从平台分发角度来说,小程序具有去中心化、非结构化的特征,有多流量推广入口(小程序码、微信搜索、微信下拉小程序列表等,见图 11-6),但无分类和专题展示。换句话说,微信作为平台不会对小程序做推荐,没有类似微博热搜的推荐榜单,也没有手机应用商店的分类分区列表,依靠运营者自己进行推广,公平竞争,实力为王。

从运营推广角度来说,小程序既有弊端也有优势。一方面,它鼓励自由竞争,争取流量,相比开发 APP 或运营公众号,开发小程序的成本更低;小程序的分享页面不仅是简单的文字描述,而且可以直接显示分享的内容,如分享酒店信

图 11-6　小程序的多种入口

息可以显示出房间描述和价格等，所见即所得；微信对外部平台链接的分享有诸多限制，借助小程序则可以打破平台门槛。另一方面，由于小程序无需安装、即用即走的特点，用户的留存率低，用户习惯仍有待培养，这也意味着小程序的运营和应用需要有别于以往的 APP。

微信小程序对用户的价值在于减少手机内存、增加线上场景的丰富性和线下场景的便捷性，满足短时期个性化需求。从企业或开发者的角度看，如何判断什么时候应该选择小程序，可以通过两个维度进行划分：用户的使用频率和对用户的重要性。如果一件事对用户来说很重要并且属于高频使用范围，比如导航地图、外卖等，那么开发一个 APP 更为合适，当然，开发 APP 还需考虑人力和资金实力。如果一件事很重要，但并不频繁使用，那么可以选择小程序，例如投票、表单等功能，还方便分享。还有一类情况是它的使用率高，但却不那么重要，可以选择以小程序为入口，慢慢地导流至 APP，例如一些打卡功能、线上点单功能，可以通过小程序培养用户习惯，再导流至 APP。如果使用频率和重要性均不高，这时需要视开发实力而定，优先选择成本更低又不需安装的小程序。

我们可以通过表 11-1 来比较小程序、APP、H5 和服务号之间的区别，更好地掌握小程序的特点。

表 11-1　小程序、APP、H5 以及服务号的比较

比较项	小程序	APP	H5	服务号
定位	连接人与产品/服务；增加订阅号功能；弥补服务号不足	智能手机上的软件，完善原始系统的不足与个性化	信息展示	连接人与服务
运行环境	微信内部	IOS、Android 等系统平台	浏览器页面	微信内部
功能	可以使用比较多的硬件设备能力；用户资料可保存；不需要网络的功能可离线使用；能唤起其他小程序	可以使用各种硬件设备能力；用户资料可以保存；不需要网络的功能，可离线使用；能唤起其他 APP	可以使用的硬件设备与能力较少；用户资料可保存，但是时间过短；离线网络不可使用	可以使用的硬件设备与能力较少；用户资料可保存，但是时间过短；离线网络不可使用
体验	显示和操作很流畅	显示和操作很流畅	显示和操作一般，每次运行需要重新加载	显示和操作一般，每次运行需要重新加载
开发成本	一个版本可兼容多个系统，用户在微信内使用即可，开发周期短，成本低	针对不同系统开发，开发周期长，成本高	兼容多个系统，用户在浏览器内使用即可，开发周期短，成本低	兼容多个系统，用户在微信内使用即可，开发周期短，成本低
入口	发现栏为主入口，小程序自身入口、搜索相关入口等多个入口	应用市场、手机厂商、浏览器	链接	公众号搜索、文章链接、二维码名片等多个入口
留存	被添加到桌面、被设为星标	下载至手机，需要安装、注册、激活等步骤	无法直接关注留存	可关注留存

二、借力小程序的"小"

我们发现，小程序可以小到很小，一个小程序只完成一项或几项功能。我们

以麦当劳为案例,麦当劳有一个以服务号为核心,多个小程序作为功能添加的微信矩阵。首先是"i麦当劳"小程序,为顾客提供会员注册、积分兑换等服务,同时作为总入口,可以链接至其他小程序,例如点击"到店取餐""麦乐送""一卡通吃"等会分别跳转至不同的小程序,简化单个小程序的功能。

当然,我们也可以让一个小程序中纳入更多功能。例如"Flowerplus花加"小程序中不仅包括购买花束的商城,个人中心的物流查询、客户服务等功能,也包括可以分享、讨论收花喜悦的晒图社区,完整度已不亚于 APP。

可是,小也有小的苦恼。

首先,小程序无法实现全功能的替代,而且没有办法跳出微信生态圈。如果未来微信被另外的一个庞大的帝国取代了,在小程序上积累的东西能不能被转移到新的领域中,这也是一个值得思考的问题。

另外,目前已存在海量小程序,良莠不齐,大家动辄因为小程序的小而不断地开发它,可能会产生盲目开发,同一个企业可能存在多个账号,可能会分流消费者,也可能让消费者分不清真假,导致品牌忠诚度的下降。

其实小未必是坏事,小程序开发者可以考虑放大"小"的优点,让它变得小而精。例如,很多企业,包括一些大型集团都尚未开设手机端网站,当电脑端网页用移动端模式打开时就会出现加载时间长、适配性能差、二次访问少等问题。而相比于企业网站,小程序的优势在于加载速度快、适配效果好、回访次数多,并且具有定位功能,特别适用于那些跨区域集团化企业在不同区域呈现不同内容。以房地产集团为例,可以根据用户的定位展现该城市的房源,涵盖户型图、预约看房、VR实景在线看房等功能。同样地,跨城市的商业集团如万达广场、万达电影,也可以根据用户定位展现不同城市万达广场的活动、商家、优惠信息、电影排期等服务和内容。

这类集团性企业除了将自己的某部分服务转移至小程序外,还可以将集团企业实现官方网站向小程序的转化。以万达官网小程序为例,版块包括首页、新闻、视频、专题,它的主要受众是企业内部员工,以增强内部凝聚力,而在企业中这一部分内容往往交由公共关系部门来完成,有点类似企业内部刊物,可以涵盖企业新闻、董事长工作报告等内容。

正是因为小程序的上述特征,我们从数据中看到,服务类的小程序是开发最多、打开也最为频繁的类型。2019年,微信小程序打开次数行业分布前三名分别是:生活服务;网络购物;小程序工具。可以说这三个类型刚好最为匹配小程序的技术可供性特征。2019年,微信小程序分享人数的行业分布前三名是:工具、游戏和视频。由此可见,人们脑海中的小程序,或者说小程序的不可替代性更多体现在工具角色上,这一点值得小程序的开发者思考。详见图11-7。

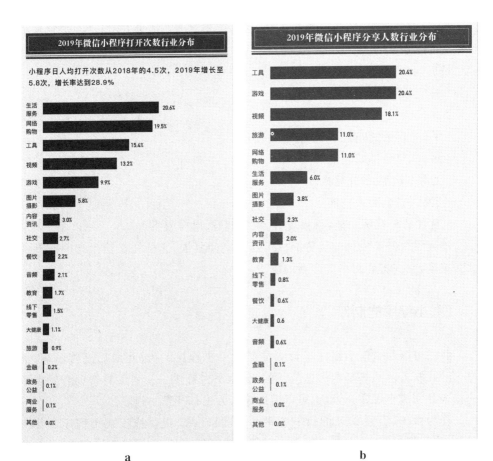

a   b

图 11-7　小程序打开次数行业分布和分享人数行业分布

三、小程序的新变化

2020 年以来,我们注意到微信小程序在整合关注与关系方面,陆续产生了一些新动作:

第一,着力强化搜索场景下的自然流量获客能力,新增"本地搜"能力,通过开放页面接入本地搜能力,帮助小程序获得更多搜一搜流量曝光。

第二，小程序将上线"订阅消息"能力，允许用户选择订阅一次性或长期消息通知，以帮助小程序在刚需场景触达、召回用户，同时探索非刚需场景下的消息触达能力。

第三，将新增品牌认证、物流工具、交易保障等商业能力升级，进一步完善小程序交易生态。

最后，我们总结一下小程序的优势：

1.替代 APP 资讯功能；

2.替代 APP 社交功能；

　　关注、聊天、留言、点赞、打赏等功能

3.替代 APP 消费功能

　　点餐、卡券、积分兑换

4.替代 APP 游戏功能

5.替代部分视听功能：直播观看、视频观看、电台收听

小程序这些集成化的优势提供了新的空间延展，它依托微信生态圈既有的社交关系，或许将变幻出更多新的玩法。

四、小程序的制作

我们可以在微信小程序平台上注册一个小程序，完成注册后完善名称、头像、介绍、服务范围等基本信息[①]。微信公众平台提供一系列工具帮助开发者快速接入并完成小程序开发，也可以借助第三方工具开发小程序。

作为微信、百度认证的第三方平台，凡科轻站[②]提供拖拽式小程序制作工具，操作较简单，涵盖大部分制作小程序所需要的工具，也提供不同行业、分类的模板作为选择。此外，还有"腾讯云小程序"[③]、"上线了"小程序[④]、"轻芒小程序＋"[⑤]等工具方便同学们进行入门级尝试。

---

① 微信小程序[EB/OL].[2022-09-02].https://mp.weixin.qq.com/cgi-bin/wx.

② 凡科轻站小程序[EB/OL].[2022-09-22].https://qz.fkw.com/.

③ 微信小程序模板［EB/OL］.［2022-09-02］.https://cloud.tencent.com/act/weapp?fromSource＝gwzcw.2735412.27.

④ 上线了[EB/OL].[2022-09-02].https://www.sxl.cn/.

⑤ 轻芒小程序＋[EB/OL].[2022-09-02].http://www.qingmang.mobi/.

【思考题】

1.先导案例中,故宫博物院和腾讯联合出品的"口袋工匠"小程序还可以嵌入哪些模块,实现从信息-娱乐到商业转化? 你觉得怎样设计这样的模块效果会更好?

2.如果中国移动的充值业务做成线上产品,你认为应该开发 APP,还是小程序?

3.2018 年秋,在上海的"春夏品牌春芽夏果保湿工厂快闪店"中,参与者可以通过线下扫码小程序体验"肌肤检测"(见图 11-8)。请你结合本章内容,对这一案例进行分析,这一小程序是否/如何实现了从关注到关系的建设? 如何实现了线下导流到线上社群的营造? 围绕这个小程序,品牌未来可以如何进一步发展呢?

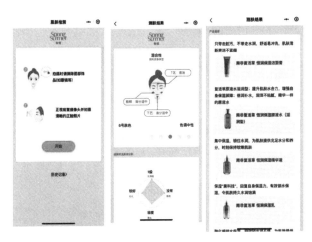

图 11-8 "春夏肌肤顾问"小程序截图

4.腾讯医典针对新冠肺炎疫情,设立了"新型肺炎"专区,还上线了"免费义诊"板块(见图 11-9)。请你对这一案例进行深入研究,并结合本章内容对如何改进这一小程序提出方案。

图 11-9　"腾讯医典"小程序界面

第十二章
以战略思维理解危机传播管理

【本章提要】

1.了解危机这一概念的历史渊源,危机传播管理的基本理论;

2.了解形象修复理论、情境危机传播理论,以及危机传播管理理论的新发展,特别是社交媒介情境下出现的焦点;

3.尝试思考什么是战略思维下的危机传播管理?议题管理的概念和流程是什么?了解常态化建设危机管理团队的意义及其结构。

【先导案例】

1982年9月29日,位于美国芝加哥地区的七个人吃了强生公司生产的止痛药——泰勒诺(Tylenol)胶囊后,在短时间内相继死亡,令人震惊的是,有3人都是同一家人。在最初阶段,有关"泰勒诺胶囊致死"的报道大约有1200条,但是很快美国报纸的报道就超过100000篇(见图12-1),引起了全国性的恐慌,很多市民认为自己可能因服用了止痛药而中毒,成千上万的市民挤满了医院。而一家三口都在同一天死在同一间房子里引起了警方的注意。1982年10月1日晚,警方调查了生产泰勒诺胶囊的强生公司并与强生公司的一名律师进行详细谈话后,相当肯定泰勒诺胶囊被人故意用氰化钾下毒。这个结论就使事态上升到了非常紧急的程度,为了避免更多人受害,强生公司迅速启动了危机传播管理程序:

首席执行官詹姆斯·伯克(James E Burke)马上召开管理层会议,在公关部的基础上成立危机公关领导小组,要求大家首先按照强生信条行事,绝对将顾客的安全放在第一位,而不是公司的利润与财务问题。他接受副总裁兼公关部经理劳伦斯(Lawrence G Foster)的建议,要求公司按照信条统一口径,统一行动,

图 12-1　关于这一悲剧的新闻报道(1982 年 10 月 1 日)

积极与媒体合作,而不是争辩,伯克决定对信息的统一口径直接负责。强生公司马上停止泰勒诺的生产,以及所有广告与营销活动,并宣布对市场上的泰勒诺药品进行回收。公司马上通过电视、广播等媒体向全美国公众发出紧急通知,马上停止服用任何一种泰勒诺产品。在事情弄清楚之前,千万不要继续购买。在新闻发布会上,伯克将这一事件界定为"恐怖主义"("It's an act of terrorism")。

　　在通过媒体向全国告知并回收药品的同时,强生还立即与芝加哥警方、联邦调查局(Federal Bureau of Investigation,FBI)以及食物药品监督管理局(Food and Drug Administration,FDA)保持紧密的合作关系。在华盛顿,FBI 和 FDA 的官员与伯克会面后都不太同意全面召回加强型泰勒诺胶囊,他们要么认为没有必要,毕竟命案只发生在芝加哥地区,而且已经证明是刑事案件;要么认为会引起更大范围的公众恐慌。一时间,公司内也有不少人对此议论纷纷,认为全部回收损失过大。当时,市场上大约有 3100 万瓶加强型泰勒诺胶囊,零售价超过 1 亿美元。但伯克对自己的决定毫不动摇。直到加州发生了一起"模仿"事件后,在全部召回的方案上各方才达成了一致。强生公司积极参与、配合调查,希望能够迅速找到投毒的罪犯,不仅如此,还悬赏 10 万美元奖励破案之人。另外,强生还对全国各地的健康顾问与医生进行特别通知,希望他们为前来询问的顾客提供解释。

　　有调查人员推测,很可能是强生公司的竞争对手想通过这样的方式打压强生,或者有对公司不满的员工在生产泰勒诺胶囊时趁机下毒报复。遗憾的是,直到现在,仍然没有确定泰勒诺胶囊中毒案的凶手是谁。如果有人把剧毒的氰化物放进装有泰勒诺胶囊的药瓶里,难道购买泰勒诺胶囊的人不会发现这瓶药曾经被打开过吗?确实很难发现,因为当时药瓶的包装并不像现在的药瓶在瓶口处有铝箔密封,而只是用一个瓶盖拧好。因为泰勒诺胶囊中毒案的发生,FDA和强生公司联合研发了药瓶的铝箔密封,也就是我们今天看到的很多药瓶的瓶口都有一层铝箔密封着。

1982年10月11日,《华尔街邮报》宣称:"强生的做法足以为大公司处理危机事件树立典范。"1982年10月9日,有3位泰勒诺事件的受害者举行遗体告别仪式,电视台对葬礼进行了直播。强生公司首席执行官,不仅参加了仪式,而且泪流满面,他说:"我感觉就像把自己的车借给朋友开,然后眼睁睁看着他在交通事故中丧生,尽管车子被人动过手脚,但依然让人觉得十分悲痛、内疚。"①

第一节　危机与危机传播管理的基本概念

危机管理是战略传播和公关的"看家本领"。现代公关职业的诞生,在很大程度上就是为了适应20世纪初被视作"为富不仁"的一些大企业以及一些政府部门的危机管理需要。时至今日,一些政府部门和企业之所以重视战略传播,直接动力仍来自应对危机的现实需求。从更广阔的社会历史背景来看,自20世纪初以来,现代性的发展和现代化进程的加剧,以及社交媒体提供了更多元的发声场域,人们对危机的感知也更加常态化,风险和危机似乎变得"无时无处不在"。然而,如果我们回望过去就会发现,"危机环伺"并非一个新状态,只不过所谓蛮荒蒙昧时期的危机是如何解决温饱与居业问题,而现在的危机或许更加与"公众舆论"相关。

---

① 案例根据以下文献汇总整理:GREYSER S A. Johnson & Johnson: the tylenol trag-edy[J/OL]. Harvard Business Review, 1982, October 12. https://store.hbr.org/product/johnson-johnson-the-tylenol-tragedy/583043? sku = 583043-PDF-ENG. SCHULTZ M C, SCHULTZ J T.Corporate strategy in crisis management: Johnson & Johnson and tylenol[J/OL]. Essays in Economic and Business History,1990(7), https://commons.erau.edu/publi-cation/58.

"今天人们已经不大能够记得,铸造'危机'(crisis)这个词,原是为了表示决断之时刻。"①从词源上看,"危机"与"评判之准则"(criterion)较为接近,它们皆来自被奉为"医学之父"的古希腊医生希波克拉底(Hippocrates)。希波克拉底基于希腊动词"决定"(κρινειη)创造了作为名词的"危机"(κρισις),意指人体体液的上升趋势。在他看来,体液涌动未衰之际,是医生做出决定、改变病患状况的最佳时刻。如今,"危机"一词保留了希波克拉底有关"决定以求转机"的含义,同时更多地与风险、灾难、祸端等概念相牵连。

及至20世纪后期,"危机"作为一个学术话语登场,人们开始从不同角度探求其"现代的、正式的"定义,不过遗憾的是,目前学界还没有对危机的定义达成共识,而是被广泛且多元化地使用:

罗森塔尔和皮恩伯格(Uriel Rosenthal & Bert Pijnenburg)将危机界定为:对一个社会系统的基本价值和行为架构产生严重威胁,并且在时间性和不确定性很强的情况下必须做出关键性决策的事件。

巴顿(Laurence Barton)提出,危机是一个会引起潜在负面影响的具有不确定性的大事件,这种事件及其后果可能对组织及其员工、产品、服务、资产和声誉造成巨大的损害。

班克思对危机的定义与巴顿有近似之处,认为危机是对一个组织、公司及其产品或名声等产生潜在的负面影响的事故。

勒宾格(Otto Lerbinger)的危机定义是:对企业未来的获利性、可成长性乃至生存具有潜在威胁的事件。一个事件发展为危机,必须具备如下三个特征:该事件对企业造成威胁,管理者确信这种威胁会阻碍企业目标的实现;如果企业没有采取行动,局面会恶化且无法挽回;该事件具有突发性。

斯格(M W Seeger)等人认为,危机是具有高度不确定性和威胁性的、不可预测的一个或一系列非常事件。

黄(Peter Hwang)和里肯塔尔(David Lichtenthal)依照危机发生方式,提出"突发性危机"和"累积性危机"两种危机类型。前者是指危机超乎意料、突如其来,后者是指危机渐进显现,突破临界而爆发。②

① 齐格蒙特·鲍曼.寻找政治[M].洪涛,周顺,郭台辉,译.上海:上海人民出版社,2006:131.

② HWANG P,LICHTENTHAL D.Anatomy of organizational crisis [J].Journal of Contingencies and Crisis Management,2000,8(3):129-140.

赫莱罗(A G Herrero)和普拉提(C B Pratt)依照危机生命周期，提出了如旋风般袭来又稍纵即逝的"潮汐型危机"，如滚雪球般扩大且愈来愈复杂的"攀高型危机"，如节气般应时而至、周而复始或者一波未平、一波又起的"循环型危机"。①

20世纪80年代，泰勒诺胶囊投毒事件和切尔诺贝利核反应堆事故，让组织强烈意识到危机传播是极有价值的研究课题和实践领域。关于危机管理的文章和书也在20世纪80年代陆续诞生，自此，系统的危机管理研究开始了。危机传播研究源自专业的传播人员把他们在危机实践中的经验写成短小的文章供同行交流。在1982年之前，全球公关学界公认的权威刊物《公关杂志》(*Public Relations Journal*)只发表过40篇简单探讨危机管理技巧的文章，《公关评论》(*Public Relations Review*)共刊载了3篇相关论文，《公关季刊》(*Public Relations Quarterly*)则一篇未见。1982年之后，危机管理研究日渐兴盛，并发展出所谓"管理的观点"和"传播的观点"两大流派②。

1．"管理的观点"即一般意义上的"危机管理"，包括应对策略的制订、专门组织的建立、技术方案的施行，以及法规政策的适用，主旨在于恢复常态、降低损害。危机管理的研究起源于20世纪六七十年代的美国，可以追溯到一战结束后的企业危机管理，学者们针对企业危机的对策、保全方面进行研究。至80年代危机理论被引入政治、军事、自然灾害等领域，而后发展为一门独立学科。早期对危机管理较为系统的论述包括1986年史蒂芬·菲克(Steven Fink)所出版的《危机管理：对付突发事件的计划》，菲克认为危机管理即组织为了消解危机与疑虑的任何手段或措施，是一种准备措施，侧重的是危机前的管理。理查德·海耶斯(Richard E Hayes)认为危机管理指的是一种适应性的管理控制过程，包括环境监测、了解问题、制订方案、预测后果、决定方案、下达办理六个细化的管理步骤。约翰·莱米(John Ramee)则指出需要在危机前侦查警告信息并建立沟通渠道，在危机发生时成立危机管理小组专门处理，将危机管理的事前和事中阶段管理相结合。

较为成熟的理论体系包括罗伯特·希斯提出的4R危机管理模型，它结合系统管理和分步实施，提出缩减(Reduction)、预备(Readiness)、反应(Response)、

---

① HERRERO A G，C B PRATT. How to manage a crisis before-or-whatever-it hits [J]. Public Relations Quarterly，1995，40(1)：25-29.

② 胡百精.危机传播管理[M].第三版.北京：中国人民大学出版社，2014.

恢复（Recovery）四个阶段，涵盖危机管理的危机前、危机中、危机后全过程。后来有学者在此基础上再拓展出了五段模型（预警、识别、隔离、管理、后处理）、六段模型（避免、准备、确认、控制、解决、获利）。

2."传播的观点"即"危机传播管理"，包括当事主体针对内部、外部利益相关者的宣传、说服与对话，目的在于修复形象、重建共识。

"从两者的差异可以看出，危机管理较偏向于'对事'，危机传播偏向于'对人'，两者的关照面并不相同。"[①]在后者看来，前者所关心的"事态控制"属于技术性问题（譬如扑灭大火、疏导交通、注射疫苗），与一般意义上的"应急""救灾"并无本质差别；破坏力和不确定性的真正来源是危机之下的传播，表达困境才是危机中的最大困境。

进入 21 世纪以来，两个研究脉络大有合流之势，特别是"管理的观点"逐渐向"传播的观点"靠拢。在合流中，"传播的观点"获得了进一步发展，专业传播人员早期的建议如：快速反应，保持与危机信息同步，随时准备回答来自新媒体的问题，绝不可以说"无可奉告"且论调要始终如一等，这些早期研究和后来的理论化研究在"危机情境-言说策略-可能效果"的框架内寻找着危机传播管理的最佳方案[②]。

危机传播管理研究兴起于 20 世纪 90 年代中后期，代表人物有威廉·班尼特（William Benoit）、希斯、库姆斯（W Timothy Coombs）、赫立特（K M Hearit）等，其中班尼特的"形象修复策略"（Image Restoration Strategies，IRT）和库姆斯的"情境危机传播理论"（Situational Crisis Communication Theory，SCCT）的学术影响力较大。我们将在下一节展开讨论上述代表性理论。

第二节　危机传播管理的经典理论

20 世纪 80 年代末期到 90 年代早期，危机传播研究的学术共同体逐渐成形。

---

① 吴宜蓁.危机传播——公共关系与语艺观点的理论与实证[M].台北：五南图书出版公司，2005：9.

② 胡百精．"非典"以来我国危机管理研究的总体回顾与评价——兼论危机管理的核心概念，研究路径和学术范式[J]．国际新闻界，2008（6）：12-16,50.

尽管早期危机传播领域的学术研究大多局限于案例研究法,但是这也为学者们从诸多危机案例中提炼、运用传播理论和模型铺垫了基础,这里比较具有影响力的研究领域包括危机中的企业道歉策略研究和形象修复理论等。

此后,库姆斯等学者不满足于归纳法式的策略总结,他们希望能够从归纳中提炼出理论模型,以使危机传播理论在不同的情境下更加具有预测性和解释能力。于是情境危机传播理论浮现出来。

一、危机中的道歉

在早期的危机传播理论中,组织的道歉被视为一个重要的研究领域。"道歉"的概念从政治传播中被引入危机传播领域,是指人们在遭受批评指责时如何采取自我防御的方式,如一个官员被指控贪污而采取道歉行为。当个体遭受质疑时采取的道歉方式有四种:

a.否认,声称自己并未卷入不正当行为中;

b.支撑,提醒人们自己过去的善举;

c.分化,试图从当前不利的情境中转移;

d.超越,试图把错误行为放在更宽泛和更易于接受的语境中。

后来,迪奥尼索普洛斯和韦伯特(Dionisopolous & Vibbert,1998)把个体道歉法沿用到组织上,他们认为组织也具有人格特征(即声誉)。他们的著作第一次使用了企业道歉这个词,并且解释了道歉如何被运用于理解企业面临不法行为的指控时的回应。尽管他们没有特指组织危机,但对于企业不法行为的指控就是典型的危机,他们最先提及的关于企业道歉的研究案例就是美孚石油公司的危机情境。随后学者发展了企业道歉的概念,并丰富了企业回应的策略选择,提出了三种"隔离策略"[①]:

a.意见与知识的隔离,强调当人们了解事实真相的时候就会发现企业与此丑闻无关;

b.个人与团体的隔离,强调不是整个组织的问题,只是组织中的个别人对此不法行为负责;

c.行为与本质的隔离,指出当前的情境并不反映企业的真实本质。

2017 年 11 月 14 日,日本铁道公司的一则道歉在网上引发了热烈讨论。事

---

① 提摩西·库姆斯.危机传播理论[M]//陈先红.中国公共关系学.北京:中国传媒大学出版社,2018:228.

情的起因是：日本 5255 号筑波快线列车原定离开东京长乐山站的时间应该是上午 9：44：20，但由于当时司机看到站台上已没有人了，就在上午 9：44：00 时离开了。虽然只提前了 20 秒，并不会造成特别严重的后果，但筑波快线的管理人员依然发表了道歉声明，对给顾客造成的不便深表歉意，见图 12-2。

图 12-2　英国 BBC 新闻对日本铁路公司的道歉所做的报道（2017 年 11 月 16 日）

英国 BBC 还就此分析了这起道歉事件折射出来的日本文化：在日本，如果和别人约定 9 点见面，准时出现就被认为是迟到，严格的守时观念似乎有点不近人情，但从 BBC 的统计可以看出，一个国家的守时观念，在一定程度上反映了当地的经济发展。在日本社会，还有很多道歉都会令人瞠目结舌。比如日本某甜品公司就曾发表过一则道歉声明，由于物价上涨，该公司将自己主打的一款冷饮提价了 9 美分。BBC 由此评论道："日本国土面积不大，资源紧张，却能屡居亚洲经济强国，背后就是源于这份自律。道歉文化的背后，可以看到企业者严于律己和尊重顾客的准则。"

二、形象修复理论

班尼特发展了修辞理论中的"辩解"和"挽回面子"策略，提出了形象修复理论，侧重危机传播中的声誉及公众形象的维护沟通，通过相应的措施避免或降低对声誉的损害。班尼特借鉴了道歉研究和客户研究,据此提出了五大战略以及细分的 14 种战术,即一个危机回应的策略清单①,见表 12-1。

表 12-1　班尼特形象修复理论回应策略

战略	子战术	策略目标
否认	直接否认	否认危机事件的发生
	转移过失	
规避责任	正当回击	承认危机的存在但是试图规避相应责任
	无力掌控	
	意外过失	
	意图良好	
淡化处理	获得支持	尝试降低外界的负面认知
	弱化负面影响	
	区别化	
	环境转化	
	反击控方	
	补偿	
修正行为	修正	恢复危机发生前的情形或承诺防止类似事件再次发生
诚意致歉	道歉	承认并致歉,并寻求公众谅解

a.否认,包括直接否认和转移批评——没做,不是我做的;别人做的,与我无关;以塑造组织对此危机无需负责的形象;

b.规避责任,包括申明被挑衅、无力为之或无法改变、纯属意外或无心之过、本意是良善的,以减少公众对组织应担负责任的感知度;

c.淡化处理,降低事件的冲击强度,试图使危机看起来没那么糟糕,包括提供证据以显示其好处、长处,轻描淡写事态,进行比较、寻找差异,例如,这件事虽然发生了,但比其他类似事件好多了;或超脱以表明"有更重要的价值需要考虑";或反击对手以降低指控者的信用;或补偿利益受损者;

d.修正行为,制订和实施解决方案,改善自身行动,避免此类事件再次发生,

———————————
① BENOITW L. Accounts, Excuses and Apologies: a Theory of Image Restoration Strategies[M]. Albany: State University of New York Press, 1995.

以寻求修复被危机损害的形象并避免重蹈覆辙；

e.诚意致歉，表示遗憾和歉意，对危机负责并恳求宽恕。

二战结束后，德国经济虽然再次复苏，但和欧洲其他国家之间的关系依然没有得到修复，周围邻国更是对它心怀仇恨。在这种情况下，以反法西斯主义上台的西德总理维利·勃兰特肩负着树立德国新形象、和东欧国家重修于好的使命。那时候，东欧诸国虽然在理性层面意识到和德国建立经济贸易合作的必要性，但在心理层面依然无法接受。当勃兰特来到波兰的第二天，西德与波兰签订了华沙条约，一些贸易合作也正在达成共识，而谁也没有预料到：当西德总理勃兰特来到华沙犹太隔离区起义纪念碑前时，会诞生历史上令人震惊的"华沙之跪"（见图12-3）。

a   b

图 12-3　西德总理维利·勃兰特的"华沙之跪"

当天，勃兰特来到纪念碑前默哀，并向死难者献花，很多人都以为这只是走个形式而已。毕竟伴随德国的再次强大，和德国建交已经成了大势所趋，但令人意外的是，勃兰特神情肃穆地站在石像前时突然双膝下弯，跪在了冰冷的石阶上。虽然勃兰特不是战犯，并且一直致力于反法西斯活动，但当他跪下的那一刻，意味着他真心为德国纳粹对世界造成的伤害而抱歉。事后他在采访中表示："当我站在德国历史的深渊边缘时，感到背负杀戮后的罪恶。我认为光凭一个花圈，并不能完全表达我们的歉意。我觉得将纳粹的罪孽归咎给现在的德国百姓并不公平，可身为总理的我，有责任替前人赎罪。"

当 57 岁的反法西斯老战士跪立在纪念碑前时，随同的人员全部惊呆了。因为这不在事先安排的流程中，以至于他们一时呆立在一旁。就连记者也愣了一会儿，才纷纷举起相机，记录了这充满历史性的一刻。德国前外交大臣沃尔特·谢尔后来表示："他选择虔诚跪下道歉的方式，对德国国际声誉的贡献，远超过之前德国政府的所有政治性补偿和善意释放。"很多媒体甚至表示，德国总理跪下了,德国人民却站起来了①。

三、情境危机传播理论

巴顿在《组织危机》一书中强调,组织的声誉是一项至关重要的资源,应该受到保护,以使组织免受危机的威胁和影响②。然而,库姆斯指出,班尼特并没有特别将形象修复理论(IRT)作为模型运用于危机传播,也没有将其专门作为运用于组织危机的理论,他的贡献在于创建了一个理论,这个理论适用于任何因失范行为而致使企业声誉受损。基于此,库姆斯融合了归因理论(Attribution Theory)、管理学的组织声誉理论,并在班尼特形象修复理论的回应策略基础之上,提出了情境危机传播理论(Situational Crisis Communication Theory,SCCT)。简言之,归因理论是指致力于解释人们如何将动机归因于他人。归因理论主要分为两类归因:内部归因,如行为由态度影响;外部归因,来自外部情境的约束影响等。主要概念包括:"基本归因错误"(fundamental attribution error,FAE)解释公众为什么有时会比组织成员预期更多的负面动机进而将责任归因于组织行为。从组织端来看,"自私自利的偏见"尝试解释为什么组织成员会因为公众对其行为和陈述的解释而感到震惊。

归因理论认为,公众总是在寻找对不同事件进行归因,特别是在面对消极或意外时,公众倾向于迅速找到责任方,进而做出情感上的反应。③库姆斯的情境危机传播理论将组织声誉与归因理论相联结,指出了 SCCT 的理论逻辑——危机之前公众对组织的声誉评价是组织的重要资源,组织在遭遇危机时,应综合评估潜在的声誉损害程度和公众对危机中组织的责任归因,并据此预测危机可能给组织带来的威胁,从而选择最适合的危机回应策略,如此才能最大程度地保护组织的声誉。相反,如果组织对自身的声誉资本估计不足,对公众如何判断危机

---

① 丹尼尔.历史上著名的四个道歉案例[EB/OL].[2022-09-02].https://www.sohu.com/a/446952366_475956.

② BARTON L.Crisis in Organizations II[M]. 2nd ed.Cincinnati,OH: College Divisions South-Western,2001.

③ COOMBS W T.Protecting organization reputations during a crisis: the development and application of situational crisis communication theory [J].Corporate Reputation Review,2007,10(3):163-176.

的责任归因认识不清，便可能做出不相匹配的危机回应①。公众归因和组织声誉便构成了 SCCT 理论的关键变量。②

危机传播情境理论是危机传播领域得到国内外普遍认可的成熟理论体系，围绕信任的维护和重建这一目标，探讨组织的危机历史、公众对危机的责任归因以及组织应采取的危机应对策略等几个关键变量之间的关系。

SCCT 理论主要由三个部分构成（即三组变量体系）：以危机归因划分的危机类型；危机回应策略；危机情境与回应策略的匹配。

以下就上述变量分别进行阐述：

1.危机类型

SCCT 理论中的危机类型划分标准是基于公众的责任归因感知来确认危机的类型。如表 12-2 所示。

表 12-2　危机类型：三个维度的责任归因

归因维度	原因	说明
发生源	内部原因	危机原因在于组织内，是组织内部人员所致
	外部原因	危机原因在于组织外，是组织外部人员、团体或环境所致
稳定性	稳定原因	组织发生危机的原因是长期存在的
	不稳定原因	组织发生危机的原因是偶然产生的
控制性	可控原因	危机是组织有意而为之所引发的
	不可控原因	危机是组织无意引发的

库姆斯将危机责任程度进一步作为分类标准，最终形成了三个聚类 10 个子类别的危机分类体系。三个聚类分别为：受害者型，在受害者型危机中组织作为危机事件中的受害者，其责任归因相对较弱；意外型，意外型危机是组织无意而为之造成的事故，责任中等；可预防型，可预防型危机是组织有意而为或本可避免却不作为造成的事故，在三类型危机中责任归因最强。具体分类如表 12-3 所示。

---

① COOMBS W T.Choosing the right words：the development of guidelines for the selection of the "appropriate" crisis response strategies［J］.Management Communication Quarterly,1995(8):447-476.

② COOMBS W T, HOLLADAY S J. Helping crisis managers protect reputational assets:initial tests of the situational crisis communication theory［J］.Management Communication Quarterly,2002,16(2):165-186.

表 12-3　危机类型聚类及类别

聚类	类别	说明
受害者型	谣言	攻击组织的虚假信息
	灾害	损害组织的自然原因发生的突发事件
	工作场所暴力	在工作地点雇员之间或前雇员对现雇员相互攻击
	产品干预	外部原因对产品造成损害
意外型	挑战	利益相关人指责组织存在运营不当
	技术故障事故	技术或设备故障引起的工业事故
	技术故障产品伤害	技术或设备故障导致产品缺陷或存在风险
可预防型	人为事故	人为引起的工业事故
	人为产品伤害	人为导致产品缺陷或存在风险
	组织犯罪	管理层将利益相关者致于险境或故意犯法

2.危机回应

危机回应包含指导性信息、调节性信息、回应策略。

(1)指导性信息是指向公众传达事件的基本信息,满足其首要信息需求;

(2)调节性信息指表现出对受害者的关心同情。许多学者的研究也证实了调节性信息对组织声誉的正面作用;

(3)回应策略则是以危机责任为基础的回应,侧重内容的表达。

库姆斯将回应策略分为四类:

(1)否认型;

(2)弱化型;

(3)重建型;

(4)支持型

库姆斯在四个聚类的基础上,结合了李(Lee,2004)对香港危机事件的研究,提出了"不回应策略"以将中国的社会文化情境考虑进来,该策略不同于否认策略,而是表现为不表态、不理会,且在中国文化情境中具有普遍性。由此四个聚类的危机回应基本建设完成(Coombs,2006,2007,2011,2012),如表12-4所示。

表 12-4　危机回应策略聚类及类别

聚类		类别	说明
首要回应策略	否认型	攻击控告者	声称指控者的看法错误
		否认	声称危机没有发生
		替罪羊	声称应当追责的是组织之外的某人或某团体
	弱化型	借口	声称组织无意而为之或发生因素不可控
		正当理由	最大限度降低危机损害的感知
	重建型	补偿	为危机受害者提供补偿
		修正	采取补救措施,承诺改进以避免类似事件发生
		道歉	承认错误,承担完全责任并请求原谅
次级回应策略:支持型		提醒	提醒利益相关者组织曾经的良好行为
		迎合	赞扬利益相关者
		受害者	强调组织也是危机的受害者
补充		不回应	对危机事件置之不理

在情境危机传播理论中,否认型策略的目的在于撇清组织与危机责任的关系;弱化型策略侧重于削弱公众对危机的负面态度,组织则一定程度上承认危机责任归属;重建型策略完全接受危机责任,着重于为组织恢复形象及声誉。

一般而言次级回应策略应配合首级回应策略使用,起补充作用。

3.库姆斯认为危机回应策略的选择应当匹配危机责任程度

(1)如果不存在危机责任强化因素(如无企业危机史,以往的企业声誉较高),则遵循受害者型危机匹配否认型策略;

(2)意外型危机应匹配弱化型策略;

(3)可预防型危机匹配重建型策略。

具体适配排列见图 12-4:

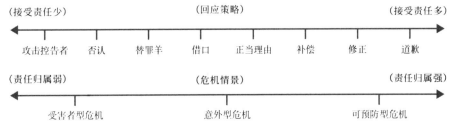

图 12-4　回应策略与危机情境的匹配性模型

第三节　危机传播管理理论的发展

一些中国学者不再满足于仅仅照搬西方的特别是以美国为代表的危机传播管理模型,他们开始尝试探索中国在地化的"中层理论",例如胡百精提出的"事实-价值模型"等。此外,伴随着社交媒体的勃兴,库姆斯继续完善他所提出的危机理论体系,提出"类危机"的概念及其策略回应体系;而关于谁来回应(回应主体)、什么时机进行回应的研究也开始出现。

一、危机传播的事实与价值模型

胡百精(2014)从本体论上将危机界定为事实损害与价值异化的聚合体;从认识论上,他认为事实判断与价值判断是人类正确认识危机的基本前提;顺此逻辑,从方法论上看,危机传播管理的实践路径就应该存在两个基本导向:事实导向与价值导向。如此,危机传播管理的"事实-价值"模型建构起来,参见图 12-5:

1.事实路径:危机传播管理的事实路径强调以事实为导向,还原真相和补偿利益。在此之下,危机传播管理事实路径存在三个二级路径:告知、疏导和转移。每一个二级路径又包括三个三级路径。

2.价值路径:危机传播管理的价值路径强调以价值为导向,重建信任和重构意义。在这一路径之下,也存在三个二级路径:顺应、引导和重建。每一个二级路径同样包括三个三级路径详见表 12-5。

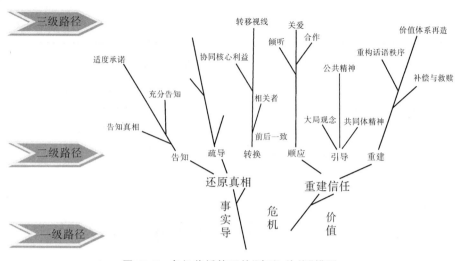

图 12-5 危机传播管理的"事实-价值"模型

表 12-5 危机传播管理的"事实-价值"模型

事实路径:还原真相		价值路径:重建信任	
告知	1.告知真相:诚实是危机应对的基本原则,同时也是首选策略。当事主体发布的真相越充分、越有说服力,媒体和公众猜测、质疑和散布谣言的空间越小	顺应	1.倾听:倾听应优先于表达而成为首选之策。一旦认真倾听对方,对方便可能由不顾一切的反对者或不屑一顾的反对者,转换身份为一起解决问题的共同体成员
	2.充分告知:寻找"共同关心"进行理性、周全的告知;寻找最适宜的人、时机和渠道进行有效告知;系统规划告知的内容要素、过程节奏和信息通路		2.合作:平等是合作的基础。危机管理者应怀有从善、平等之心,谋求与不同利益相关者的合作,而非将对抗进行到底,特别是要避免将所有挑战者逼成一个联盟
	3.有效承诺:对受害者而言,承诺意味着走出困境、获得补偿,意味着安全和护佑的希望。切忌过度承诺		3.关爱:危机管理始终存在一个价值排序问题:在危机管理决策及其实践中对何者为重、何者优先的选择。在"物"与"人"的关系层面,"人"永远高于"物"

	事实路径:还原真相		价值路径:重建信任
疏导	4.引导核心议题:在危机状态下,媒体和公众最关注的核心议题是:局面是否得到了控制? 危机为何发生? 危机受害者是否得到了妥善安置?	引导	4.大局观念:指向危机中组织对内部利益相关者的价值引导。在危机爆发后,组织首先要把"自己人"引导至大局利益上来
	5.建立第三方话语同盟:第三方主要包括两类社会角色:危机涉及领域的权威人士,如专家学者、政府官员和行业协会负责人等,即公共意见领袖;分散在不同的利益相关人群中、对群体其他成员的认知、态度和行为有重要影响的少数权威者,即群体意见领袖		5.共同体精神:指向的是组织对外部利益相关者。将各方引导至共同体精神上来,以合作的力量谋划更优的危机解决方案。在面向核心利益相关者时,直接的、面对面的沟通往往更有效。媒介化危机使人们认定媒体才是危机管理的主战场,然而鼓起勇气直面利益相关者往往更有效率
	6.规避"危机黑洞":建立科学的危机预警机制,开展有效的危机管理训练,以及"局外"专业团队的指引		6.公共精神:指向新闻媒体及其影响的广大公众,即当事主体在危机中要将媒体和公众引导至公共精神上来
转移	7.前后一致:回到危机发生之前组织的主张、话语及其调性,回到对利益相关者的一贯承诺	重建	7.补偿与救赎:有形补偿指对利益相关者的生命、健康和财产损害进行物质和资金方面的赔偿或救助;无形救赎指对利益相关者进行精神抚慰
	8.协同核心利益相关者:争取核心利益相关者态度和行为的转变,使之与组织协同度过危机。承认对方的重要性;鼓励对方与自己同路寻找真相,使之由旁观者、对抗者转化为共担风险的主人;承诺将其损害降至最低,并补偿对方应得利益		8.重构话语秩序:话语是作为权力关系的建构规则存在的,这种规则是双重的,话语被权力关系建构,同时也建构权力关系。话语秩序的重构,包括对自我,"我"与"你"、"我"与"大家"三类关系的调整和优化
	9.转移视线:坚持议题转移的创造性、公共性以及互惠性。"于组织有利"也必须"于公众也有利"的议题		9.价值再造:再造是一个组织与利益相关者的价值共创过程-结晶于危机之下生发、闪现出来的新价值、新意义

二、类危机(para-crisis)

社交媒体正在成为许多危机风险的关键因素,当这些危机风险在网上出现时,人们常常把它们与危机混为一谈,因此库姆斯等学者于 2012 年提出"类危机"，并不断为这一概念提供新的解释变量。类危机被界定为"一种可被公众感知的、对组织的不负责或不道德提出指控的危机威胁"（a publicly visible crisis threat that charges an organization with irresponsible or unethical behavior）。① 这一定义将威胁与危机区别开来，认为类危机具有以下特点：

（1）威胁性，处于威胁演变为危机的临界点，有爆发成全面危机的潜质；

（2）很强的公共属性，易于在社交媒体上得到讨论和发酵，对组织造成更为严重的负面影响。②

库姆斯试图通过类危机概念向组织管理者提示：社交媒介在将威胁演变成危机中扮演着至关重要的地位，换言之，社交媒体可以使威胁放大变为危机，也可以使威胁减弱。类危机概念的提出旨在突显那些可见的、特别是由社交媒体的公共讨论引发的，但很可能并非由企业的实际生产、经营或产品出了问题而构成的危机威胁。③ 有学者指出，面对类危机威胁却盲目使用传统危机应对策略可能只会造成额外的声誉损害。④ 针对社交媒体时代的类危机现象，库姆斯等人在2012年提出"改革（Reform）、拒绝（Refuse）和反驳（Refute）"三种应对策略：

a.在实施改革策略时，处于类危机中的企业承认错误，并考虑公众对改变企业实践的需求。如强生公司旗下著名的止疼药品牌"Motrin"于2008年9月30日在杂志和在线上投放了一则广告，广告的重点是"将婴儿抱在吊带中的新妈妈可能需要Motrin"。但是在广告的呈现中，他们将吊带比作时尚配饰，并说虽然照顾婴儿可能很艰难，但"这完全使我看起来像个正式的妈妈"（totally makes me look like an official mom）。广告一经上线，便迅速引发了包括母亲们在内的公众不满，她们在推特、YouTube以及其他社交网站上发布负面推文，面对这一情况，McNeil Consumer Healthcare下架了这一新广告，并于周一在Motrin.com上发布了单独的道歉。营销副总裁Kathy Widmer表示："我们已经听到您对广告的担忧。""我们自己是父母，我们非常重视妈妈的反馈。我们正

① COOMBS W T，HOLLADAY J S.The paracrisis：the challenges created by publicly managing crisis prevention [J]. Public Relations Review，2012，38（3）：408-415.

② 吴旭."类危机"：社交媒体时代的新挑战[J].国际公关，2012（4）：92-93.

③ COOMBS W T，HOLLADAY J S.The paracrisis：the challenges created by publicly managing crisis prevention [J]. Public Relations Review，2012，38（3）：408-415.

④ VEIL S，PETRUN E L，ROBERTS H A. Issue management gone awry：when not to respond to an online reputation threat[J].Corporate Reputation Review，2012，15（4）：319-332.

在从所有媒体中删除此广告。"

b.拒绝策略,公司没有直接应对危机威胁,而是专注于提升组织声誉,通过谈论其积极方面而忽略指控。

c.驳斥策略,公司直接对指控进行辩护,需要一定程度的公众支持和积极的公众情绪。[①]

三、社交媒介危机理论的初步建构

自 1985 年尼尔·波兹曼(Neil Postman)在《娱乐至死》中提出"泛娱乐化"(pan-entertainment)[②]这一概念至今,公众对广播、电视等大众媒介内容和呈现形式的"娱乐偏好"逐渐引起国内外学者对当下新媒体情境的探讨与反思。2013年 11 月 11 日,天猫陷入虚假宣传危机,尽管不到一小时,阿里集团副总裁陶然便在微博上发表了"严肃的"回应声明,却并没有消解公众的质疑。这一现象引起了国外学者的关注,金等人(Kim,et al,2016)对此次危机事件的内容进行分析,发现天猫官方微博在严肃回应之后的第二轮自嘲式幽默回应反而成为化解危机的关键。公众对于公共议题,特别是公共危机事件中呈现出来的娱乐化倾向反过来影响着危机回应主体的传播策略。[③] 近年来,中国一些学者也开始深层次解读新媒体领域中的泛娱乐化现象及其意义,如"帝吧出征"中幽默、反讽、戏谑、夸张以及恶搞的呈现。[④] 新媒体与日常生活的深度联结如何推动着"娱乐"日益成为形塑互联网公共实践的重要力量?[⑤] 为何传统的危机传播理论在社交媒介语境下出现了解释困境?[⑥] 为回应上述问题,库姆斯基于社交媒

① COOMBS W T，HOLLADAY J S. The paracrisis：the challenges created by publicly managing crisis prevention [J]. Public Relations Review,2012,38(3):408-415.

② 尼尔·波兹曼.娱乐至死,章艳,译.桂林:广西师范大学出版社,2004:56.

③ KIM S,ZHANG X A, ZHANG B W. Self-mocking crisis strategy on social media：focusing on alibaba chairman jack ma in china[J].Public Relations Review,2016,42(5):903-912.

④ 刘海龙.像爱护爱豆一样爱国:新媒体与"粉丝民族主义"的诞生[J].现代传播:中国传媒大学学报,2017(4):27-36.

⑤ 王昀.礼物、娱乐及群体交往:网络视频文化的公共性考察[J].新闻与传播研究,2017(9):62-79,128.

⑥ FREBERG K.Intention to comply with crisis messages communicated via social media[J].Public Relations Review,2012,38(3):416-421.

介情境提出"类危机"概念，并据此修订了危机情境理论。针对社交媒体时代的类危机现象，库姆斯等人在2012年提出"改革、拒绝和反驳"三种应对策略等。

然而，由于缺少社交媒介独特的情境变量，根据"类危机"改良后的危机沟通理论并没有充分说明特定的信息形式（如社交媒体与传统媒体或线下人际传播的区别）如何影响公众的危机传播行为。[①] 为了弥补这一缺憾，刘、金和奥斯汀（Liu，Jin& Austin）通过访谈法，将信源、渠道、危机类型等五个因素同时纳入考察，提出"社交媒体中介的危机传播"模型（Social-Mediated Crisis Communication，SMCC）。[②] 这一模型将社交媒体、传统媒体和人际传播作为不同的危机回应渠道进行研究，并将危机回应的信源类型分为经历危机的组织和第三方，进一步通过访谈和实验强调了不同信源类型对危机传播效果的影响。[③] 在社交媒体情境下，"谁"在对危机做出解释也开始受到研究者的重视。

第四节　以战略思维理解危机与危机传播管理的意义与路径

当强生的首席执行官伯克在回忆处理泰勒诺毒胶囊危机时，他说，强生公司的信条（the Johnson & Johnson credo）是管理层战略性决策的重要指南和依据，信条中明确指出了强生公司的价值排序：

> 强生公司首要的责任是为强生产品的使用者，即患者、医护人员以及每一位母亲和父亲提供高质量的产品，为了满足他们的需求，我们所做的一切都必须是高质量的。我们必须不断努力提供价值，降低成本并保持合理的价格。

---

① AUSTIN L，FISHER LIU B，JIN Y.How audiences seek out crisis information：exploring the social-mediated crisis communication model[J].Journal of Applied Communication Research，2012，40(2)：188-207.

② LIU B F，et al. Managing turbulence in the blogosphere：evaluating the blog-mediated crisis communication model with the American red cross [J].Journal of Public Relations Research，2012，24(4)：353-370.

③ LIU B F，JIN Y，AUSTIN L L. The tendency to tell：understanding publics' communicative responses to crisis information form and source [J].Journal of Public Relations Research，2013，25(1)：51-67.

强生要对全球与我们合作的员工负责,必须提供一个包容各方的工作环境,其中每个人都必须被视为一个人。我们必须尊重他们的多样性和尊严,并承认他们的优点。他们在工作中必须有安全感、成就感和目标感。补偿必须公平、充分,工作条件整洁、有序、安全。我们必须支持员工的健康和福祉,并帮助他们履行家庭和其他个人责任。员工必须随时提出建议和投诉。对于那些合格的人,必须有平等的就业、发展和晋升机会。我们必须提供有能力的领导人,他们的行动必须是公正和道德的。

强生要对我们生活和工作的社区以及国际社会负责,必须在全球更多地方支持更好的获取和护理服务,以帮助人们变得更健康,必须成为好公民:支持良好的工作和慈善事业,改善健康状况和教育,并承担应有的税款,必须妥善维护我们有权使用的财产,保护环境和自然资源。

强生的最终责任是对股东负责。企业必须赚取丰厚的利润,必须尝试新的想法,必须进行研究,制订创新计划,为未来进行投资并付出错误。必须购买新设备,提供新设施并推出新产品。必须创建储备金以应对不利时期⋯⋯

可以说,强生信条就是强生公司的战略思维。而这一战略思维指导着在突如其来的危机中,强生如何识别危机、确立行动的价值排序,以及如何重生。

在本书的前两章中,我们已经指出,战略传播就是组织的战略传播活动与战略目标的协同一致,奉行意义共创的新范式,建立在对环境、对公众需求的信息洞察之上,以建立长期、稳定的组织-公众关系为目标,并能够运用媒介(组合)策略实现与公众对话的过程。那么作为战略传播中一个重要应用领域的危机传播管理,也必然应当首先以上述战略传播的思维作为指导。具体而言,从战略传播思维进行危机管理的主要任务至少包括如下三个方面:

1.明确组织和公众是"危机"的共同界定者;

传统危机传播理论存在一个显著的问题是过度强调公众一端的归因。战略传播学者卡尔·波坦(Carl Botan)2018年出版的《战略传播管理》一书对此现象做出了批判。他认为组织战略传播最为理想的模式是共创模式,组织将自己视为环境的一部分,与环境(公众的需求)共同变化,共创模式认为意义是由公众与组织共同产制的。这一模式强调:公众和组织在界定议题中扮演着同样重要的角色,他们应当共同界定问题、议题、目标以及彼此之间的关系。共创模式的组织将议题界定与解决均交由公众与组织共同建构;无论是应用导向抑或是学理导向的研究都应不只关注公众端的研究,还要关注组织与公众之间的关系,观察组织与公众之间循环往复的传播流动,组织内部与外部的传播与意义流变均决定着组织的形态。^① 如何在转型社会信任缺失与亟待重建信任的现状下^②，从支配式宣传到平等对话，在对话中化解风险、维系利益认同、再造意义共同体，成为"非典"至今公关发展的主线和路径。^③

2.明确危机传播管理需要常态化的战略安排；

战略规划首先要常态化，并以这种常态化的制度性安排来确保组织可以对风险予以把控、监控，以及对危机发生的迅速反应、统一口径和有效应对。在先导案例中，我们可以看到强生公司在泰勒诺毒胶囊事件发生后，由 CEO 首先启动的就是危机管理团队的组建，其后便是确立统一的回应口径（组织各个部门、全体相关人员都要对关涉这一危机的重要新闻、风险、议题和行动保持一致的理解、跟踪和共识），然后才是联系多方利益相关者，包括媒体、政府部门、司法机构以及其他相关公众。尽管如此，我们仍然不能认为危机管理团队"临时"组建就足够了，许多关于危机管理的教材和文献都主张应将危机管理团队的组建常态化，嵌入组织的日常管理乃至战略管理的组织架构和内容中。表 12-6 概括了这种常态化组织结构的基本构成以及不同角色的相应责任^④。

表 12-6 危机传播管理团队的基本结构与相应责任

角色	责任
危机领导者	a.评估事件，并决定是否应召集危机小组以及应由谁参与 b.主持危机管理小组会议 c.监督所有风险和问题的管理，并确保计划充分的行动并取得充分的进展 d.上报危机管理团队欠缺足够的权威或未能取得足够进展等问题 e.批准危机管理团队的决定 f.确保所有成员都遵循危机管理流程 g.为危机管理团队提供明确的方向和支持 h.确保提供足够的资源 i.与媒体、员工、客户和主要利益相关者进行重要沟通

① BOTAN C. Strategic Communication Theory and Practice：the Co-creational Model[M]. Hoboken，NJ：Wiley-Blackwell，2018.

② 孙立平.重建社会：转型社会的秩序再造[M].北京：社会科学文献出版社，2012：75-89.

③ 胡百精.风险社会、对话主义与重建现代性："非典"以来中国公共关系发展的语境与路径[J].国际新闻界，2013，35(5)：6-15.

④ WATTERS J. Crisis management team roles and responsibilities[M]// Disaster Recovery，Crisis Response，and Business Continuity. Berkeley，CA：Apress，2014：247-252.

续表

角色	责任
业务连续性经理	a.就调用危机管理团队及其成员向危机领导者提供建议 b.就适当的流程和行动向危机管理团队提供建议 c.协调业务恢复计划的执行 d.提供危机指挥中心并确保其配备适当 e.监督危机领导层的沟通网络,以将情况和需要及时通知团队成员
支持团队	a.为危机管理团队提供行政支持 b.维护指挥中心对管理流程、危机事件的发展、议题发展等的持续跟踪并留存记录 c.整理收到的情报并提供重要事实以供危机管理团队审查
紧急服务联络人与联盟关系	a.确保与相关的部门保持良好的合作关系,并且随时在流程上通气,以确保组织的危机管理流程与相关部门的处理流程尽量保持一致 b.在危机一开始就启动相关部门的联络和联盟 c.评估外部流入的信息,识别突出的新闻、风险、议题和行动 d.将超出联络人权限或直接影响他人的风险、问题和行动上报给危机领导者进行审查和授权 e.向危机管理团队提供重要事实的概述
传播/沟通团队	a.确保关键业务的沟通在任何时刻都能以最少的中断持续进行 b.确保传播人员拥有完成职责所需的资源和设施 c.评估从传播团队发出的信息,确认重要的新闻、风险、议题和行动 d.将超出传播/沟通团队成员权限或直接影响其他领域的风险、议题和行动上报给危机领导者进行审查和授权 e.领导危机修复沟通团队的工作,给他们明确的指令和指导,监控危机恢复期的沟通进展或议题是否升级等,并及时提供反馈 f.对信息沟通在发生中断时该如何恢复提供技术决策和支持 g.确保媒体的所有询问都能得到专业的处理 h.向危机管理团队提供与沟通相关的重要事实摘要 i.为危机管理团队的成员提供与沟通相关的任何事项的支持和指导
设施	a.确保设施安全,建筑服务和基础设施到位 b.评估从设施团队传递的信息,确认重要的新闻、风险、议题和行动 c.将超出设施成员权限或直接影响其他领域的风险、议题和行动上报给危机领导者进行审查和授权 d.负责领导受危机影响的设施的恢复工作,为设施恢复团队提供指导,监控进展或问题的升级,并及时提供反馈 e.就如何在任何中断期间提供关键设施和相关服务做出战术决策 f.向危机管理团队提供与设施和安全相关的重要事实摘要

续表

角色	责任
人力资源	a.确保在任何危机时期都能维持员工福利 b.确保员工及其家属获得准确的信息，并在适当的情况下提供咨询 c.评估从人力资源团队传递过来的信息，确定突出的新闻、风险、议题和行动 d.将超出人力资源成员权限或直接影响其他领域的风险、议题和行动上报给危机领导者进行审查和授权 e.领导受危机影响的任何人力资源团队的恢复工作，为人力资源恢复团队提供指导，监控进展或问题的升级，并及时提供反馈 f.就在任何中断期间如何提供关键的人力资源服务做出战术决策 g.向危机管理团队提供与人力资源相关的重要事实摘要 h.为危机管理团队提供与人力资源相关的任何事项的支持和指导
互联网技术团队	a.确保在任何危机时期都能以最少的中断维护关键IT服务 b.确保企业获得所需的技术支持，以加快企业及其基础设施的快速恢复 c.确保IT员工拥有完成职责所需的资源和设施 d.评估从IT团队传递过来的信息，确定重要的新闻、风险、议题和行动 e.将超出IT危机团队成员权限或直接影响其他领域的风险、议题和行动上报给危机领导者进行审查和授权 f.领导受危机影响的关键IT服务的恢复 g.领导受危机影响的任何IT团队的恢复工作，为IT恢复团队提供指导、监控进度或议题的升级，并及时提供反馈 h.就在任何中断期间如何提供关键IT服务做出战术决策。 i.向危机管理团队提供与IT相关的重要事实摘要 j.为危机管理团队的成员提供与IT相关的任何事项的支持和指导
商务团队负责人	a.确保关键商务活动在任何危机时期都能以最少的中断继续进行 b.确保其员工拥有完成职责所需的资源和设施 c.评估从商务团队传递的信息，确定突出的新闻、风险、议题和行动 d.将超出其权限或直接影响其他领域的风险、问题和行动上报给危机领导者进行审查和授权 e.领导受危机影响的商务团队的恢复工作，为商务恢复团队提供指导，监控进展或问题的升级，并及时提供反馈 f.向危机管理团队提供与商务相关的重要事实摘要 g.为危机管理团队成员提供与其业务相关的任何事项的支持和指导

3.明确危机管理的核心任务是对意义与议题的管理；

1993年,学者们综合各家观点,对议题管理的功能做出了概括性描述[①]：

a.监测组织内部与外部环境,了解利益相关者的意见和价值观；

b.预测、定位、分析和评判议题,排列议题优先顺序,洞察议题在经济、政治和文化层面对组织运作有何意涵；

c.为组织决策提供支持,特别是在调整组织目标和政策方面,重视公共利益,坚守社会伦理规范；

d.将民意与政策议题整合为组织的策略理计划,拟定主动的回应策略,以降低风险、掌握机会；

与不同利益相关者进行充分沟通,以引领议题走向,形塑于组织有利的主流意见,阻止、触发或推动公共政策和法案的兴废。

克莱伯(Richard E Crable)和威伯特(Steven L Vibbert)按"公众卷入程度"将议题周期区分为：特定利益相关者关切、公众知晓、公众关切、公众焦虑或恐慌、公众抵制行动五个阶段。[②]

希斯着眼于舆论演变与公共政策制订的关系,将议题的发展周期划分为三个阶段：舆论形成期、公共政策形成期和公共政策执行期。[③]

海恩思沃斯(Brad E Hainsworth)主张回到时间轴定义议题周期：起源期、调停或扩大期、组织期和解决期[④]。吴宜蓁、卜正珉基于海恩思沃斯的观点,提出了更具"本土特色"的五阶段论：事件初始期、议题形成、社会议题期、政策与对策制订期、后续效应与影响期。[⑤]

综上,议题管理模式的构建必须整合时间轴与响应内容两条主线,前者指向议题的客观发展过程,后者则反映当事主体对议题的主观干预。

---

① TUCKER K,BROOM G,CAYWOOD C.Managing issues acts as bridge to strategic planning [J]. Public Relations Journal,1993,49(11):471-474.

② CRABLE R E,VIBBERT S L.Managing issues and influencing public policy[J]. Public Relations Review,1985,11(2):3-16.

③ HEATH R L.Strategic Issues Management:How Organizations Influence and Respond to Public Interests and Policies[M]. San Francisco:Jossey-Bass Publishers.1988:116.

④ HAINSWORTH B E.The distribution of advantages and disadvantages[J]. Public Relations Review,1990,16(1):33-39.

⑤ 卜正珉.公共关系——政府公共议题决策管理[M].台北:扬智文化事业有限公司,2003:67.

a.初始期。唯见微知著，方可循其行迹、相机而动；

b.形成期。议题获得了更充分的传播势能和扩散条件，征兆已现，一触即发；

c.社会对话或曰公共讨论期。议题进入公共舆论空间，多元利益主体展开讨论、辩论，对当事主体形成舆论压力，甚或演化为危机；

d.政策与法规形成期。议题引发政策变革或立法调整，若未能促成如是改变，将引爆舆论危机，威胁组织的战略目标和战略利益；

e.持续影响与舆论结晶期。议题余波犹在，甚至反复无常，待舆论势能耗尽，终归尘埃落定。

议题演变处于不同周期，当事主体的管理任务和应对方案亦有所不同。一般而论，议题管理的主要内容包括：

a.议题识别与界定。即确认议题是否存在、理解其本质，并初步评估其影响。当事主体要定义和解释议题内涵，对议题发生的诱因进行查证和辨别，对议题的真伪、大小、利害做出判断，对利益相关者可能的态度和行为做出预估。

b.议题监测与分析。当事主体在此阶段应回答以下问题：议题的发展趋势如何？媒体、意见领袖和其他利益相关者对议题介入的深度与广度如何？在事实层面，议题反映了何种权力和利益矛盾？在价值层面，议题表征了哪些情感、伦理和信仰冲突？议题干预的可能性有多大以及为此需要付出怎样的代价？

c.议题管理目标及其优先性设定。基于议题界定和分析，当事主体提出议题管理目标，并对任务和方案的轻重缓急、先后远近进行排序。管理目标及其优先性的确立，决定了议题应对的观念、原则、方法和路径。

d.议题管理策略的选择与执行。根据对议题的研判、管理目标及其优先性的设定，采取针对性策略响应和引导议题发展，以期促成改变，规避危机。

e.政策与法规的形成和修正。基于公共讨论、主动响应和有效引导，与多元利益主体达成共识，调整、优化相关政策和法规。有效的议题管理以及由此带来的观念和体制变革，乃组织创新和社会进步的重要动力。商业领域的"企业是否应承担社会责任"争论等，皆促成了观念解放和体制革新。

以上五个议题发展阶段、五项议题响应任务，构成了复合型的议题管理模式。复合并不意味着简单的对应关系。譬如议题识别与定义、议题监测与分析，并不局限于议题初始期、形成期，而是贯穿议题管理的全过程。同样，议题管理目标及其优先性设定、议题管理策略的选择与执行，也会因应具体时势而做出调整。如图 12-6 所示：

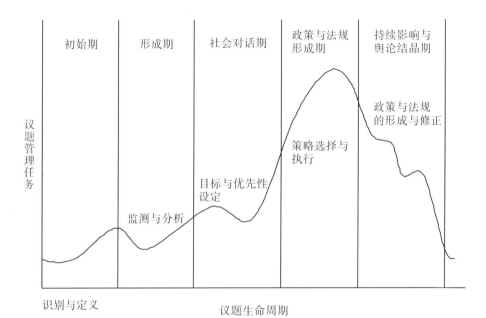

初始期　　　形成期　　　社会对话期　　政策与法规　　持续影响与
　　　　　　　　　　　　　　　　　　　　形成期　　　　舆论结晶期

议
题
管
理
任
务

政策与法规
的形成与修正

策略选择与
执行

目标与优先性
设定

监测与分析

识别与定义　　　　　　　　　　　议题生命周期

图 12-6　议题生命周期与对应的议题管理任务

（来源：HAINSWORTH B E. The distribution of advantages and disadvantages［J］. Public Relations Review，1990，16（1）：33-39.）

（1）"初始-识别"阶段

议题通常肇始于人际间的传言或谣言，日常交往和社交网络是其主要传播渠道，随后少数媒体可能以简讯、花絮、"据说"方式介入。此时，多数公众尚未注意或者特别关切此事。议题是否会进一步扩大、蔓延，除事件本身的因素外，主要取决于两种力量的变化：是否有更多媒体、特别是主流媒体的积极跟进？是否有意见领袖的关注和介入？

在这一阶段，当事主体有两个策略选择：一是当机立断，掌握话语权，主动澄清那些未经证实的信息，控制、引领议题的发展方向；二是沉着冷静，避免小题大做，以"冷处理"方式淡化议题。二者皆要求当事主体准确识别、定义议题，同时基于有效的倾听和舆情监测做出判断。

（2）"形成-监测"阶段

此时，议题进入公共舆论中心，成为令人瞩目的焦点。由于事件本身错综复杂，或者媒体、意见领袖、利益相关者涉入议题的角度千差万别，舆论场上嘈杂不堪、真伪难辨。同时，议题所指向的"主角"或者关系人也因"持异见者"、"敌对势力"和"幕后黑手"的蓄意攻击，而不得不"亮相"。

卜正珉认为，议题管理者在这一阶段的理性选择主要包括：一是了解议题发生的诱因、背景，汇集议题相关的人、事、物、时、地等完整资讯；二是了解媒体报道的内容、篇幅、频次、视角和立场，分析媒体行为的动机和趋势；三是了解意见领袖和其他利益相关者的观点、态度和行为，研究他们背后的权力、利益关系。[①] 同时，当事主体亦应清醒地了解自己，即确认自身的底线和立场。

（3）"对话-目标-策略"阶段

议题走出先前阶段的混沌不明，更多事实、更多意见摆在人们面前。此时，当事主体应尽力避免陷入以下困境：事实讨论和意见竞争沦为立场之争，各方为反对而反对，为对抗而对抗；谣言泛滥，边缘议题——那些与核心议题关联不大或不重要的议题占据注意力资源，并可能引发"次生危机"；触犯众怒或引发舆论的狂欢，透支信任和对话理性；卷入虚耗的、不以达成共识为目的的辩论。

为此，当事主体应确定切实可行的议题管理目标和愿景，积极与各方对话，因应议题事实层面的冲突，也要挺进价值之境，建立信任、培养共识。

（4）"对策-政策"阶段

议题的逼迫情势达至顶峰，来龙去脉终于显现，各方意见开始汇流和分化，形成若干强势对立的"派别"。在此期间，议题的发展存在两种可能性：一是各方坚决捍卫自身立场，导致前述的虚耗式对抗或破坏性对决；二是各方回归情、理、法，通过对话谋求问题的解决。

为了引导各方达成后一种可能性，当事主体大抵可以采取如下三种对策：一是与利益相关者有效对话，推动各方基于真相互通、利益互惠、真诚互信和价值共创，寻求认同、共识和承认；二是转移焦点，包括转移议题涉及的人、事、物，转移责任归属，转换议题的解释框架；三是谋求第三方介入，搭建对话平台，谋求不"破"而"立"或者有"破"有"立"。

（5）"政策-结晶"阶段

经由先前的协商、对话，政策和法规的调整意愿在此阶段得以落实。舆论会持续关注新政策和法规的出台，倘若各方意见在调整内容中得到适宜反映，那么议题的传播势能耗尽、走向衰退；反之则可能出现舆论反弹，或暂时进入潜伏期，

---

① 卜正珉.公共关系——政府公共议题决策管理［M］.台北：扬智文化事业有限公司，2003：92.

等待特定情境下卷土重来。

当事主体在这一阶段应诚心正意做出"整改"：一是评估、总结此次议题论争的经验和教训，在推出因应外部压力的新政策和法规的同时，于内部改造治理结构，实现观念和制度创新；二是保持冷静头脑，紧密监测议题发展，谨防议题反复，避免再次"在同一地方摔倒"；三是结晶议题论争所激发的价值信念、意义，以实现真正的超越和升华。

与危机传播"管理范式"强调的一种线性危机管理流程（包括察觉→防止→遏制→恢复→反思）[①]不同的是，"传播/修辞范式"聚焦于组织如何运用各种象征性的符号资源（如文本或视觉符号）消解危机并重塑组织形象。修辞路径的学术先驱是提出"形象修复理论"的班尼特，他通过大量危机回应案例的修辞分析，提出了包括否认、逃避责任、降低外界攻击、道歉以及行为修正在内的五大回应策略。[②] 然而，无论上述哪一种范式下的危机传播理论，都没有很好地关照危机发生时特有的情境，因而也无力解释在何种情境下采取什么样的回应策略或管理策略会比较有效。由此，库姆斯找到了理论的空白，联结归因理论和形象修复理论，提出了危机传播领域著名的情境危机传播理论，基于危机类型、破坏程度、组织的危机历史以及组织-公众的关系历史四个维度，有效补充了"危机情境"这一变量及其细分类目，并指出公众对危机的责任归因是危机情境与危机策略之间重要的中介变量。[③]

然而，继"管理转向"、"传播/修辞转向"之后，伴随着危机的全球化、地域化以及新媒介形态的勃兴，仅以危机类型或组织危机历史来预测危机回应的策略已经不足以解释多元文化共存的新情境。危机传播研究进入愈加关注文化等情境变量的理论发展时期，这一时期也被称为危机传播的"跨文化转向"。在描绘危机传播研究的未来时，库姆斯和霍雷迪指出，文化应该被作为诠释日益增多的全球危机和危机传播的重要变量。危机传播理论应该是高度文化敏感性的，因

---

① BARTON L. Crisis in Organizations：Managing and Communicating in the Heat of Chaos [M]. Cincinnati,OH：College Divisions South-Western,1993.

② BENOIT W L. Image repair discourse and crisis communication[J].Public Relations Review,1997,23(2)：177-186.

③ COOMBS W T，HOLLADAY S J. Helping crisis managers protect reputational assets：initial tests of the situational crisis communication theory [J]. Management Communication Quarterly,2002,16(2)：165-186.

为危机传播的过程包含着多元价值观和规范。① 然而，程和卡梅伦在对当前社交媒体危机传播文献进行系统回顾的基础上强调危机传播研究仍缺乏多种语境方法。② 作为危机传播研究的中流砥柱，形象修复理论和危机情境理论仍是以欧洲—美国为中心的理论，其局限性在于都围绕着某一个特定的社会和文化语境而建立。③ 因此，有必要了解西方和非西方的语境维度，包括文化价值观、媒体景观和公众对互联网的依赖程度等变量。④

近年来，伴随着社交媒介的发展，跨文化转向下的危机传播研究延续传统理论框架，对不同文化语境下的危机传播展开分析。如王宇琦和陈昌凤结合布拉德福德提出的"组织沟通回应模式"区分四种危机情境，对天津港特别重大火灾爆炸事故中政府危机应对的发布会和相关微博进行内容分析，发现政府的传播策略不适合具体危机情境，回避了对事件原因的追责和相应的政策调整；⑤朱等人对2012年麦当劳和肯德基的危机管理展开案例分析，表明了特定的应对策略（例如道歉）的感知和使用具有跨文化差异；⑥亦有学者对比分析中美企业在原油泄漏危机中的回应策略，发现低语境文化和以个人主义为主要文化特征的美国企业会采用玩笑、幽默等策略进行对话，而作为高语境文化、以关系和面子文化代表的中国企业则偏好严肃的对话。⑦

---

①　COOMBS W T，HOLLADAY J S. The paracrisis：the challenges created by publicly managing crisis prevention [J]. Public Relations Review，2012，38(3)：408-415.

②　CHENG Y，CAMERON G. The status of social-mediated crisis communication (SMCC) research：an analysis of published articles in 2002-2014 [M]//AUSTIN L L，JIN Y. Social Media and Crisis Communication，New York：Routledge，2017：9-20.

③　史安斌，张梓轩.危机传播的跨文化转向研究——基于对"帝吧出征 Facebook"事件的多元声音分析[J].新闻与传播评论，2017(春夏卷)：166-183.

④　CHENG Y.The status of online crisis communication in 1999—2013：a review and critique [C]. Paper Presented in the 64th Annual Conference of the International Communication Association (ICA)，2014.

⑤　王宇琦，陈昌凤.社会化媒体时代政府的危机传播与形象塑造：以天津港"8·12"特别重大火灾爆炸事故为例[J].新闻与传播研究，2016(7)：47-59.

⑥　ZHU L，ANAGONDAHALLI D，ZHANG A. Social media and culture in crisis communication：McDonald's and KFC crises management in China [J].Public Relations Review，2017，43(3)：487-492.

⑦　李尚冉，徐丹.跨文化语用学视角下的企业社会公信力危机应对话语策略——基于中美溢油事件个案研究[J].辽宁师范大学学报(社会科学版)，2018(2)：115-123.

【思考题】

1.先导案例分析：请你在学习本章之后，重新阅读泰勒诺毒胶囊事件，并从本章中提到的危机传播管理理论中选择一个角度或者理论中来分析这一案例为什么被称为"改写危机管理历史"的里程碑式事件。你觉得企业可以从中学习到哪些危机管理的思维或策略？

2.1982年，泰勒诺毒胶囊事件发生的几个星期之后，首席执行官伯克在接受采访时表示，事件发生后，他将处理这一事件的任务分为以下三个阶段：

第一阶段：从震惊中恢复并解释发生了什么；

第二阶段：评估和控制损害；

第三阶段：让泰勒诺重返药店。

请你从议题管理的视角，去评估伯克划分的阶段是否合理？对于强生公司，三个阶段的核心议题分别是什么？对于公众来说，三个阶段的核心议题又是什么？强生公司和公众对于不同阶段的议题界定是否相同？

3.阅读文献 SCHULTZ M C，SCHULTZ J T. Corporate strategy in crisis management：Johnson & Johnson and Tylenol[J/OL]. Essays in Economic and Business History，1990，7（N/A）. https://commons.erau.edu/publication/58.请你从"议题生命周期"曲线的最后阶段，即"政策-结晶"阶段的相关内容分析强生泰勒诺毒胶囊事件后，强生如何运用策略使泰勒诺重新回到药店的货架上？

拓展阅读

中文

西蒙·科特.新闻、公共关系与权力[M].上海：复旦大学出版社,2007.

马丁·布伯.我和你[M].武志红,任兵,译.北京：北京联合出版有限公司,2018.

托伊恩·迪克.作为话语的新闻[M].曾庆香,译,北京：华夏出版社,2004.

马克·斯米克拉斯.视不可当：信息图与可视化传播[M].项婷婷,张东宁,译.北京：人民邮电出版社,2013.

戴维·米尔曼·斯科特.新规则：用社会化媒体做营销和公关[M].第 5 版.赵俐,译.北京：机械工业出版社,2016.

蒂姆·菲尔兹.手游与社交游戏设计——盈利模式与游戏机制解密[M].谢甜甜,译.北京：电子工业出版社,2016.

格伦·M.布鲁姆.公共关系：英文版 [M].10 版.北京：中国人民大学出版社,2013.

詹姆斯·格鲁尼格,等.卓越公共关系与传播管理[M].卫五名,等译.北京：北京大学出版社,2008.

凯文·阿洛卡.刷屏——短视频时代的疯传法则[M].侯奕茜,何语涵,译.北京：中信出版集团,2018.

凯文·莱恩·凯勒,沃尼特·斯瓦米纳坦.战略品牌管理：创建、评估和管理品牌资产[M].第 5 版.何云,吴水龙,译.北京：中国人民大学出版社,2020.

马丁·里维斯,纳特·汉拿斯,詹美贾亚·辛哈.战略的本质：复杂商业环境中的最优竞争战略[M].王喆,韩阳,译.北京:中信出版社,2016.

麦克·肯特.对话理论[M]//陈先红.中国公共关系学(上).北京:中国传媒大学出版社,2018:133-165.

尼尔·波兹曼.娱乐至死[M].章艳,译.桂林:广西师范大学出版社,2004.

弗雷泽·P.西泰尔.公共关系实务[M].第12版.北京:清华大学出版社,2017.

提摩西·库姆斯.危机传播理论[M]//陈先红.中国公共关系学.北京:中国传媒大学出版社,2018:223-235.

詹姆斯·格鲁尼格.卓越公共关系与传播管理[M].卫五名,译注.北京:北京大学出版社,2008.

齐格蒙特·鲍曼.寻找政治[M].洪涛,周顺,郭台辉,译.上海:上海人民出版社出版,2006.

白皓天."七秒"营销——浅谈短视频营销[J].新闻传播,2016,279(6):50-51.

卜正珉.公共关系——政府公共议题决策管理[M].台北:扬智文化事业有限公司,2003.

陈力丹,夏琪.2018年中国新闻传播学研究的十个新鲜话题[J].当代传播,2019,204(1):17-22.

陈先红.中国公共关系学:上[M].北京:中国传媒大学出版社,2018:133-165.

付玉辉.论移动互联网微传播的双重召唤结构和偏向叠加效应[J].浙江传媒学院学报,2015(3):11-14,150.

宫贺.公共关系的文化想象:身份、仪式与修辞[M].北京:社会科学文献出版社,2017.

宫贺.独白与对话之间:重新理解"卷入"的概念边界与操作维度[J].新闻与传播研究,2021(10):76-91.

宫贺,孙赫宁,顾纯璟.中国社交媒介情境下"官民对话"的理论建构与初步检视[J].中国行政管理.2021(7):78-84.

胡百精."非典"以来我国危机管理研究的总体回顾与评价——兼论危机管理的核心概念,研究路径和学术范式[J].国际新闻界,2008(6):12-16,50.

胡百精.风险社会、对话主义与重建现代性:"非典"以来中国公共关系发展的语境与路径[J].国际新闻界,2013,35(5):6-15.

胡百精.危机传播管理[M].第三版.北京:中国人民大学出版社,2014.

华昱.移动短视频的发展现状及趋势研究[J].新媒体研究,2017,3(15)：87-88.

李尚冉,徐丹.跨文化语用学视角下的企业社会公信力危机应对话语策略——基于中美溢油事件个案研究[J].辽宁师范大学学报(社会科学版),2018(2)：115-123.

刘海龙.像爱护爱豆一样爱国：新媒体与"粉丝民族主义"的诞生[J].现代传播：中国传媒大学学报,2017(4)：27-36.

彭兰.再论新媒体基因[J].新闻与写作,2014(2)：7-10.

史安斌,张梓轩.危机传播的跨文化转向研究——基于对"帝吧出征 Facebook"事件的多元声音分析[J].新闻与传播评论,2017(春夏卷)：166-183.

孙立平.重建社会：转型社会的秩序再造[M].北京：社会科学文献出版社,2012.

谭畅,贾桦,杜港,等.浅析网络直播的定义、特点、发展历程及其商业模式[J].现代商业,2018(19)：165-168.

汪文斌.以短见长——国内短视频发展现状及趋势分析[J].电视研究,2017(5)：24-27.

王冰雪.新媒体环境下"草根"议题发展研究——基于 CNKI 新闻传播学科文献统计分析[J].传媒,2014(16)：71-72.

王小龙.社交时代移动短视频的传播特点探析[J].科技传播,2017(14)：79-80.

王晓红,包圆圆,吕强.移动短视频的发展现状及趋势观察[J].中国编辑,2015(3)：9-14.

王宇琦,陈昌凤.社会化媒体时代政府的危机传播与形象塑造：以天津港"8·12"特别重大火灾爆炸事故为例[J].新闻与传播研究,2016(7)：47-59.

王昀.礼物、娱乐及群体交往：网络视频文化的公共性考察[J].新闻与传播研究,2017(9)：62-79,128.

吴旭."类危机"：社交媒体时代的新挑战[J].国际公关,2012(4)：92-93.

吴宜蓁.危机传播——公共关系与语艺观点的理论与实证[M].台北：五南图书出版公司,2005.

肖珺,郭苏南.算法情感：直播带货中的情绪传播[J].新闻与写作,2020(9)：5-12.

熊源伟.公共关系学[M].第三版.合肥：安徽人民出版社,2003.

杨晓凌.新闻业:正在消失的边界——《哥伦比亚新闻学评论》新闻理念调查专题详评[J].新闻记者,2014,000(5):18-29.

姚惠忠.公共关系理论与实务[M].北京:北京大学出版社,2004.

张莉."草根媒体"刍议[J].编辑之友,2013(3):61-63.

张萌.引爆视频号[M].北京:北京联合出版公司,2021.

张天莉,罗佳.短视频用户价值研究报告 2018—2019[J].传媒,2019(5):8-14.

张庆.传统电视媒体进军短视频的误区与着力点[J].现代传播(中国传媒大学学报),2017,39(12):158-159.

赵昱,王勇泽.短视频的传播现状分析[J].数字传媒研究,2015(5):54-58.

英文

AUSTIN L,FISHER LIU B, JIN Y. How audiences seek out crisis information: exploring the social-mediated crisis communication model[J]. Journal of Applied Communication Research,2012,40(2):188-207.

BARTON L. Crisis in Organizations: Managing and Communicating in the Heat of Chaos [M]. Cincinnati,OH: College Divisions South-Western,1993.

BARTON L. Crisis in Organizations II [M]. 2nd ed.Cincinnati,OH: College Divisions South-Western,2001.

BENOIT W L. Accounts,Excuses and Apologies: a Theory of Image Restoration Strategies[M]. Albany:State University of New York Press,1995.

BENOIT W L. Image repair discourse and crisis communication[J]. Public Relations Review,1997,23(2):177-186.

BOORSTIN D J. The Image: a Guide to Pseudo-Events in America [M]. New York: Atheneum Publishers,1961.

BORGATTI S. Centrality and network flow[J]. Social Networks, 2005(27):55-71.

BOTAN C. Ethics in strategic communication campaigns: the case for a new approach to public relations[J]. Journal of Business Communication,1997(34):188-202.

BOTAN C. Public relations: state of the field [J]. Journal of Communication,2004,54(4):645-661.

BOTAN C. Strategic Communication Theory and Practice: the Co-creational Model[M]. Hoboken,NJ: Wiley-Blackwell,2018.

BOYD D M,ELLISON N B. Social network sites: definition,history,and scholarship [J]. Journal of Computer-Mediated Communication,2008,38(1): 16-31.

BRABHAM D C. Crowdsourcing as a model for problem solving: an introduction and cases [J]. Convergence: The International Journal of Research into New Media Technologies,2008,14(1):75-90.

BROOM G M,CASEY S,RITCHEY J. Concept and theory of organization-public relationships [M]// LEDINGHAM J A, BRUNING S D. Public Relations as Relationship Management: a Relational Approach to the Study and Practice of Public Relations. Mahwah,NJ: Lawrence Erlbaum. 2000:3-22.

BURT R S. Structural Holes: the Social Structure of Competition [M]. Cambridge,MA: Harvard University Press,1992.

BURT R S. The network structure of social capital [J]. Research in Organizational Behavior, 2000(22):345-423.

CASSELL M M, JACKSON C,CHEUVRONT B. Health communication on the Internet: an effective channel for health behavior change? [J]. Journal of Health Communication,1998,3(1):71-79.

CHENG Y. The status of online crisis communication in 1999—2013: a review and critique [C]. Paper Presented in the 64th Annual Conference of the International Communication Association (ICA),2014.

CHENG Y, CAMERON G. The status of social-mediated crisis communication (SMCC) research: an analysis of published articles in 2002—2014 [M]// AUSTIN L L, JIN Y. Social Media and Crisis Communication, New York: Routledge,2017:9-20.

CHO M,SCHWEICKART T, HAASE A. Public engagement with nonprofit organizations on Facebook[J]. Public Relations Review,2014,40(3): 565-567.

CISSNA K N, ANDERSON R. Theorizing about dialogic moments: the Buber-Rogers position and postmodern themes [J]. Communication Theory,

1998,8(1):63-104.

COOMBS W T. Choosing the right words: the development of guidelines for the selection of the "appropriate" crisis response strategies [J]. Management Communication Quarterly,1995(8):447-476.

COOMBS W T. The protective powers of crisis response strategies: managing reputational assets during a crisis[J]. Journal of Promotion Management, 2006(12):241-260.

COOMBS W T. Protecting organization reputations during a crisis: the development andapplication of situational crisis communication theory [J]. Corporate Reputation Review,2007,10(3):163-176.

COOMBS W T, HOLLADAY S J. Helping crisis managers protect reputational assets: initial tests of the situational crisis communication theory [J]. Management Communication Quarterly,2002,16(2):165-186.

COOMBS W T, HOLLADAY S J. An exploration of the effects of victim visuals on perceptions and reactions to crisis events[J]. Public Relations Review, 2011,37(2):115-120.

COOMBS W T, HOLLADAY S J. The paracrisis: the challenges created by publicly managing crisis prevention [J]. Public Relations Review,2012,38 (3):408-415.

CRABLE R E,VIBBERT S L. Managing issues and influencing public policy[J]. Public Relations Review,1985,11(2):3-16.

CURTIN P A, GAITHER T K. Privileging identity, difference, and power: the circuit of culture as a basis for public relations theory[J]. Journal of Public Relations Research,2005,17(2):91-115.

CURTIN P A, GAITHER T K. International Public Relations: Negotiating Culture,Identity,and Power [M]. Thousand Oaks: Sage,2006.

CUTLIP S M,CENTER A H,BROOM G M. Effective Public Relations [M]. Englewood Cliffs,NJ: Prentice-Hall,1985.

EAGLE N,MACY M, CLAXTON R. Network diversity and economic development[J]. Science,2010(328):1029-1031.

EHLING W P, HESSE M B. Use of "Issue Management" in public relations[J]. Public Relations Review,1983(9):24-27.

FERGUSON M A. Building theory in public relations: interorganizational relationships as a public relations paradigm[C]. Paper Presented at the Meeting of the Association for Education in Journalism and Mass Communication, FL: Gainesville,1984.

FILES J A. Race: a public relations process model for orderly planning and efficient implementation [J]. Public Relations Journal,1982,38(7):22.

FREBERG K. Intention to comply with crisis messages communicated via social media [J]. Public Relations Review,2012,38(3):416-421.

FROW P, PAYNE A. A stakeholder perspective of the value proposition concept [J]. European Journal of Marketing,2013,45(1):223-240.

GILLMOR D. We the Media: Grassroots Journalism by the People, For the People[M]. O'Reilly Media,Inc. 2006.

GRANOVETTER M. The strength of weak ties[J]. American Journal of Sociology,1973,78(5):1360-1380.

GRUNIG L A,GRUNIG J E,DAVID M. D.Excellence in Public Relations and Effective organizations: a Study of Communication Management in Three Countries[M]. Mahwah,NJ: Erlbaum,2002.

GRUNIG J E. Defining publics in public relations: the case of a suburban hospital[J]. Journalism Quarterly,1978,55 (1):109-124.

GRUNIG J E. A situational theory of publics: conceptual history,recent challenges and new research [M]// MOSS D,MACMANUS T, VERCIC D. Public Relations Research: an International Perspective. London: International Thomson Business Press, 1997:3-48.

GRUNIG J E,HUNT T. Managing Public Relations[M]. New York,NY: Holt,Rinehart & Winston,1984.

GRUNIG J E,REPPER F C. Strategic management, publics, and issues [M]// GRUNIG J E. Excellence in Public Relations and Communication Management. Hillsdale,NJ: Lawrence Erlbaum Associates,1992: 117-157.

GRUNIG L A,TOTH E L, L C HON. Feminist values in public relations [J]. Journal of Public Relations Research,2000(12):49-68.

HAMILTON P K. Grunig's situational theory: a replication, application, and extension[J]. Journal of Public Relations Research,1992(4):123-150.

HAN G, ZHANG A. Starbucks is forbidden in the forbidden city: blog, circuit of culture and informal public relations campaign in China[J].Public Relations Review,2009,35(4):395-401.

HAINSWORTH B E. The distribution of advantages and disadvantages [J]. Public Relations Review,1990,16(1):33-39.

HALLAHAN K. Inactive publics: the forgotten publics in public relations [J]. Public Relations Review,2000,26(4):499-515.

HALLAHAN K, et al. Defining strategic communication[J]. International Journal of Strategic Communication,2007,1(1):3-35.

HARTELIUS E J, BROWNING L D. The application of rhetorical theory in mangerial research. a literature review [J]. Management Communication Quarterly,2008,22(1):13-39.

HATCH M J. Organization Theory: Modern,Symbolic,and Postmodern Perspectives [M]. Oxford,England: Oxford University Press,1997.

HEATH R L. A rhetorical approach to zones of meaning and organizational prerogatives [J]. Public Relations Review,1993,19(2):141-155.

HEATH R L. Strategic Issues Management:How Organizations Influence and Respond to Public Interests and Policies[M]. San Francisco:Jossey-Bass Publishers, 1988.

HEATH R L, FRANDSEN F. Rhetorical perspective and public relations: meaning matters [M]// ZERFASS A, VAN RULER B, SRIRAMESH K. Public Relations Research, Wiesbaden: VS Verlag für Sozialwissenschaften, 2008: 349-364.

HEATH R L, et al. Strategic communication [M]// HEATH R L, JOHANSEN W. The International Encyclopedia of Strategic Communication. John Wiley & Sons,Inc, 2018.

HEATH R L. Encyclopedia of Public Relations[M]. Thousand Oaks,CA: Sage Publications,2005.

HEATH R L, NELSON R A. Issues Management [M]. CA: Newbury Park,Sage, 1986.

HEIDE M, et al. Expanding the scope of strategic communication: towards a holistic understanding of organizational complexity [J].International Journal of

Strategic Communication，2018，12(4)：452-468.

HELDMAN A B，SCHINDELAR J，WEAVER J B. Social media engagement and public health communication：implications for public health organizations being truly "social" [J]. Public Health Reviews，2013，35(1)：13.

HERRERO A G，C B PRATT. How to manage a crisis before-or-whatever-it hits[J]. Public Relations Quarterly，1995，40(1)：25-29.

HIMELBOIM I，et al. A social networks approach to public relations on twitter：social mediators and mediated public relations [J]. Journal of Public Relations Research，2014，26(4)：359-379.

HOLTZHAUSEN D R. Towards a postmodern research agenda for public relations [J]. Public Relations Review，2002(28)：251-264.

HOWE J. The rise of crowdsourcing [N]. Wired，2006，14(6).

HUACO G A. Ideology and general theory：the case of sociological functionalism [J]. Comparative Studies in Society and History，1986，28(1)：34-54.

HUANG Y C. Gauging an integrated model of public relations value assessment (prva)：scale development and cross-cultural studies[J]. Journal of Public Relations Research，2012，24(3)：243-265.

HWANG P，LICHTENTHAL D. Anatomy of organizational crisis [J]. Journal of Contingencies and Crisis Management，2000，8(3)：129-140.

IHLEN Ø，VAN RULER B. How public relations works：theoretical roots and public relations perspectives [J]. Public Relations Review，2007，33(2)：243-248.

JOHNSTON K A，TAYLOR M. The Handbook of Communication Engagement[M]. NJ：Wiley-Blackwell，Hoboken，2018.

JOHANNESEN R L. The emerging concept of communication as dialogue [J]. Quarterly Journal of Speech，1971，VLII (4)：373-382.

JUTKOWITZ A. The content marketing revolution [J]. Harvard Business Review，2014，July (1)：2-4.

KENT M L，SOMMERFELDT E J，SAFFER A J. Social networks，power，and public relations：tertius iungens as a cocreational approach to studying relationship networks [J]. Public Relations Review，2016，42(1)：91-100.

KENT M L，TAYLOR M. From homo economicus，to homo dialogicus：

rethinking social media use in csr communication[J]. Public Relations Review, 2016,42(1):60-67.

KENT M L, TAYLOR M. Toward a dialogic theory of public relations [J]. Public Relations Review,2002,1(28):21-37.

KIM J N,NI L,SHA B L. Breaking down the stakeholder environment: Explicating approaches to the segmentation of publics for public relations research [J]. Journalism & Mass Communication Quarterly,2008,85(4): 751-768.

KYONG L S,LINDSEY N J,SOO K K. The effects of news consumption via social media and news information overload on perceptions of journalistic norms and practices[J]. Computers in Human Behavior,2017(75):254-263.

LABRECQUE L I. Fostering consumer-brand relationships in social media environments: the role of parasocial interaction[J]. Journal of Interactive Marketing,2014,28(2):134-148.

LEE B K. Audience-oriented approach to crisis communication:a study of Hong Kong consumers evaluation of an organization crisis[J]. Communication Research, 2004,31(5): 600-618.

LEE S, MOON W-K.New public segmentation for political public relations using political fandom: understanding relationships between individual politicians and fans[J]. Public Relations Review,2021,47(4):1-12.

LEE Y. Crisis perceptions, relationship, and communicativebehaviors of employees: internal public segmentation approach[J]. Public Relations Review, 2019(45):1-10.

LEDINGHAM J A. Explicating relationship management as a general theory of public relations[J]. Journal of Public Relations Research,2003,15(2): 181-198.

LEDINGHAM J A, BRUNING S D. Relationship management in public relations: dimensions of an organization-public relationship [J]. Public Relations Review,1998,24(1):55-65.

LEIDNER D E,GONZALEZ E,KOCH H. An affordance perspective of enterprise social media and organizational socialization [J]. Journal of Strategic Information Systems,2018,27(2):117-138.

L'ETANG J. Public relations,persuasion and propaganda: truth, knowledge, spirituality and mystique [M]//ZERFASS A,VAN RULER B,SRIRAMESH K. Public Relations Research,Wiesbaden：VS Verlag für Sozialwissenschaften, 2008：251-269.

LIM J S,HWANG Y C, KIM S. How social media engagement leads to sports channel loyalty：mediating roles of social presence and channel commitment[J]. Computers in Human Behavior,2015(46)：158-167.

LIU B F, et al. Managing turbulence in the blogosphere：evaluating the blog-mediated crisis communication model with the American red cross [J]. Journal of Public Relations Research,2012,24(4)：353-370.

LIU B F,JIN Y, AUSTIN L L. The tendency to tell：understanding publics' communicative responses to crisis information form and source [J]. Journal of Public Relations Research,2013,25(1)：51-67.

LOVEJOY K,WATERS R D, SAXTON G D. Engaging stakeholders through twitter：how nonprofit organizations are getting more out of 140 characters or less[J]. Public Relations Review,2012,38(2)：313-318.

KAPLAN A,HAENLEIN M. Users of the world,unite! the challenges and opportunities of social media[J]. Business Horizons, 2010,53(1)：59-68.

KIM S,ZHANG X A, ZHANG B W. Self-mocking crisis strategy on social media：focusing on alibaba chairman jack ma in China[J]. Public Relations Review,2016,42(5)：903-912.

MARSTON J E. The Nature of Public Relations[M]. New York：McGraw-Hill,1962.

MAXWELL S, CARBONI J. Social media management：exploring Facebook engagement among high-asset foundations[J]. Nonprofit management and leadership, 2016 (27)：1-10.

MEN L, TSAI W H S. Beyond liking or following：understanding public engagement on social networking sites in China[J]. Public Relations Review, 2013,39(1)：13-22.

MEN L R, TSAI W H S. How companies cultivate relationships with publics on social network sites：evidence from China and the United States [J]. Public Relations Review, 2012 (38)：723-730.

MEN L R, TSAI W. Infusing social media with humanity：corporate character, public engagement, and relational outcomes[J]. Public Relations Review, 2015, 41 (3):395-403.

NI L, WANG Q, SHA B-L. Intercultural Public Relations: Theories for Managing Relationships and Conflicts with Strategic Publics [M]. Routledge, NY: New York, 2018.

O'SULLIVAN P B, PATRICK B, CARR C T. Masspersonal communication: a model bridging the mass-interpersonal divide [J]. New Media & Society, 2017, 20(3):1161-1180.

PAEK H-J, et al. Engagement across three social media platforms: an exploratory study of a cause-related pr campaign[J]. Public Relations Review, 2013, 39(5): 526-533.

PAEK H-J, et al. Peer or expert? The persuasive impact of YouTube public service announcements producers[J]. International Journal of Advertising, 2011, 30(1): 161.

PAEK H J, HOVE T, JEON J. Social media for message testing: a multilevel approach to linking favorable viewer responses with message, producer, and viewer influence on Youtube[J]. Health Communication, 2013, 28(3): 226-236.

RISTINO R J. Communicating with external publics: managing public opinion and behavior [J]. Health Marketing Quarterly, 2007, 24(3/4): 55-80.

SAUDERS H H. A Public Peace Process. Sustained Dialogue to Transform Racial and Ethnic Conflicts[M]. New York: St. Martin's Press, 1999.

SAXER U. Public relations and symbolic politics [J]. Journal of Public Relations Research, 1993, 5(2): 127-151.

SAXTON G, WATERS R. What do stakeholders like on Facebook? Examining public reactions to nonprofit organizations' informational, promotional land community building messages[J]. Journal of Public Relations Research, 2014 (26): 280-299.

SCHALL M S. A communication-rules approach to organizational culture [J]. Administrative Science Quarterly, 1983, 28(4): 557-581.

SEE-TO E, HO K. Value co-creation and purchase intention in social network sites: the role of electronic word-of-mouth and trust-a theoretical analysis [J]. Computers in Human Behavior, 2014, 31(1): 182-189.

SHA B L. Accredited vs. non-accredited: the polarization of practitioners in the public relations profession[J]. Public Relations Review,2011,37(2): 121-128.

SHA B L. Cultural identity in the segmentation of publics: an emerging theory of intercultural public relations [J]. Journal of Public Relations Research,2006,18(1):45-65.

SHA B L, TOTH E L. Future professionals' perceptions of work,life,and gender issues in public relations[J]. Public Relations Review,2005,31(1): 93-99.

SHEN H, SHA B L. Conceptualizing and operationalizing alumni engagement: when conversational voice matters more than openness and assurances of legitimacy[J/OL]. http://doi.org/10.1016lj.pubrev.2020.101974.

SISSON D C. Control mutuality, social media, and organization-public relationships: a study of local animal welfare organizations' donors[J].Public Relations Review,2017,43(1):179-189.

SUNDSTROM B, LEVENSHUS A B. The art of engagement: dialogic strategies on Twitter[J].Journal of Communication Management, 2017, 21 (1):17-33.

TAYLOR M,BOTAN C H. Global public relations: application of a cocreational approach[C]. 9th International Public Relations Research Conference "Changing Roles and Functions in Public Relations",South Miami,Florida,9-12 March,2006:485-492.

TAYLOR M,DOERFEL M L. Another dimension to explicating relationships: measuring inter-organizational linkages [J]. Public relations review, 2005,31(1): 121-129.

TAYLOR M, KENT M L. Dialogic engagement: clarifying foundational concepts[J]. Journal of Public Relations Research,2014,26(5): 384-398.

THEUNISSEN P,NOORDIN W N W. Revisiting the concept "dialogue" in public relations [J]. Public Relations Review,2012,38 (1): 5-13.

TOMBLESON B, WOLF K. Rethinking the circuit of culture: how participatory culture has transformed cross-cultural communication [J]. Public Relations Review,2017,43 (1): 14-25.

TYMA A W. Public relations through a new lens-Critical praxis via the "Excellence Theory" [J]. International Journal of Communication, 2008(2): 193-205.

TAYLOR J R. Organizing from the bottom up? Reflections on the constitution of organization in communication [M]//PUTNAM L L, NICOTERA A M. Building Theories of Organization. The Constitutive Role of Communication. New York, NY: Routledge, 2009: 153-186.

TUCKER K, BROOM G, CAYWOOD C. Managing issues acts as bridge to strategic planning [J]. Public Relations Journal, 1993, 49(11): 471-474.

UTZ O, SCHULTZ F, GLOCKA S. Crisis communication online: how medium, crisis type and emotions affected public reactions in the fukushimadai-ichi nuclear disaster[J]. Public Relations Review, 2013, 39 (1):40-46.

VEIL S, PETRUN E L, ROBERTS H A. Issue management gone awry: when not to respond to an online reputation threat[J]. Corporate Reputation Review, 2012, 15 (4):319-332.

VERČIČ D, GRUNIG J E. The origins of public relations theory in economics and strategic management [M] // MOSS D, VERČIČ D, WARNABY G. Perspectives on Public Relations Research. London: Routledge, 2000: 9-58.

WATERS R D, BURNETT E, LAMM A, LUCAS J. Engaging stakeholders through social networking: how nonprofit organizations are using Facebook[J]. Public Relations Review, 2009 (35): 102-106.

WATERS R D, WILLIAMS J M. Squawking, tweeting, cooing, and hooting: analyzing the communication patterns of government agencies on Twitter [J]. Journal of Public Affairs, 2011, 11(4):353-363.

WATTERS J. Crisis management team roles and responsibilities [M]// Disaster Recovery, Crisis Response, and Business Continuity. Berkeley, CA: Apress, 2014: 247-252.

WATKINS B A. Experimenting with dialogue on twitter: an examination of the influence of the dialogic principles on engagement, interaction, and attitude [J]. Public Relations Review, 2017, 43(1):163-171.

WEBB D. Bakhtin at the seaside: utopia, modernity and the carnivalesque [J]. Theory, Culture & Society, 2005, 22(3):121-138.

WEICK K E. Sensemaking in Organizations [M]. Thousand Oaks,CA: Sage,1995.

WEICK K E. Making Sense of the Organization: the Impermanent Organization [M]. Chichester,UK: John Wiley and Sons,2009.

WERDER K P, et al. Strategic communication as an emerging paradigm [J]. International Journal of Strategic Communication,2018,12(4):333-351.

WESTERMAN D,SPENCE P R,HEIDE B V D. Social media as information source: recency of updates and credibility of information [J]. Journal of Computer-Mediated Communication,2014,19(2):171-183.

WOODWARD K. Concepts of identity and difference [M]//K WOODWARD. Identity and Difference,Thousand Oaks,CA: Sage, 1997: 7-50.

YANG S,CHEN S,LI B. The role of business and friendships on we chat business: an emerging business model in China[J]. Journal of Global Marketing,2016,29(4):174-187.

ZHU L,ANAGONDAHALLI D,ZHANG A. Social media and culture in crisis communication: McDonald's and KFC crises management in China [J]. Public Relations Review,2017,43(3):487-492.